本书是全国教育科学规划国家青年项目

"汉语发展性阅读障碍儿童的认知机制与脑机制"

（项目批准号：CBA150152）的项目成果

走近 Read 阅读障碍

孟红霞 著

天津社会科学院出版社

图书在版编目（ＣＩＰ）数据

走近阅读障碍 / 孟红霞著. -- 天津 ： 天津社会科
学院出版社，2021.8
　　ISBN 978-7-5563-0754-8

　　Ⅰ．①走… Ⅱ．①孟… Ⅲ．①儿童－阅读－学习障碍
－研究 Ⅳ．①G442

　　中国版本图书馆 CIP 数据核字 (2021) 第 163625 号

走近阅读障碍
ZOUJIN YUEDU ZHANGAI

————————————————————————————

出版发行：天津社会科学院出版社
地　　址：天津市南开区迎水道 7 号
邮　　编：300191
电话/传真：（022）23360165（总编室）
　　　　　（022）23075303（发行科）
网　　址：www.tass-tj.org.cn
印　　刷：北京盛通印刷股份有限公司

————————————————————————————

开　　本：787×1092　毫米　　1/16
印　　张：17.75
字　　数：272 千字
版　　次：2021 年 8 月第 1 版　 2021 年 8 月第 1 次印刷
定　　价：68.00 元

————————————————————————————

序

　　2009 年,习近平总书记在中央党校 2009 年春季学期第二批进修班暨专题研讨班开学典礼上的讲话中指出:读书最可贵的是终身坚持,无论处于哪个年龄段都孜孜不倦地读书。"少而好学,如日出之阳;壮而好学,如日中之光;老而好学,如秉烛之明。"年轻的时候,记忆力好、接受力强,应该抓紧读一些对自己终身成长具有关键性作用和决定性影响的好书。中年的时候,精力旺盛、视野开阔,应该努力拓展读书的广度和深度,打牢一生的学问基础。年老的时候,时间充裕、阅历丰富,要有锲而不舍的精神、常读常新的态度、百读不厌的劲头,在读书世界里感悟人生、乐以忘忧。

　　阅读是人类获取智慧和经验的重要途径。同时阅读也是一项非常复杂的认知活动,需要个人发展多种阅读技能,并达到熟练水平。然而,大约 5% ~ 10% 的儿童学习阅读时存在一定的困难,即阅读障碍儿童,这种阅读困难对儿童的学习和生活,乃至人格的发展都产生了一定的消极影响。因此,阅读障碍一直以来是国内外研究者关注的焦点。

　　临床方面,研究者将阅读障碍分为获得性阅读障碍和发展性阅读障碍。获得性阅读障碍是指个体原本可以正常阅读,但是由于中风等疾病或者其他事故的影响致使大脑受到损伤,变得不能正常阅读,进而导致阅读障碍,出现阅读困难。发展性阅读障碍则是一种基于语言的先天性学习障碍,主要表现为阅读水平显著落后于同年龄的正常儿童,而且这种落后不能归因于智力、视觉障碍、精神疾病或教育不充分等因素。本书主要研究的是发展性阅读障碍。发展性阅读障碍研究最早开始于十九世纪末的英语国家。经过一百多年的发展,该领域已经取得了比较丰富的研究结果。例如,国外研究者提出了多种发展性阅读障碍理论,其中比较有影响力的有:语音意识缺陷理论、大细胞系统缺陷理论、注意缺陷理论和小脑缺陷理论等,并在这些理论的指导下开展了大量的实证研究。研究者普遍认为发展性阅读障碍是一种非常复杂的学习障碍,导致发展性阅读障碍者出现阅读困难的原因并不是某个特定的影响因素,而是多种影响因素共同作用的结果,包括语音、视觉、生物和其他认知因素等。此外,发展性阅读障碍存在很多亚类型,每种亚类型阅读障碍的成因和表现均存在一定差异,这也是造成目前拼音文字发展性阅读障碍研究结果之间存在争论和冲突的一个重要原因。

中文作为一种表意文字,与拼音文字在书写特征方面存在很大差异。中文书写系统的基本单元是汉字。汉字是一种方块文字,每个汉字所占的空间相等。相较于拼音文字,相等空间范围内汉字所携带的信息量非常丰富。中文书写系统没有明显的词边界信息,因此中文读者需要完成另一项任务——词切分。由于发展性阅读障碍是一种基于语言的先天性学习障碍,因此文字本身的特点可能影响发展性阅读障碍儿童的成因、表现和症状等。基于上述原因,不能直接简单地将拼音文字发展性阅读障碍的研究结果推论到汉语发展性阅读障碍,因此非常有必要研究汉语发展性阅读障碍儿童的认知机制和脑机制,以便为构建汉语发展性阅读障碍理论和针对汉语发展性阅读障碍儿童的中文教学提供一定的理论指导,提高汉语发展性阅读障碍儿童的阅读效率,进而在未来减少阅读障碍的发生率。

汉语发展性阅读障碍研究起步较晚,但通过中国学者的艰苦研究和不断探索,已在此领域取得了相当多的成果。孟红霞博士及其科研团队在前人研究的基础上,比较系统全面地探讨了汉语发展性阅读障碍的认知机制和脑机制,重点探讨了汉语发展性阅读障碍的成因,并在研究结果的基础上,提出了一些有针对性的干预策略,以期能提高汉语发展性阅读障碍儿童的阅读效率。

孟红霞是我指导的博士研究生。她治学严谨,勤奋认真,具有较强的独立从事科研的能力。这部《走近阅读障碍》专著是其主持的全国教育科学规划国家青年课题(CBA150152)的研究成果。仔细阅读此书,发现有以下几个特点：

首先是系统性强。作者对阅读障碍的定义、类型和理论，以及拼音文字和汉语阅读障碍等方面的研究成果进行了系统总结。

其次是结构完整。作者不仅论述了阅读障碍的类型、理论和诊断标准，而且还介绍了阅读障碍的生物学基础、视觉拥挤效应、语言学和非语言学研究成果。

最后是实践性强。本书的研究成果可以为小学语文的教学和学习提供一定的理论指导。

《走近阅读障碍》不仅适合对阅读障碍感兴趣的普通读者和研究者，而且更加适合从事一线教学的教师和研究者。希望《走近阅读障碍》这本书可以让国内的研究者和教师，甚至是每一位家长和学生，能够了解汉语发展性阅读障碍，及早发现汉语发展性阅读障碍儿童，给予他们足够的耐心和时间，发展出适合汉语发展性阅读障碍儿童的有针对性的干预方法，进而提高汉语发展性阅读障碍儿童的阅读能力。

当然，本书还有需要提高和改进之处，敬请读者批评指正。

白学军

2021 年 8 月

目　录

第四章
阅读障碍的生物学基础/107

第五章
阅读障碍的视觉拥挤效应/138

第六章
阅读障碍的语言学研究/173

第七章
阅读障碍的非语言学研究/195

参考文献/221

第一章 阅读障碍及类型

　　阅读随文字的发明而出现,它像人类的呼吸一样平常,也如呼吸一样,对每个人至关重要。目前,阅读是人类获取知识经验的一种非常重要的途径,已经成为人类非常重要的生存方式之一。尽管阅读不能解决所有问题,但是它可以改变很多,可以让每个人变得更好。阅读可以帮我们逐渐摆脱愚昧和迷信,获得丰富的知识;使我们博古通今,形成积极的世界观、人生观和价值观;让我们无拘无束地畅游古今中外,练就广博的心胸与远大的理想和信念。因此,学会阅读是每个人所面临的一项重要挑战,阅读能力的习得在人类生活中被赋予了很高的地位和意义。

　　阅读是一项非常复杂的认知加工过程,需要多种亚阅读技能同时发展,并达到相应的发展水平。然而,无论哪个国家,都有部分儿童在学习阅读方面存在一些困难(即阅读障碍儿童),这种困难和智商、精神疾病及器质性病变无关,也不是由外部因素(如感官敏锐度不足、社会经济劣势、缺少受教育的机会等)所导致的,更不是儿童存在的普遍学习问题。为什么阅读障碍儿童表现出特殊的阅读困难呢? 这一直是心理学、教育学、语言学和认知神经科学等领域的研究者所关注的焦点。目前关于阅读障碍的病因还存在一定的争议,但是国内外研究者仍然通过各种途径和方法试图了解阅读障碍背后的认知和神经机制,并在此基础上制订有针对性的干预方案,进而提高阅读障碍儿童的阅读能力,减少阅读障碍的发生率。

第一节 阅读能力的构成

一、阅读能力的构成

正常的阅读能力要求个体具备足够的语言理解能力和流利的单词识别能力。书面文字是口头文字的编码(符号化)表征,口头文字是环境经验和客观世界的编码表征。因此,个体阅读能力的高低取决于其能否习得各种不同类型的知识和技能,而这些知识和技能本身又取决于与阅读相关的语言和非语言认知能力的正常发展。为了详细了解人类阅读能力的发展,解释阅读习得过程,阅读能力构成成分模型应运而生(Vellutino et al.,2004),如图1-1所示。该模型详细描述了学习阅读所需要的各种认知过程和不同类型的知识,同时向读者展示了个体如何将储存在永久记忆中的世界知识和专业领域知识转换为口语单词和书面单词。

阅读能力构成成分模型包含语言编码过程及其知识,这些过程和知识可以使个体习得口语词汇和一般的语言技能。除此之外,学会阅读还包含视觉编码过程和知识、词汇知识、亚词汇知识及元语言加工过程和知识,通过这些加工过程和知识,个体可以获得一些知识和技能,这些知识和技能是阅读能力习得的重要决定因素。从广义上讲,视觉编码过程指的是感官和更高层次的可视化加工过程,该过程有助于学习者存储和定义环境刺激的视觉属性表征,包括用于表征书面文字的图形符号等。语言编码过程即个体编码、存储和检索信息的过程,这些过程有助于促进个体的语言习得和语言使用。语言编码过程包括语音编码、语义编码、字形编码、语法编码和语用学编码等认知加工过程。其中,语音编码指的是使用语音代码(speech codes)以单词或部分单词的形式表征信息的能力;语义和字形编码,即能够存储由单词和组成单词的一部分(如ing)表征的字形和语义信息;语法编码是指存储单词顺序规则的能力,这些规则规定了单词在句子中的组织方式;语用学编码,指的是存储有关使用语言作为交流媒介的约定的信息的能力(例如通过口头语言或书面语言的标点符号、音量、音高和强度的变化等表征意义上的变化,说话人或作家使用的可理解的语言等)。

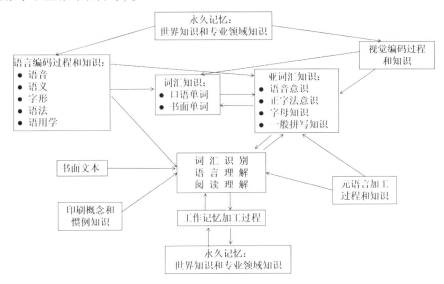

图1-1 学习阅读所必需的认知加工过程和各种知识

通过语言和视觉编码过程,读者可以在书面单词的口头和书面视觉符号之间建立起有限的联系,以帮助学习阅读的儿童识别和理解视觉单词。也就是说,儿童在看到一种语言的语料库中的符号时,能够将这些符号识别为能够理解的词汇单位(不加过多分析的语义单位)。这种联想学习过程本身取决于儿童对印刷概念和惯例知识(knowledge of print concepts and conventions)的理解。什么是印刷概念和惯例知识呢?例如,书面词汇表征口语中的单词,它们由字母组成,按照从左到右的方式书写和阅读(如英文文本),单词之间存在一定的词间空格等。然而,由于部分单词的高度相似性(如 pot/top)特征对读者的视觉记忆带来了沉重的负担,因此视觉单词的学习还取决于儿童能否理解一种语言的正字法规则以及正确使用正字法规则功能的能力。理解正字法规则对于提高语音解码(即在字母和声音之间建立联系)的熟练程度至关重要,语音解码是初学者用来减轻正字法规则系统所带来的视觉记忆负担的主要工具。

反之,语音解码的熟练程度要求儿童积极参与元语言加工过程(语言结构分析),而元语言加工过程又有助于个体获得亚词汇(字母水平)知识,特别是语音意识、正字法意识、字母知识和一般正字法知识。语音意识是指个体能够从概念上理解并对以下内容有明确的意识,即口语单词是由单个语音(speech sounds)(即音素)和几个语音组合(音节、起始单位)构成的。语音意识在下列学习过程中发挥着重要作用,即学习字母携带的声音的意义和学习如何将字母符号映射到声音等。正字法意识是指儿童对书面文字中字母组织方式规则的敏感性(如 vid 符合正字法规则,xqr 不符合正字法规则)。语音意识和正字法意识是两个相互关联的认知过程,它们协同工作,通过对语言书写系统的规则性和冗余性特征的敏感性的方式,帮助儿童获得和正确使用一般正字法知识(如"cat""fat"和"rat"中的"at"、"walking"和"running"中的"ing")。上述认知加工过程的完成还需要另外一种元语言知识,即句法意识(syntactic awareness)(图 1-1 中没有显示)。句法意识指的是儿童对语法形式的敏感性,即儿童能否发现在口语和书面语中那些违反常规用法的错误(如"Mom brung the cat to the vet.")。句法意识有助于检测阅读错误,从而在文本阅读过程中综合使用基于上下文的策略和语音解码策略来识别和理解单词。总之,语音意识、正字法意识和句法意识帮助儿童获得和巩固字母知识和更一般的正字法知识,最终使儿童能够熟练掌握字母编码,提高其单词识别和拼写的准确性和流利性。

最后,阅读能力构成成分模型还包含学习阅读所需要的永久记忆和工作记忆系统及其加工过程。双向箭头表示不同编码和记忆系统之间的相互关系和交互关系,这些编码和记忆系统涉及:在口语和书面语的词汇和亚词汇成分之间建立起有限的连接;编码、存储和检索学习阅读所需的不同类型的信息。

总之,如果有足够的阅读量和识字指导以及充足的学习动机,那么儿童获得学习阅读所需技能和子技能的能力主要取决于上述编码和记忆系统及加工过程的正常发展和功能的正常发挥。因此,阅读障碍儿童表现出的阅读困难,要么是由于一个或多个编码和记忆系统及认知加工过程中的异常发展和随之产生的功能障碍导致的与阅读相关的认知能力的特定缺陷,要么是由于儿童特定的遗传基因(儿童的基因型)和他所接触的特定环境和教学经验的相互作用导致的与阅读相关认知能力的不充分混合(儿童的表现型,即基因和环境作用的结合而形成的一组生物特征)。目前研究者普遍认为,人部分阅读障碍者属于第一种情况,这种阅读障碍基于如下假设,即阅读障碍是由大脑的结构或功能异常引起的。另外一些研究者则认为,阅读障碍是由特定的基因和环境因素交互作用导致的。因此,关于阅读障碍的病因,未来还需要更进一步的研究。

二、拼音文字和汉语的特点

文字的发明标志着人类开始进入文明时代。文字帮助人类打破了时空限制,使人类在积累、保存和传承丰富的生产生活经验、技能和知识等方面有了更多的方法和能力。文字从出现的那一刻起,就一直带着文明的气息。正如许慎在《说文解字》中所说,"文字者,经艺之本,王政之始,前人所以垂后,后人所以识古"。公元前4000年左右,两河流域的苏美尔人创造了世界上最早的文字。随着时间的推移,逐渐出现了其他文字,如埃及的圣书文字和中国的甲骨文等。

每种文字都有其自身的特征和属性,有其所属社会的文化烙印,使得一种文字区别于其他文字。文字甚至在一定程度上代表着文明的发展趋向。此外,每种文字自出现以来一直处于不断地发展演变中。有一种观点认为,世界文字的发展经历了三个时期,分别是原始文字时期、古典文字时期和字母文字时期(周有光,1997)。另有观点认为,人类文字主要经历了形意文字、意音文字和字母文字三个阶段。其中形意文字和意音文字是象形文字的两种不同类型,例如,在文字发展史上较早出现的刻符、岩画、文字画和图画字等都可以归为形意文字;随后出现的西亚的"丁头字"、北非的"圣书字"和中国的"汉字"都属于意音文字;字母文字(即现在的拼音文字)则是通过拼写字母的方式,将口语声音模写出来(熊澄宇,2011)。目前,世界上的大多数文字属于字母文字。

(一)拼音文字的特点

拼音文字指的是用字母表示语音的文字。如上所述,拼音文字的鼻祖是象形文字。大约 5000 年前,在古埃及出现了一种象形文字,即圣书字。随着时间的推移,大约在公元前 15 世纪,由西迁到地中海沿岸的我国的闪族因大月氏的一支腓尼基人,借助圣书字创造了历史上的第一批字母文字,即著名的腓尼基字母。腓尼基字母只有 22 个辅音构成,没有元音,字的读音须由上下文推断。随着文字的传播,腓尼基字母最早传入古希腊,进而演变成希腊字母,在希腊字母的基础上,又产生了拉丁字母和斯拉夫字母,这两种字母成为欧洲各种字母文字的共同来源。西亚人在腓尼基字母的基础上创造了阿拉米字母,该字母后来发展演化成为亚洲的许多文字,如阿拉伯、犹太、印加字母等。

拼音文字最显著的一个历史特点是,随着时间的推移和文字的发展,较早的拼音文字不断衍生出许多新的文字语言。如上所述,以腓尼基字母为发展的来源,相继发展出了拉丁字母、斯拉夫字母、阿拉伯字母和印加字母等,在这些字母的基础上,又衍生出了几种甚至十几种拼音文字。拼音文字的这种发展特点,有助于当时还没有文字的国家或民族创造出属于自己的文字语言,然而正是由于拼音文字很少表意,因此与人类的发展历史之间的联系并不是很强,使得拼音文字没办法表言达意,这是拼音文字与表意文字(例如汉字)较大的一个区别。

拼音文字主要是记录语言声音的一种文字,由字母构成,各种不同的字母或字母组合按照一定的规则组合在一起记录语言中的各个音素,与口语中的因素存在一一对应的关系。之所以叫拼音文字,就是由于此类文字的一个显著特点是字母表音。拼音文字的字形不能直接通达语义,必须经由语音通达语义。也就是说,拼音文字的字形只携带语音,但不直接表示意义。例如,英语中的单词"moon",该单词的字形仅仅表示[mu:n]的声音,但丝毫不表示实际月亮的形状。由于拼音文字主要是由字母表征语言中的音位、音节等,由字母构成有意义的单词,因此根据字母组合(即单词),读者可以大致读出该词的字音,最后根据字音进行拼读;反之,读者还可以根据字音拼读写出其字母组合来。

以世界上使用比较广泛的语言——英语为例,英语包含 26 个字母,由 26 个字母中的一些字母或字母组合构成英语单词。然而,在所有拼音文字中,英语的单词拼写并不严格遵循发音规律,其拼写规则是依据历史传统而继承下来的。因此,英语单词的发音与拼写之间经常存在很大差异,单词拼法也是所有拼音文字中最难掌握的内容之一。除此之外,英语单词的重音放在哪个音节上没有固定的规则,单词中不发音的字母比较多,英语单词还分为强读式和弱读式等。上述特点使得英语成为一种拼写和读音最不规则的一种拼音文字。与其他拼音文字一样,英语文本中有非常明显的词间空格——用以表示词的开始和结尾,将每个单词区分开来。

(二) 汉字的特点

与拼音文字不同,汉字是一种表意文字。作为人类历史上最古老的三种文字之一,汉字经历了图形符号、象形符号和纯线条符号三个阶段,由最初的纯表意(基本不表音)发展到今天一定程度上既可以表意也可以表音的文字系统(马志强,1985)。在汉字的发展演变过程中,汉字的字形和结构都发生了很大的变化,但汉字本身没有发生质的变化,仍然保留着其古老的表意形式。对于绝大多数汉字,读者都能够通过其字形,在一定程度上获得部分声音和语义信息。例如,当看到"蚂"和"蜻"两个汉字时,读者可以直接推测两个汉字的读音可能与"马"和"青"的读音相同或相似,而两个汉字左边的部件"虫"则代表着汉字的语义,极其可能是一种昆虫的名字。甚至即使不知道某个汉字的读音,有时也不妨碍我们理解该汉字的意义。例如,读者可能不认识"鲷""鲳"和"鲌"等汉字,但也能推测出这些汉字的意义很可能与"鱼"有关。因此,汉语读者可以直接从汉字的字形通达语义,不一定需要语音的介导;然而拼音文字在从字形通达语义的过程中必须需要语音的介入,语音在拼音文字的阅读过程中发挥着非常重要的作用。

汉语的基本书写单位是汉字。汉字是一种全方位立体组合的方块结构

(孙海丽,2000)。每个汉字均由笔画构成,从落笔到抬笔即为一个笔画,笔画是构成汉字字形的最小结构单位。每个汉字的笔画数之间存在很大差异,从1笔画(如汉字"一")到51笔画(如汉字"龘")不等。不同的笔画组合在一起可以构成部件,不同部件组合在一起即构成汉字。部件的组合方式有上下、左右、内外、中心与四角等,进而构成如下结构的汉字:上下、上中下、左右、左中右、包围、半包围和独体结构等。甚至相同的部件以不同的方式组合在一起时,可以构成不同的汉字(如汉字"部"和"陪")。由于汉字的笔画、部件数量非常多,汉语学习者要记忆或使用汉字,需要长时间的积累。与汉语不同,拼音文字是一种平面组合的线形字母串,没有上下、内外、中心与周边等错综复杂的组合方式,只是字母先后顺序有区别。

目前,形声字约占全部汉字总数的80%~90%左右,它一般是由表示意义范畴的意符(形旁)和表示声音类别的声符(声旁)组合而成。随着汉字的发展演变,某些形声字的声旁已经不能准确地表音,然而多数的声旁仍能表音或表征大致的声音。即使如此,汉字也不像拼音文字那样能直接拼读。因此,汉字的读音主要依靠学习者的记忆和积累。而拼音文字则可以直接拼读,以西班牙语"gracias"(谢谢)一词为例,学习者可以直接根据拼读规则正确读出字音,容易记忆。

拼音文字读者阅读过程中的基本加工单位是单词,而不是字母(Rayner,2009)。与拼音文字不同,汉语中关于什么是"词"还没有一致的结论。在汉语中,一个汉字本身可以构成一个单字词,如"花",也可以与另外一个或两个语素构成一个双字词或三字词,如"花生"和"花名册"等。因此,目前关于汉语阅读的基本加工单位是"字"还是"词",还没有一致的结论。

此外,中文与拼音文字在视觉上最大的不同是,中文文本不存在明显的词边界信息(即词间空格),每个汉字之间的空间大小固定,而且比较小。因此,汉语读者需要额外完成一项认知加工任务,即词切分。同样的一句话,词切分的位置不同,可能产生不同的含义。例如,"花|生长|在屋前的院里"这句话,可以有以下两种切分方式:(1)花|生长|在屋前的院里("花"是一个单字词);(2)花生|长在屋前的院里("花"是构成双字词"花生"的一个语素)。然

而,拼音文字读者无需对所阅读的文本进行词切分。

最后,汉语与拼音文字(以英语为例)在语法方面也存在一定的差异,例如,英语中的动词有时态,而汉语没有;英语要求主谓一致,汉语没有类似的要求;相同的句子成分在汉语和英语句子中的位置不同等。

总之,汉语作为一种表意文字与拼音文字存在较大差异,这种语言特征上的差异使得读者在阅读这两种语言时产生的认知活动和激活的大脑区域都有一定的差异,因此一种语言的研究结果不能直接推论到另一种语言。

第二节　什么是阅读障碍

阅读障碍(dyslexia)研究最早开始于 19 世纪末的英语国家。当时阅读障碍被称为"失读症"(alexia),主要由神经学家对因脑损伤而失去阅读或语言能力的成年人开展如下研究:一是临床症状描述,二是对上述被试进行尸体解剖。1887 年德国的眼科医生布雷林(Brelin)首次引入"dyslexia"这一概念,用以描述那些由于大脑疾病而导致阅读困难的患者。随后,"dyslexia"一词逐渐在欧美一些国家,尤其是英语国家的阅读障碍研究中普遍采用。

阅读障碍是一种特定形式的学习不能症,是指个体无法精确流利地阅读文字,阅读效率显著低于正常儿童(Rayner et al. , 2013)。临床上,阅读障碍分为获得性阅读障碍和发展性阅读障碍。

一、获得性阅读障碍及亚类型

(一)获得性阅读障碍

获得性阅读障碍是指个体原本可以正常阅读,但是由于中风等疾病或者其他事故的影响致使大脑受到损伤,变得不能正常阅读,进而导致阅读障碍,出现阅读困难。

(二) 获得性阅读障碍的亚类型

根据患者在阅读不同类型词汇上的行为表现,将获得性阅读障碍划分为如下三种亚类型:表层阅读障碍、语音阅读障碍以及深层阅读障碍(王小娟、杨剑峰、舒华,2008)。表层阅读障碍读者可以解码不熟悉的常规词以及假词,但是在识别非常规词以及异常词汇时存在困难。语音阅读障碍读者难以解码非词,但是可以阅读熟悉的单词。深层阅读障碍读者同样存在解码困难的问题,同时他们还容易犯语义替换错误。此外,深层阅读障碍者还会表现出视觉错误、混合的视觉和语义错误等。事实上,大多数研究报告中很少出现纯粹的获得性阅读障碍亚类型,而且多是个案研究,因此很难估计每种亚类型的发生率。

1. 表层阅读障碍

表层阅读障碍者能正常阅读非词和常规词,但是不能解码非常规词,表明表层阅读障碍者需要依赖"形—音"匹配的次词汇途径。表层阅读障碍者遇到常规词时通过次词汇途径,可以正确发音,而阅读非常规词时就表现出一定的困难。然而,脑损伤病人可以正确阅读 39 个常规词中的 36 个,但是只能正确阅读 39 个非常规词中的 25 个(Warrington and Shallice,1980)。如果所有被试都可以使用"次词汇途径",那么可以推测表层阅读障碍者阅读所有非常规词时的发音都是错误的。但是,表层阅读障碍者却可以正确阅读一部分非常规词,表明单词的词汇信息可能有助于表层阅读障碍者识别该单词。

通过对表层阅读障碍的深入研究,研究者发现了一些有趣的现象,表层阅读障碍者经常犯如下错误:即阅读非常规词时一般按照自己的理解进行貌似正确的发音,也就是把非常规词当作常规词或者拼写正确的单词来识别,例如,把"island"读作/is-land/,把"disease"读作/decease/。表层阅读障碍者一般根据自己的读音,赋予目标词汇与上述发音相同的含义。例如,一名表层阅读障碍者把"begin"读作/beggin/,认为该词的含义是"筹钱"(Marshall and Newcombe,1973)。表层阅读障碍者有时也会犯视觉错误(如把"precise"误读作/precious/,把"foreign"误读作/forgiven/),但是这些读音与目标词的语音还是很接近的。

2. 语音阅读障碍

与表层阅读障碍不同,语音阅读障碍者在识别不熟悉的单词以及假词时存在困难,但是可以正确识别熟悉的非常规词。如果研究者不认真观察的话,语音阅读障碍者是很难被发现的,因为他们在识别熟悉的单词时不存在任何问题(Ellis,1984)。

语音阅读障碍者的主要症状是不能正确地大声阅读简单的假词,例如"pib"或者"cug"。上述症状是由于语音阅读障碍者的次词汇阅读过程严重受损,失去了"形—音"匹配能力导致的,但是他们可以阅读并理解熟悉的假词,表明语音阅读障碍者可能通过直接途径(即以查字典的方式在心理词典中激活相应的词条,提取出正确的语音)完成词汇识别。

3. 深层阅读障碍

与语音阅读障碍相似,深层阅读障碍者阅读新单词和非词时犯的错误最多,表明他们的次词汇途径受损。但是,与语音阅读障碍不同的是,深层阅读障碍者仍然能正常阅读熟悉的单词。深层阅读障碍者会犯特有的语义错误,称作语义错读症。如把"kitten"认作/cat/,把"forest"读作/trees/。单词的形象性或具象性也会影响深层阅读障碍者阅读单词的准确性。此外,深层阅读障碍者还可能表现出视觉错误(即反应错误的单词与呈现的单词在字形上是相似的)和形态学错误(如增加后缀或者前缀)等。

深层阅读障碍者失去了"形—音"转换的能力,其词汇解码的直接途径可能会替代与目标词意义相近的错误发音(Marshall and Newcombe,1966)。对正常读者的研究发现,同时激活次词汇和直接途径有助于预防语义错误的出现。这可能是由于基于语言的检索过程导致了错误的出现(Warrington and Shallice,1980)。以一名深层阅读障碍者为研究对象开展的一项个案研究,要求这名深层阅读障碍者命名物体和单词,结果发现其语义加工过程受损(Freidman and Perlman,1982)。需要重点指出的是,深层阅读障碍者可以阅读很多受伤之前就认识的单词,他们犯的很多错误都是与目标词的语义有关系的,因此他们阅读短的非词时也存在一定的困难和问题。

总之,表层阅读障碍者能够识别常规词和非词,因为其保留着相应的次词汇加工途径,但是他们难以识别非常规词。相反,语音阅读障碍和深层阅读障碍者能够阅读受伤之前已经认识的常规词和非常规词,但是在阅读非词和之前不认识的单词时表现出困难,是因为其次词汇加工途径受损。考虑到语音阅读障碍和深层阅读障碍相似的阅读模式,一些研究者把上述两种阅读障碍亚类型归为一类,认为深层阅读障碍是严重的语音阅读障碍(Cloutman et al.,2009;Crisp and Ralph,2006)。

上述研究的研究对象都是拼音文字(尤其是英文)的阅读障碍者,由于汉语与拼音文字存在很大差异,因此不能直接将拼音文字的研究结果直接推论到汉语中。目前汉语获得性阅读障碍的亚类型研究,不论是研究数量还是研究结果都很少,而且研究者更多地关注汉语获得性阅读障碍读者的认知特点和生理基础。今后,国内研究者应该更多地关注获得性阅读障碍读者的亚类型,为汉语获得性阅读障碍读者的康复提供理论指导。

二、发展性阅读障碍及亚类型

(一)发展性阅读障碍

关于什么是发展性阅读障碍,目前主要存在以下几种定义:

1968 年世界神经病学联盟如此定义发展性阅读障碍:发展性阅读障碍是指尽管个体接受常规教育、具有正常智力和充分的社会文化机会,但是在学习阅读方面仍然存在困难,其病因源于个体内在的基本认知缺陷。

1994 年国际阅读障碍协会提出了阅读障碍的"包含性"定义,具体内容如下:阅读障碍是几种明显的学习障碍之一,是基于语言的一种先天性特定学习障碍,其典型特征为单词解码困难,通常表现为语音加工能力欠缺;就个体年龄、其他认知能力和学业而言,单词解码缺陷常常是意想不到的,这些缺陷不是总体发展缺陷或感官缺陷所致。

世界卫生组织将发展性阅读障碍定义为"特定阅读障碍",主要表现为阅读技能的发展水平明显落后,而且这种落后并非完全归因于智力、视觉障碍或教育不充分;患者的阅读理解技能、单词识别、朗读技能以及完成一些需要阅读参与的任务都不同程度地受到了影响。

最后一种定义认为,发展性阅读障碍是一种特定形式的学习不能症,本质上是神经生物性缺陷。"发展性"是指问题存在于初级学习阶段。发展性阅读障碍的症状是个体无法准确识别单词,词汇的拼写和解码能力较差。这些症状主要由语音性缺陷导致,而且还受其他认知能力的影响。发展性阅读障碍会干扰有效的课堂教学和学习,其可能的继发后果包括阅读理解出现困难,由于阅读经验不足阻碍词汇量的增长和背景知识的学习等。

目前,美国研究者已经普遍接受了第四个定义。其主要观点是语言系统中的语音缺陷是发展性阅读障碍的核心问题。尽管上述定义描述比较冗长,但是这个定义确实包括了阅读障碍概念中几项不明显的信息。第一,阅读障碍的症状是行为性的,尽管这些症状本质上属于神经性或者遗传性。由于阅读障碍的症状是行为性的,因此及早进行教育干预可以有效地帮助儿童成为更好的读者。第二,阅读困难主要由语音加工问题导致,即发展性阅读障碍的核心缺陷是语音意识缺陷,不是视觉或者听觉感知缺陷等(Fletcher et al.,2006;White et al.,2006)。第三,阅读理解和词汇识别问题属于单个单词阅读障碍的继发后果(Stanovich,1986)。

发展性阅读障碍者尽管接受了足够的指导,具有正常的智力和感觉能力,但在准确或流利的单词识别以及拼写方面仍然存在困难。阅读障碍者的特点是解码困难,阅读理解则不存在很大困难(美国精神病学协会,1994)。阅读障碍者的单词阅读能力位于正态分布的尾部(Shaywitz et al.,1992)。发展性阅读障碍的发生率取决于研究者如何定义发展性阅读障碍,即筛选标准不同导致检出率也有一定差异。尽管如此,似乎还是有10%的拼音文字读者可以被归为发展性阅读障碍,汉语发展性阅读障碍的检出率也在5%~10%左右(周晓林、孟祥芝,2001)。发展性阅读障碍的发生率存在性别差异,即男女患病率在1:5~3:1之间。此外,发展性阅读障碍与注意缺陷多动症、发展性计算障碍、特定语言障碍(specific language impairment, SLI)和"言语—声音"

障碍(speech-sound disorder)有很多相似的症状,使得发展性阅读障碍的诊断和研究结果之间存在较大差异。

拼音文字阅读障碍者在患病的早期阶段主要存在以下困难:即背诵字母、命名字母、词的分节、语音的分析或分类等。随着病情的发展,拼音文字阅读障碍者开始在朗读方面出现困难,例如,朗读时出现遗漏字、加字、念错字、写错字和替换字等错误,朗读速度较慢,朗读时出现较长时间的停顿或是不能对文本进行正确地分节等。拼音文字阅读障碍者还存在阅读理解困难,例如,不能很好地回忆刚刚阅读的文本内容,不能从听读的资料中得出一般结论或进行推理,回答所读文本里的问题时不能有效利用文本里的信息等。

汉语阅读障碍者在词汇阅读、朗读和阅读理解方面表现出与拼音文字阅读障碍相似的阅读困难。此外,汉语阅读障碍者还表现出一些和汉语本身的语言特点有关的阅读困难,例如会念错音调(例如把平声念成去声),念相似结构汉字的读音(如"狐"念"孤"),多音字读错,读错双字词中的其中一个字等。

部分阅读障碍儿童在学龄前阶段已经表现出一定的语言缺陷和认知功能障碍。如在临摹图画时,他们往往分不清主题与背景的关系,不能分析图形的组合,也不能将图形中的各部分综合成一个整体等。到了学龄期可能伴有语言技能障碍、拼读障碍、计算障碍等症状;并常伴有注意缺陷多动障碍和行为问题。发展性阅读障碍者的合并免疫和自身免疫病的发病率显著高于正常人群。此外,大部分发展性阅读障碍者具有左利手特征,神经系统软体征阳性率较高。

发展性阅读障碍一般在婴幼儿时期或童年期发病,尤其是到了学龄期初期(即6~7岁)症状较明显。相反,也有一些阅读障碍者的阅读困难症状在低年级时不明显,可能被其他认知技能代偿,到9岁或之后阅读困难症状才明显加重。病情轻者,经矫正治疗后阅读能力会逐渐赶上正常儿童,到成年时无阅读障碍症状。然而还有一些病情较重者,尽管予以一定的阅读治疗或矫正,其阅读困难的许多症状也可能会持续终身。

相较于拼音文字阅读障碍研究,汉语发展性阅读障碍研究在我国起步较晚,而且无论在研究数量还是在研究结果方面,汉语发展性阅读障碍研究都与拼音文字发展性阅读障碍研究存在一定差距。《CCMD-3 中国精神障碍分类及诊断标准》同样把发展性阅读障碍称为"特定阅读障碍",认为这是是指一种特定学校技能发育障碍,主要特征是特定阅读技能发育显著受损,并且不能完全归因于智龄低、视力问题或教育不当等。

(二)拼音文字发展性阅读障碍的亚类型

大量研究发现,发展性阅读障碍儿童具有异质性,即存在不同的亚类型。研究者一般从以下两个方向对发展性阅读障碍进行分类:一是根据语言学层次的认知缺陷进行分类,包括根据阅读成绩模式进行分类和根据认知加工缺陷进行分类;二是根据表现出的基本感知觉缺陷进行分类(孟泽龙、张逸玮、毕鸿燕,2017),如图 1-2 所示。

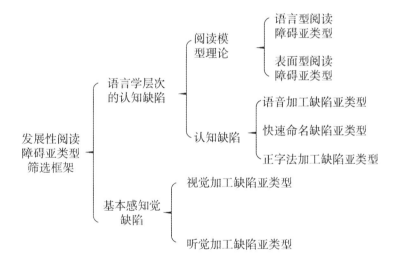

图 1-2　阅读障碍亚类型研究的主要方向

◆ 走近阅读障碍

1. 阅读模型理论下的阅读障碍亚类型

根据阅读模型理论,词汇阅读包含亚词汇和词汇两条通路,阅读障碍的亚类型源于不同的通路受损,并且伴有不同类型词汇的阅读困难。前人将获得性阅读障碍的亚类型推广应用至发展性阅读障碍(Castles and Coltheart,1993)。研究者要求发展性阅读障碍儿童先阅读若干组非常规词和假词,然后通过比较发展性阅读障碍儿童和正常儿童在各组阅读任务中的成绩以确定不同的子类型。结果发现,表层阅读障碍儿童表现出了与年龄相符的假词阅读能力,但是与正常儿童相比,其非常规词阅读表现出困难。反之,语音阅读障碍组的儿童表现出了正常的异常词阅读能力,但是假词阅读出现问题。在53 名发展性阅读障碍儿童中,16 名儿童属于表层阅读障碍,29 名儿童属于语音阅读障碍。他们用单词识别的双通路模型解释上述结果,即词典或子词典通路的发展异常导致了不同的缺陷模式:词典通路受损,儿童阅读时会过度依赖"字素—音位"对应的子词典通路,即表层型阅读障碍;反之,子词典通路受损,儿童依赖"正字法—语音"对应的直通通路(或语义中介的通路)阅读单词,表现为语音型阅读障碍。

随后,有研究对上述研究方法提出了两点批评。第一,强调从发展性角度理解阅读障碍的重要性,在阅读发展已经出错的情况下测量获得性阅读障碍的特性,这种做法是否有价值?第二,使用年龄匹配的控制组来定义发展性阅读障碍是否合适?有研究者提出解码和单词识别的其他过程会随着阅读能力的发展而变化,因此应该根据阅读能力相匹配的控制组确定阅读障碍的亚类型(Bryant and Impey,1986)。一些研究发现,把控制组被试的类型从年龄匹配儿童变为阅读能力匹配的儿童后,发展性阅读障碍的亚类型出现了一些有趣的变化(Manis et al.,1996)。马尼萨(Manis)等测量了发展性阅读障碍儿童与年龄匹配儿童和阅读能力匹配儿童(平均年龄 8.5 岁,比阅读障碍儿童小 4 岁)在每个阅读任务上的成绩,结果发现如果把阅读能力匹配组儿童作为参照的话,那么语音阅读障碍和表层阅读障碍亚类型的人数都变少了,尤其是表层阅读障碍儿童的人数出现了大幅度降低;如果把年龄匹配组儿童作为参照的话,两种亚类型的人数都会增加。

随后有研究选取阅读障碍儿童和阅读能力匹配儿童，重新分析了卡斯尔斯(Castles)和扣萨尔特(Coltheart)(1993)的实验数据，发现16名在原实验中被认定是表层阅读障碍的儿童，有14名不再属于这一类型(Stanovich, Siegel, and Gottardo, 1997)。研究者在第二个实验中对语音和表层阅读障碍亚类型进行了有效性验证，还比较了发展性阅读障碍儿童与年龄匹配组被试和阅读能力匹配组被试的假词阅读能力和异常词阅读能力(Stanovich et al., 1997)。如果以年龄匹配组儿童作为参照，那么语音阅读障碍亚类型儿童的数量与之前实验中的数量相比，下降了25%，但是表层阅读障碍亚类型的百分比与之前的实验结果相似，依然是22%左右。以阅读能力匹配组儿童作为参照，那么语音阅读障碍亚类型儿童的数量没有发生变化，但是表层阅读障碍亚类型的人数则降到1人。通过马尼萨等人的实验以及重新分析卡斯尔斯和扣萨尔特(1993)的数据发现，似乎不存在表层阅读障碍亚类型。

斯坦诺维奇(Stanovich,1997)等认为，只有语音阅读障碍亚类型能够真正反映出儿童阅读发展过程中存在的认知缺陷。相反，表层阅读障碍亚类型是由阅读发展水平滞后导致的。因此，表层阅读障碍亚类型似乎是阅读困难的副产品，且会随着阅读经验的增加而逐渐降低。由于很少有机会阅读一些读物，造成很多阅读障碍者缺乏特定的对阅读非常规词特别有帮助的单词知识。因此，读者需要通过广泛阅读来学习非常规词，表明表层阅读障碍亚类型与阅读环境有很大的关系，并不全是由先天因素导致的。以上结论与使用双生子研究数据，对发展性阅读障碍亚类型进行的行为遗传学的研究结果是一致的，即基因因素比环境因素对语音阅读障碍亚类型产生的影响更大(大概是2∶1)，而环境因素对表层阅读障碍亚类型产生的影响更大(Castles et al., 1999)。同时，一些行为研究发现表层阅读障碍亚类型只表现为文本阅读水平的滞后现象，并不是一种完全不同的亚类型(Sprenger-Charolles et al., 2000)。

2.认知缺陷模式下的发展性阅读障碍亚类型

(1)语音加工缺陷亚类型

目前研究者普遍认可拼音文字阅读障碍的核心缺陷为语音加工能力缺陷

(Ziegler and Goswami, 2005)。语音加工能力包括语音意识(phonological awareness)和语音短时记忆两部分。语音意识是指个体感知和使用语音成分与结构的一种能力(Wagner et al.,1977)。儿童5岁时的语音意识成绩与三年后的阅读和拼写成绩之间存在显著的正相关关系,语音意识能够解释6%以上4岁儿童和4%以上5岁儿童的阅读变化,表明语音意识能够显著地预测儿童随后的阅读发展水平(Bradley and Bryant,1983)。阅读障碍儿童的语音意识成绩显著低于年龄匹配组儿童,表明阅读障碍儿童存在语音意识缺陷(Ziegler and Goswami,2005)。大量拼音文字研究发现,语音意识缺陷是拼音文字阅读障碍的一种主要缺陷,相应地,语音意识缺陷亚类型也是拼音文字阅读障碍的一种主要的亚类型(Béland and Mimouni,2001)。语言短时记忆指的是个体对阅读材料(如句子、数字串或无关单词串)的复述成绩。阅读障碍儿童的复述成绩显著低于年龄匹配组,一定程度上表明阅读障碍儿童存在语言短时记忆缺陷(Mann and Liberman,1984)。为什么阅读障碍儿童会表现出语言短时记忆缺陷? 这可能与阅读障碍者的语言表达速度有关(Catts,1986)。由于阅读障碍者的语言表达速度较慢,大大降低了阅读障碍者的语音记忆成绩,最终使得阅读障碍者的复述成绩显著低于正常读者。

阅读障碍的语音加工缺陷亚类型也得到了一些神经机制研究结果的支持与验证。有研究采用PET和fMRI等技术,发现在左侧颞—顶联合区、左侧额下回、颞上回和颞中回等脑区,阅读障碍儿童的激活程度显著弱于年龄匹配组儿童,表明阅读障碍儿童的上述脑区功能异常,即阅读障碍儿童存在语音加工缺陷。有研究选取阅读障碍儿童、年龄匹配组和阅读能力匹配组儿童,要求三组儿童完成语音押韵任务。结果发现在左侧颞—顶联合区、双侧额叶和右侧颞—枕区,阅读障碍儿童的激活程度显著低于年龄匹配组和阅读能力匹配组儿童,表明阅读障碍儿童"在字形—字音"转换任务上存在一定困难(Hoeft et al.,2007)。

(2)快速命名缺陷亚类型

快速命名(rapid automatized naming,RAN)指的是一种快速而又准确命名的能力。快速命名测试时,研究者一般选择被试比较熟悉的一些视觉符号,如数字、颜色或图形等,随机呈现这些视觉符号,要求被试尽快命名看到的视觉符号。前人研究考察了阅读障碍儿童的序列命名速度与阅读成绩之间的关系,对发展性阅读障碍的快速命名亚类型进行了初步探索(Rudel, Denckla, and Spalten, 1976)。在序列命名速度测试过程中,研究者在五列网格中给被试呈现 50 个项目(物体、颜色、数字或者字母),记录儿童对项目的出声命名速度。结果发现发展性阅读障碍儿童的命名速度与阅读能力呈正相关,表明存在快速命名缺陷亚类型。学龄前儿童的颜色命名速度和物体命名速度,可以预测其在小学一年级时的阅读能力(Landerl and Wimmer, 2008)。字母命名速度更易预测儿童在阅读过程中对字母和数字矩阵命名次数的变化,但是物体和颜色自动命名速度则不能预测这种变化(Lervag and Hulme, 2009)。到了小学高年级,随着语音意识影响的减弱,快速命名速度仍然可以继续预测其阅读能力(Meyer et al., 1998)。在正字法更为规则的语言系统中,快速命名速度对阅读能力的长期预测能力要强于语音意识的预测能力。英语阅读障碍者的阅读准确性比较差,但是在正字法更为规则的语言系统中,阅读障碍者的主要问题是其阅读速度比较慢。因此,快速命名速度和阅读能力发展的关系有助于研究者从多个角度理解阅读发展的本质。

发展性阅读障碍儿童存在快速命名缺陷,那么能否把发展性阅读障碍儿童分为"准确性缺陷"和"速度性缺陷"两类呢(Denkla et al., 1976)?"准确性缺陷"指读者无法准确地识别单词,"速度性缺陷"指读者可以准确识别单词,但是阅读速度较慢。这种分类法同样不能囊括所有的阅读障碍者。但是,"准确性缺陷"和"速度性缺陷"支持了双重缺陷假设,即阅读障碍读者可以分为命名速度较慢者、语音意识较差者以及双重缺陷的读者(Wolf and Bowers, 1999)。双重缺陷假设在考虑命名速度缺陷和语音缺陷的基础上,对发展性阅读障碍者进行了分类(Katzir et al., 2008)。遗传性研究发现,阅读障碍存在两种不同的遗传性因素,因为语音意识和自动命名测试速度的遗传模式是不同的(Compton et al., 2001)。

双重缺陷假设有助于理解阅读障碍的若干重要方面。首先,在正字法规则和不规则的语言系统中,快速命名速度均可以区分不同亚类型的阅读障碍者(Wolf, Bowers, and Biddle, 2000)。其次,该假设提出了另一种可能影响阅读能力的因素,即快速命名速度。该因素可以区分发展性阅读障碍者和阅读能力匹配儿童(Ackerman and Dykman, 1993)。最为重要的是,双重缺陷假设可以帮助教育者在学龄前阶段识别未来可能出现阅读困难的儿童。存在快速命名缺陷和语音意识缺陷的读者中,90%的儿童在小学二三年级时出现了阅读困难问题。

70%的发展性阅读障碍者或者受单一语音缺陷的影响,或者同时受语音缺陷和快速命名缺陷的共同影响(Katzir et al., 2008)。与此前语音缺陷模型的研究人员进行的基于语音的阅读缺陷研究相比,上述比率是一致的(Stanovich et al.,1997)。出现类似的语音缺陷比率说明 RAN 和基于语音的研究都发现了相似的阅读困难人群,进一步验证和支持了双重缺陷理论。

(3) 正字法加工缺陷亚类型

正字法加工(orthographic processing)是指对某种文字的书写规则和习惯的理解以及具备判断书写是否正确的相关知识。研究者一般采用真假词判断和单词组合判断等任务来测量正字法加工能力。有研究发现,部分阅读障碍儿童既存在语音意识缺陷也存在正字法加工缺陷,另外一些阅读障碍儿童则只表现出正字法加工缺陷(Valdois et al., 1995)。大约18%的阅读障碍儿童表现出语音意识和快速命名双重缺陷,而一半的阅读障碍儿童表现出语音意识、快速命名和正字法加工三重缺陷,表明正字法加工缺陷是阅读障碍的一种主要认知缺陷(Badian, 1997)。那么正字法加工技能如何影响阅读水平的发展呢? 有研究发现,正字法加工技能与阅读障碍者的阅读流畅性密切相关,但与拼写速度无关(OBrien et al., 2011)。有研究考察了西班牙语阅读障碍的正字法加工技能与阅读流畅性之间的关系,同样发现阅读障碍者的正字法加工技能与阅读流畅性显著相关,表明正字法加工技能缺陷可能是导致阅读障碍的一个重要原因(Suárez-Coalla et al., 2014)。

总之,一群阅读能力较差的读者就像一副扑克牌,研究者可以用不同的方式对其进行分类。可以分成两类(例如是否存在语音缺陷),也可以分成三类(例如只存在语音缺陷、只存在快速命名缺陷,或者存在双重缺陷)。选择哪种分类方式主要取决于分类的目的。如果分类的目的是让每个亚类型的人数最大化，那么双重缺陷方案就好于语音缺陷方案。如果分类能够有效地进行干预，那么双重缺陷方案就不如语音缺陷方案。因为 RAN 与阅读干预没有直接关系。目前还没有证据支持可以通过提高发展性阅读障碍者的快速命名速度进而提高其阅读能力。较慢的加工速度可能是导致 RAN 成绩较低的一个因素，但是研究结果之间不一致（Carver，1997）。多项研究发现一些阅读障碍儿童的加工速度更慢（Breznitz and Meyler，2003；Stringer and Stanovich，2000），但是其他研究未发现阅读障碍者和年龄匹配组存在加工速度的差异（Bonifacci and Snowling，2008）。如果对 RAN 结果的认知要素有进一步了解的话，未来可能会促进对阅读障碍者的阅读指导。

3. 基本感知觉缺陷下的发展性阅读障碍的亚类型

（1）视觉加工缺陷亚类型

由于阅读开始于视觉加工阶段，即视觉首先接收到文字刺激信息，读者才能开始阅读，因此可能是由于发展性阅读障碍者的基本感知觉出现了缺陷，进而影响其阅读过程，使得阅读障碍者表现出阅读困难问题。基于此，发展性阅读障碍的亚类型可以大致分为视觉加工缺陷和听觉加工缺陷。

最近，越来越多的研究者开始重视视觉在发展性阅读障碍中所起的作用。有研究者认为，由于发展性阅读障碍者存在视觉加工缺陷，使得阅读障碍者在阅读时可能出现字母或单词替换错误，因此一部分阅读障碍者的阅读错误并不是由于其存在语音意识缺陷，而是其视觉加工能力受损所导致的（Valdois et al.，1995）。人类的视觉系统包含两条并行的通路，分别是大细胞通路和小细胞通路。两条通路分别起源于人类视网膜上的大细胞和小细胞，由大细胞接收到的信息投射到外侧膝状体的大细胞层，小细胞接收到的信息则投射到外侧膝状体的小细胞层，然后两条通路的信息分别投射到初级视皮层（V1区）的不同层面（Stein，2019）。其中大细胞通路主要负责加工高时间频率、低空间频率和低对比度的信息，相反低时间频率、高空间频率和高对比度的信息则主要由小细胞通路负责。视觉信息到达大脑皮层后，大脑皮层上也存在两条通路，分别是背侧通路和腹侧通路。背侧通路主要接收大细胞通路的信息，即大细胞通路的信息到达初级视皮层后经视觉运动区传导至大脑后顶叶皮层;腹侧通路主要接收小细胞通路的信息,即腹侧通路将小细胞通路的信息传导至梭状回、外侧枕叶和颞下皮层等区域。

"大细胞—背侧"通路的功能与正字法技能、单词识别和阅读理解等阅读能力之间的关系密切(Lawton,2011),因此"大细胞—背侧"通路异常可能是导致阅读障碍的一个重要原因。由于阅读开始于视觉加工阶段,越来越多的研究者开始关注视觉拥挤效应的作用。视觉拥挤效应是指当一个物体在视觉的外周区域呈现时,如果其被干扰刺激所包围,那么对该物体的识别率显著低于该物体单独呈现条件下的识别率(Whitney and Levi,2011)。发展性阅读障碍者受视觉拥挤效应的影响显著大于正常儿童,甚至过度拥挤可能是导致阅读障碍的一个主要原因(Bouma and Legein,1977;Franceschini et al.,2012)。而且通过减少拥挤程度的干预训练,可以提高阅读障碍者的阅读速度和阅读能力(Aleci,Cafasso,and Canavese,2014;Franceschini et al.,2013)。

(2)听觉加工缺陷亚类型

发展性阅读障碍者的阅读困难还可能与听觉加工缺陷有关(Tallal,1980),即阅读障碍者之所以出现阅读困难,是因为其存在听觉加工缺陷。研究者主要从以下两个方面考察阅读障碍者的听觉加工缺陷:阅读障碍者对听觉信号时间特性的加工能力;当听觉信号的频率、幅度变化时,阅读障碍者的非时间特性加工能力。结果发现,约40%的阅读障碍者在加工快速呈现的听觉刺激时表现出困难,表明阅读障碍者存在听觉加工缺陷,即存在听觉加工缺陷亚类型(Tallal,1980)。有研究采用功能性磁共振成像(fMRI)技术,邀请被试完成纯音序列判断任务。结果发现,阅读障碍者左侧颞叶区的激活强度显著弱于正常读者,表明阅读障碍者听觉加工的神经机制存在一定缺陷(Nagarajan et al.,1999)。此外,有研究要求阅读障碍者和正常读者识别声音的频率和幅度,结果发现,阅读障碍者的表现显著差于正常读者(Heath,Hogben,and Clark,1999)。研究者采用听觉事件相关电位技术,操纵了声音的音高,结果发现,阅读障碍组的失匹配负波显著小于年龄匹配组,表明阅读障碍在感知声音变化方面存在一定缺陷(Baldeweg et al.,1999)。基于上述研究结果,有研究者认为,阅读障碍者的确存在听觉加工缺陷,具体表现为阅读障碍者的听觉时间加工速度较慢,对听觉变化的敏感性较低(孟泽龙等,2017)。

(三)汉语发展性阅读障碍的亚类型

上述发展性阅读障碍的分类方式,都是基于拼音文字的研究结果。中文作为一种表意文字,与拼音文字存在很大的差异。因此,拼音文字发展性阅读障碍的分类方式不能直接简单推论到中文。汉语发展性阅读障碍研究起步较晚,研究结果和研究数量较少,但研究者仍然尝试区分不同亚类型的汉语发展性阅读障碍者。下面对汉语发展性阅读障碍亚类型的研究进行简单回顾和梳理。

1. 基于阅读模型理论划分的亚类型

(1)语音阅读障碍亚类型

目前依据阅读模型划分阅读障碍亚类型的研究均以假字和例外字的阅读作为测验任务。有研究以三个汉语阅读障碍儿童为研究对象,探讨了汉语发展性阅读障碍的亚类型。研究者要求三个儿童完成了一系列测验,包括汉字命名、意义测验和元语言意识测验。结果发现一名儿童为表层阅读障碍,另外两名儿童为深层阅读障碍,没有发现语音阅读障碍亚类型(Shu et al.,2005)。有研究选取了阅读障碍儿童、年龄匹配组和阅读能力匹配组儿童作为研究对象,与上述研究结果一致,未发现语音阅读障碍亚类型,62%的阅读障碍儿童属于表层阅读障碍(Ho et al.,2007)。然而,有研究发现存在语音阅读障碍亚类型,且占全体阅读障碍者的13%(Ho and Siegel,2012)。研究者选取了60名六年级阅读障碍儿童,发现20%属于语音阅读障碍亚类型,此类儿童表现出较多的语音错误和类比错误;表层型阅读障碍大约占18.3%;约20%属于深层阅读障碍亚类型(Wang and Yang,2014)。

有研究发现,年龄越小的阅读障碍儿童更多表现为视觉感知缺陷亚类型,年龄越大的阅读障碍儿童则更多表现为语音缺陷亚类型(Lyon,Stewart,and Freedman,1982)。因此,研究者认为之所以上述研究中语音阅读障碍亚类型的比例不同,可能与阅读障碍儿童的年龄有关(Wang and Yang,2014)。霍等

(2007)与霍和西格尔(2012)研究中阅读障碍儿童的平均年龄约为9岁,另一项研究选取的阅读障碍儿童的平均年龄约为11岁,因此语音阅读障碍亚类型的比例高于霍等研究中的比例(Wang and Yang,2014)。此外,霍等与霍和西格尔研究中的阅读障碍儿童均来自中国香港,另一项研究选取了中国台湾地区的阅读障碍儿童(Wang and Yang,2014)。两个地区的儿童在学习汉语时所依靠的语音系统有所差异。香港的儿童学习的是粤语,台湾的儿童学习的是"国语",粤语的声调和音节比"国语"要丰富,国语有四个声调,而粤语有九个声调和两个变调,这可能也是导致上述研究结果不一致的一个重要原因。

上述研究结果表明,汉语阅读障碍语音亚类型的比例远远低于拼音文字语音阅读障碍亚类型的比例(Stanovich et al.,1997)。之所以出现上述结果,可能与两种语言本身的特点有关:拼音文字一般存在明确的"形—音"对应规则,语音在单词识别的语义通达过程中起重要作用;相反汉字不存在明确的"形—音"对应规则,从字形到字义的通达可能不需要语音的介导。因此,在假字阅读或假字注音任务上,汉语儿童无法通过亚词汇通路完成上述任务,导致汉语阅读障碍中语音亚类型所占的比例较小。上述研究均邀请阅读障碍儿童完成假字阅读任务,假字均由两个部件(一个声旁,一个形旁)构成(Ho et al.,2007;Ho and Siegel,2012;Wang and Yang,2014)。在汉语中形声字约占所有汉字的80%～90%左右(范可育、高家莺、敖小平,1984),有研究发现,一般情况下汉语读者可以通过一个陌生汉字的声旁对该汉字进行注音或阅读(Anderson et al.,2003)。然而,实际上通过声旁对汉字进行注音的准确率大约只有40%,尤其当考虑汉字读音的声调时,声旁对汉字读音预测的准确率更低(舒华、毕雪梅、武宁宁,2003)。因此,要求阅读障碍儿童完成假字阅读任务,并以该任务的成绩反映其汉语亚词汇通路的加工能力,这种研究方法本身仍值得商榷。

(2)表层阅读障碍亚类型

如上所述,有研究发现三个汉语阅读障碍儿童中有一个属于表层阅读障碍亚类型(Shu et al.,2005),有研究发现,18.3%的阅读障碍儿童属于表层阅读障碍亚类型(Wang and Yang,2014),还有研究发现,表层阅读障碍亚类型的比例约为 26%(Ho and Siegel,2012),甚至有研究发现,表层阅读障碍亚类型的比例高达 62%(Ho et al.,2007)。表层阅读障碍亚类型儿童在阅读和学习符合正字法规则的词汇和假字方面受到的影响较小,表明他们能够理解"正字法—语音学规则",并懂得如何运用这种规则。然而,表层阅读障碍亚类型儿童在学习和记忆不符合"正字法—语音学规则"的字符(即例外字)时存在很大困难。此外,表层阅读障碍亚类型儿童的例外字和假字的阅读成绩之间存在显著的正相关关系,儿童的正字法加工技能可以预测其在例外字和假字上的阅读成绩,表明例外字和假字阅读并不是完全独立的两种加工能力(Ho et al.,2007)。

研究者曾经报告了一个个案 L,L 的语音意识正常,在汉字字形再认任务中表现出更多的同音错误(如将"待"选成"代");表现出更多声旁相关的错误。研究者认为 L 的字形和字义之间的联结较弱,需要通过语音中介通达语义,但是由于字形和字音之间的联结也比较松散,导致其倾向于利用声旁中的语音线索。研究者发现 L 的阅读模式类似于拼音文字中的表层阅读障碍亚类型儿童(孟祥芝,2000)。

上述研究结果表明,表层阅读障碍亚类型是汉语阅读障碍的一个主要亚类型。与拼音文字的表层阅读障碍亚类型相比,他们的阅读行为表现大致相同,具体表现在阅读例外词时,汉语和拼音文字阅读障碍者使用了相同的阅读通路,进一步证实了词汇通路的存在。

(3)深层阅读障碍亚类型

前人提出一个三角模型(triangle model)解释汉语阅读过程(Yin and Weeks,2003)。根据该模型,中文阅读包含一个语义通路和一个非语义通路。在非语义通路中,正字法表征(例如笔画、部件和汉字等)与语音表征(例如音节、音韵和音调等)之间存在直接联系,读者可以通过这种直接联系完成阅读。如果读者的非语义通路受损,那么其在阅读规则词和例外词时将会遇到很大的困难,即可以理解汉字的意义,但是不能区分具有相同部件或相似语义的汉字。

研究者报告了一个深层阅读障碍亚类型的个案 J。J 的音位、声调意识明显弱于正常儿童,表现出更多的语义错误(如将"浴"读为"澡")和视觉错误(如将"贷"读为"货"),更少的语音相关错误(依赖声旁语音线索读音)。栾辉等认为J的"形—音"通路受损,识别汉字时主要依赖"字形—语义—语音"通路,导致阅读时产生大量的语义错误,表现出深层阅读障碍亚类型的特征(栾辉、舒华、黎程正家、林薇,2002)。

除了个案研究,还有研究发现三个阅读障碍者中有两个是深层阅读障碍亚类型,其主要特点是阅读规则词和例外词时存在很大困难,并且更多地表现出与语义相关的错误(Shu et al., 2005)。同样,另外一些研究发现,深层阅读障碍亚类型的比例约为20%,深层阅读障碍亚类型儿童更多地表现出语义和选择错误(Wang and Yang, 2014)。

上述研究结果表明,汉语阅读障碍中的确存在深层阅读障碍亚类型,并且深层阅读障碍亚类型更多地表现出与语义相关的错误。三角模型可以很好地解释深层阅读障碍亚类型的阅读行为表现。然而上述研究多采用个案和小样本研究,不能直接将研究结果推论到整个阅读障碍群体,因此今后研究者应该增加样本量,进一步验证三角模型对汉语阅读障碍亚类型的解释情况。

综上所述,拼音文字研究根据阅读模型划分亚类型时主要采用假字和例外字阅读测验,依据两种测验的阅读成绩来划分亚类型。然而,中文不存在明确的"形—音"转换规则,研究者根据研究目的设计的假字和例外字都没有明确的读音。因此,汉语研究中很难根据假字和例外字的命名和读音成绩判断读者是否存在字形到字音的损伤,导致目前汉语研究中较少筛选出语音阅读障碍亚类型。

2. 基于认知缺陷划分的亚类型

(1) 语音加工缺陷亚类型

前人选取了56个二至五年级的发展性阅读障碍儿童和年龄及阅读水平匹配组儿童,考察了香港汉语阅读障碍儿童的认知缺陷模式。结果发现,一半阅读障碍儿童存在快速命名缺陷;15%的阅读障碍儿童存在语音缺陷;超过一半的阅读障碍儿童在三个或更多的认知领域表现出缺陷;阅读障碍儿童的认知缺陷越多,其读写成绩就越差(Ho et al., 2002)。

随后研究者在一个更大的样本中进一步考察了汉语阅读障碍的亚类型，被试为147个有阅读障碍的香港小学儿童。研究者确定阅读障碍存在认知缺陷的标准是，某一种认知测验的成绩低于年龄匹配组 1.5 个标准差及以上。结果发现，语音缺陷型占所有阅读障碍儿童的比例为 29.3%，采用聚类分析方法确定了七个亚类型：全缺陷型、语音记忆缺陷型、正字法缺陷型等，有三个亚类型以快速命名缺陷为主，伴随有正字法或视觉缺陷，最后一组为轻微缺陷型（即在所有的认知测验中仅表现出轻微的缺陷）（Ho et al. , 2004）。

研究者选取北京地区的小学儿童，采用语音测验、语素测验、同音判断测验和语义相关判断测验等认知测验，考察了内地汉语发展性阅读障碍的亚类型。结果发现，约一半（46.8%）的阅读障碍儿童存在语音缺陷，语音测验成绩与识字量成绩存在中等程度的正相关。研究者认为，汉语儿童的语音意识和阅读能力存在密切关系，但语音意识对阅读能力的预测力没有像其对英语阅读的预测力那样有效。重要的是，汉语阅读障碍儿童全部表现出了语素意识（指对口语中最小的音义结合单元的敏感性和操作能力，一定程度上反映了语义技能）缺陷，语素意识缺陷的程度与阅读困难的严重性有直接的相关关系，而且语素意识缺陷独立于语音意识和词典通达缺陷。研究者认为语素意识缺陷是汉语阅读障碍者的主要认知缺陷，汉字记录语素的特点决定了语素识别和分解对于汉语阅读发展的重要性（吴思娜、舒华、王彧，2004）。

研究者选取阅读障碍儿童、生理年龄匹配组和阅读水平匹配组儿童各 34 名，采用语音意识测验、语素意识测验、正字法意识测验、同音字选择测验和快速命名测验，对汉语发展性阅读障碍的亚类型进行分析。研究者采用标准差切分法，确定了五种亚类型：双重缺陷亚类型（语音意识和快速命名缺陷）、语音缺陷亚类型、快速命名缺陷亚类型、正字法缺陷亚类型和轻微缺陷亚类型，其中语音缺陷亚类型约占 24%。此外研究者还测量了五种亚类型阅读障碍儿童的识字量，结果发现，语音缺陷亚类型儿童的识字错误率显著高于年龄匹配组，而与阅读水平组之间的差异不显著（刘文理、刘翔平、张婧乔，2006）。

拼音文字阅读障碍者普遍存在语音意识缺陷（Morris et al. , 1998），然而汉语阅读障碍中语音缺陷亚类型所占的比例较低。之所以出现上述结果，可能与拼音文字和汉语本身的语言特点有关。相较于拼音文字,语音信息在汉语阅读中所起的作用要小得多(Perfetti, Liu, and Tan, 2005),而且即使汉语阅读障碍者存在语音意识缺陷,其汉字识别成绩可能与年龄匹配组儿童之间的差异也不显著,进而导致语音缺陷亚类型的比例较小。

然而,研究者要求汉语阅读障碍儿童完成自编语音意识测验、语素意识测验、正字法意识测验和快速命名测验,采用标准差切分法,确定了以下几种亚类型:单纯语音意识缺陷型、单纯正字法意识缺陷型、语音正字法意识为主的混合缺陷型以及轻微缺陷型。研究者发现,语音意识缺陷是汉语发展性阅读障碍儿童的最主要缺陷,与拼音文字的研究结果一致(熊建萍,2014)。

总之,前人研究一致发现,汉语阅读障碍群体中的确存在语音加工缺陷亚类型,然而语音加工缺陷亚类型占所有阅读障碍儿童的比例,即语音意识缺陷是否是阅读障碍的主要认知缺陷,目前还没有一致的结论。这可能是由于前人研究采用的阅读障碍筛选标准和语音意识测验不同所导致,研究者多是根据自己的研究目的确定阅读障碍的筛选标准和语音意识测验。因此今后国内研究者应该制定统一标准的语音意识测验,尽快确定统一的阅读障碍筛选标准,只有在统一的阅读障碍筛选标准和语音加工测验的基础上,研究结果才具有科学性和可比性。

(2)快速命名缺陷亚类型

有研究发现,60%的汉语阅读障碍儿童存在颜色快速命名缺陷,存在数字快速命名缺陷的阅读障碍儿童大约占全部阅读障碍儿童的53%(Ho et al., 2002)。随后,有研究同样发现快速命名缺陷亚类型占所有阅读障碍儿童的53%,其中"快速命名—视觉记忆"双重缺陷组占26%,"快速命名—正字法"双重缺陷组占20%,"快速命名—正字法—视觉记忆"三重缺陷亚类型占7%(Ho et al., 2004)。研究发现,单一快速命名缺陷亚类型的比例约为21%,"语音—快速命名"双重缺陷亚类型的比例也为21%左右。研究还发现,"语音—快速命名"双重缺陷组儿童的识字正确率显著低于年龄匹配组、阅读水平匹配组和其他亚类型缺陷组儿童的正确率,单一快速命名缺陷亚类型儿童的识字正确率显著低于年龄匹配组,而与阅读水平匹配组之间的差异不显著。

（刘文理等，2006）。

有研究选取 63 名二年级小学生和 54 名四年级小学生，要求所有儿童完成四项快速命名测验，包括颜色快速命名、数字快速命名、注音符号快速命名和汉字快速命名。结果发现，在控制年龄、非语言智力、语音敏感性、短时记忆和正字法加工等因素后，快速命名能力是预测二年级儿童汉字识别的流畅性、四年级学生汉字识别的准确性和流畅性的一个重要因素（Liao, Georgiou, and Parrila, 2008）。有研究考察了快速命名能力与阅读水平之间的关系（Liao et al., 2015），结果发现，快速命名速度与配对联想学习成绩无关，配对联想学习需要读者在汉字和其读音之间形成任意连接；在控制非言语智商和正字法加工能力之后，可以解释快速命名速度与阅读准确性之间的关系，但不能解释快速命名速度与阅读流畅性之间的关系；在控制正字法加工能力之后，阅读障碍组与对照组在快速命名任务上的差异减小。研究者认为，快速命名速度与阅读准确性密切相关，因为儿童必须从长时记忆中获得汉字的正字法表征。然而，阅读障碍儿童的正字法表征质量较差，不足以让其实现流畅阅读，而且流畅阅读还需要有效的副中央凹信息加工。

有研究开展了一项为期六年的纵向研究，考察汉语阅读障碍的早期预测因素。研究者选取了 261 名儿童，要求儿童完成七项与语言相关的认知测验（包括复合意识、语法能力、非词复述、音节删除、形态学构造、快速命名和词汇命名测验）以及词语阅读任务。结果发现，个体在幼儿期的快速命名速度、语音意识和语素意识成绩均可以显著预测其在小学阶段的阅读能力（Lei et al., 2011）。

总之，上述研究一致发现，快速命名能力是影响汉语阅读能力的一个重要因素，个体的快速命名能力受损可能导致其出现阅读困难，导致其发展为快速命名缺陷亚类型阅读障碍儿童。

（3）正字法加工缺陷亚类型

有研究发现，与正字法加工缺陷有关的亚类型的比例大约为 31% 左右，包括单一正字法加工缺陷亚类型（4%）、"快速命名—正字法"双重缺陷亚类型（20%）和"快速命名—正字法—视觉加工"三重缺陷亚类型（7%）（Ho et al.，2004）。随后有研究通过回归分析发现，正字法加工缺陷可以解释阅读障碍儿童识字量成绩 13.3% 的变异量，表明正字法加工缺陷是导致阅读障碍的一个重要因素。还有研究发现，正字法加工缺陷亚类型的比例为 10%（刘文理等，2006）。

赵婧、毕鸿燕和杨炀（2012）采用真字、假字（符合正字法规则，但实际不存在的汉字）和非字（不符合正字法规则的汉字）的词汇判断任务，考察了阅读障碍儿童的正字法技能。结果发现，阅读障碍儿童和阅读能力匹配组儿童均表现出了正字法效应，即两组儿童拒绝假字的反应时显著长于拒绝非字的反应时。之所以未发现阅读障碍儿童存在明显的正字法加工缺陷，可能是由于儿童的正字法加工技能从幼儿园大班到小学一年级有显著提升，到小学二年级时基本成熟，与成人的正字法技能没有显著差异。上述研究中阅读障碍儿童的阅读水平与小学二年级正常儿童的水平不存在显著差异，因此上述研究的阅读障碍儿童未表现出正字法加工缺陷。

分析上述研究发现，刘文理等（2006）与赵婧等（2012）的研究结果不一致。可能的原因有以下两个。首先，两项研究采用了不同的测验。刘文理等（2006）采用部件组字任务，即要求儿童将两个或三个部件组合成一个合理的汉字；赵婧等（2012）采用真字、假字和非字的词汇判断任务。其次，两项研究采用的阅读障碍筛选标准存在差异：刘文理等（2006）设定的筛选标准为，识字量的百分等级在 25% 以下且瑞文测验的百分等级高于 25%；赵婧等（2012）将识字量得分低于年级平均水平 1.5 个标准差以上以及瑞文测验得分大于 85 的儿童确定为阅读障碍儿童。由于筛选标准不同，可能导致两个研究的阅读障碍儿童存在很大的异质性，进而导致实验结果出现不一致。今后，研究者应尽快设定统一、标准的阅读障碍筛选标准，制定统一、标准的正字法测验，在此基础上不同研究的结果才具有可比性，才能提高研究结果的有效性和科学性。

总之，前人研究发现，正字法意识缺陷是导致阅读障碍的一个重要因素，尽管有研究发现，阅读障碍儿童在完成假字和非字判断任务时表现出了正字法效应。然而，单纯的正字法缺陷亚类型在阅读障碍群体中所占的比例非常小,正字法缺陷通常与其他缺陷,如快速命名缺陷和视觉加工缺陷等共同出现,即阅读障碍儿童不仅表现出正字法缺陷,而且还表现出其他认知缺陷,表明正字法加工缺陷可能与其他认知缺陷之间具有相同的根源。

3. 基本感知觉缺陷亚类型

（1）视觉加工缺陷亚类型

汉语属于一种表意文字,汉字不存在明确的"形—音"对应规则,读者可以直接由字形通达语义。因此,对汉语阅读来说,视觉文字信息的加工可能比听觉语音信息的加工更重要。汉语阅读障碍者的视觉加工缺陷主要表现为"视觉大细胞—背侧通路"功能异常。汉语阅读障碍者的"视觉大细胞—背侧通路"缺陷在行为和神经机制层面均有所体现。

在行为层面,有研究采用一项测量一致性运动探测阈值的任务,考察了儿童动态视觉感知与阅读发展之间的关系。结果发现,汉语阅读障碍儿童在一致性运动任务中的阈值显著高于年龄匹配组儿童,在控制智商和词汇量后,回归分析发现,一致性运动探测阈值可以解释儿童正字法相似判断速度11%的变异量,以及图片命名准确性12%的变异量(Meng et al., 2011)。有研究邀请26名阅读障碍儿童完成一致性运动和正字法意识测验。结果发现阅读障碍儿童在一致性运动任务中的阈值显著高于年龄匹配组儿童,而在正字法意识测验中的反应速度显著慢于年龄匹配组儿童,表明汉语阅读障碍儿童存在"视觉—大细胞通路"缺陷和正字法加工缺陷。相关分析发现阅读障碍儿童在一致性运动任务中的阈值与其在正字法意识测验中的反应速度存在正相关关系,表明"视觉—大细胞通路"功能与正字法加工技能密切相关(Qian and Bi, 2015)。有研究者认为,上述两项研究的研究对象为阅读障碍儿童和年龄匹配组儿童,但未设置阅读水平匹配组,无法回答汉语阅读障碍儿童的"视觉—大细胞通路"缺陷是导致阅读障碍的原因,还是由落后的阅读水平所导致(肖茜等,2014)。因此,肖茜等(2014)选取了阅读障碍组、年龄匹配组和阅读水平匹配组儿童,采用轮廓幻影范式考察三组儿童的视觉快速加工能力。结果发现阅读障碍儿童的"视觉—大细胞通路"的时间分辨率不仅低于年龄匹配组,而且显著低于阅读水平匹配组,表明"视觉—大细胞通路"缺陷是导致阅读障碍的一个重要原因。此外,研究者还发现,所有儿童的"视觉—大细胞通路"的时间分辨率与其语音意识和阅读流畅性成绩之间存在显著的相关关系。有研究邀请阅读障碍儿童参与一系列基于"视觉—大细胞通路"的视觉运动训练,包括一致性运动任务、视觉搜索和视觉追踪等,训练持续五周,每周两次。结果发现,接受训练后,阅读障碍儿童的"视觉—大细胞"功能和语音意识成绩均提高到了正常儿童水平,而未接受训练的阅读障碍儿童的能力则没有得到相应的提高(Qian and Bi, 2015)。基于上述研究结果,"视觉—大细胞"功能缺陷是导致阅读障碍的一个重要原因。

除上述行为研究之外,研究者还开展了阅读障碍"视觉—大细胞功能"的神经机制研究(Siok et al., 2009;Wang et al., 2010;Zhou et al., 2015)。有研究采用视觉和听觉事件相关电位(ERP)技术,要求阅读障碍儿童判断光栅的运动方向,引发失匹配负波(mismatch negativity),考察"视觉—大细胞"功能异常与阅读障碍之间的关系。结果发现,在低空间频率条件下,阅读障碍儿童的视觉失匹配负波的波幅显著小于年龄匹配组和阅读水平匹配组儿童。由于大细胞背侧通路对低空间频率的刺激比较敏感,上述结果表明汉语阅读障碍儿童的确存在"视觉—大细胞背侧"通路缺陷(Wang et al., 2010)。

此外,前人还考察了阅读障碍儿童"视觉—大细胞背侧通路"上后顶叶皮层的功能和结构。例如,有研究采用 fMRI 技术,邀请阅读障碍儿童和年龄匹配组儿童判断同时呈现的两个汉字从视觉上看空间大小是否相同。结果发现,阅读障碍儿童在负责调节视觉空间加工的左顶叶沟区域的激活程度显著弱于年龄匹配组儿童,表明阅读障碍儿童同时存在视觉空间缺陷和语音障碍(Siok et al., 2009)。有研究考察了阅读障碍儿童的左侧顶叶沟(IPS)和视觉词形区域(VWFA)之间的功能连接模式,结果发现,在静息状态下,阅读障碍儿童的左侧顶叶沟和视觉词形区域在功能上相互连接,且均与左侧额中回(MFG)有功能连接;阅读障碍儿童的左侧顶内沟与左侧梭状回中部、左侧额中回的连接显著弱于年龄匹配组儿童;左侧顶内沟和左侧梭状回的连接强度与阅读流畅性成绩显著相关(Zhou et al., 2015)。

总之,无论是行为研究还是神经机制研究,都一致发现汉语阅读障碍儿童的"视觉—大细胞背侧通路"功能存在异常,即阅读障碍儿童存在视觉加工缺陷,验证了汉语阅读障碍的确存在视觉加工缺陷亚类型。

（2）听觉加工缺陷亚类型

目前汉语阅读障碍儿童的听觉加工缺陷研究,无论是研究数量还是研究结果都比较少。何胜昔、尹文刚和杨志伟(2006)采用 ERP 技术,给阅读障碍儿童呈现两个不同频率的纯音,探讨汉语阅读障碍儿童听觉功能的神经心理学特性。结果发现,在听觉加工过程中,阅读障碍儿童的 ERP 波形的潜伏期显著长于正常儿童,波幅显著低于正常儿童,表明阅读障碍儿童的听觉系统发育水平可能落后于正常儿童,即阅读障碍儿童可能存在听觉加工缺陷。刘议泽等(2014)采用经典的注意瞬脱任务,以听觉形式呈现目标刺激,考察了汉语阅读障碍儿童的听觉注意转换特征。结果发现在双任务中,阅读障碍儿童第二个任务的正确率显著低于年龄匹配组儿童,并且阅读障碍儿童完成注意转换的时间显著长于年龄匹配组儿童,表明汉语阅读障碍儿童存在听觉注意转换延迟缺陷。

上述研究主要聚焦于单通道缺陷,然而阅读需要读者将视觉通道和听觉通道的信息进行整合,即读者需要学习"形—音"联结,并达到一种自动化的程度,因此有研究者认为阅读障碍不局限于单通道缺陷,而是视听整合加工缺陷的反映(Hahn, Foxe, and Molholm, 2014)。有研究采用视觉时间顺序判断(visual temporal order judgement)任务,考察了阅读障碍儿童的视觉图形大小和听觉音高之间的联觉对应能力。视觉图形大小和听觉音高之间的关系分为两种:匹配的视听刺激组合和不匹配的视听刺激组合。结果发现,阅读障碍儿童在上述两种条件下的表现均显著差于正常儿童,且阅读障碍儿童在视觉时间顺序判断任务上的成绩与阅读能力显著相关,表明阅读障碍儿童存在视听时间敏感性缺陷。为了考察阅读障碍儿童视觉与听觉时间加工的发展特点以及时间加工在阅读中的作用,研究者选取了 181 名一至六年级的阅读障碍儿童,发现一二年级的阅读障碍儿童在视觉和听觉单通道的时间顺序判断任务中的表现都很差,三四年级的阅读障碍儿童在视觉时间顺序判断任务中的表现更差,五六年级阅读障碍儿童的表现达到了正常儿童水平,表明时间敏感性缺陷可能是导致阅读障碍的一个重要原因,并且时间加工能力与阅读能力的关系受年龄调节(Wang and Yang, 2016)。

　　总之,不管是拼音文字还是汉语发展性阅读障碍的亚类型研究,目前仍存在一定的争论和冲突,而且在一些至关重要的问题上仍然存在争议,如取样差异、任务的合理性、信效度验证和发生率差异与理论适用性等。上述关键问题如不能得到很好地解决,那么关于发展性阅读障碍的亚类型之争也将继续下去。

第二章　阅读障碍理论

第一节　获得性阅读障碍理论

一、基于双通道理论的选择性受损假说

根据传统双通道（Dual Route Cascaded，DRC）理论，人们从视觉通道将词汇信息输入大脑，到读者识别该词汇的整个过程中，存在两条不同的加工通道：一条是基于形、音一一对应规则的非词典通道，该通道负责识别规则词和可发音假词；另一条是词典通道，人们以查字典的方式激活心理词典中的词条，提取出正确语音，该通道负责识别不规则的例外词。基于双通道理论的选择性受损假说，不同亚类型的阅读障碍是由不同加工通道受损所导致的（王小娟、杨剑锋、舒华，2008）。

如第一章所述，获得性阅读障碍分为表层阅读障碍、语音障碍和深层阅读障碍三种亚类型。表层阅读障碍者能正确命名规则词和可发音的假词，表明其非词典通路未受损；但是他们不能正确命名不规则的真词，表明其词典通道存在一定程度的损伤。因为在命名不规则的真词时，表层阅读障碍者不能从其心理词典中提取出该词正确的读音，只能使用非词典通道命名，因此就会发生阅读的规则性错误。

相反，语音阅读障碍者能正确命名不规则的真词，但是在命名可发音的假

词时存在一定的困难。根据传统双通道理论,心理词典中不存在与假词相对应的词条,只能通过非词典通道加工假词,假词识别困难表明语音阅读障碍者的非词典通道受损。能正确识别不规则的真词,表明语音阅读障碍者可以通过词典通道找到相应的词条,即其词典通道是完好的,因此语音阅读障碍是非词典通道受损所导致的结果(Coltheart,2006)。表层阅读障碍与语音阅读障碍分别是传统双通道理论中两条不同加工通道受损所导致的。

根据双通道理论,深层阅读障碍者的右脑受损直接导致其语义加工模块出现一定程度的损伤。语义又是独立于阅读之外的一个功能模块,即读者可以在没有语义的作用下完成阅读过程(如非语义阅读障碍)。因此,双通道理论认为,深层阅读障碍是正常的阅读系统受语义缺陷影响所表现出来的一种特殊障碍模式,超出了双通道理论的解释范围,即双通道理论无法解释深层阅读障碍。

总之,双通道理论认为,表层阅读障碍是词典通道受损的结果,负责"形—音"转换的非词典通道受损导致出现语音阅读障碍亚类型,深层阅读障碍则是独立于阅读之外的语义模块受损的结果。基于双通道理论的选择性受损假说可以解释表层阅读障碍和语音阅读障碍,但在解释深层阅读障碍时存在一定的问题,例如,语义模块具体是怎样的一个模块,语义模块的结构和功能分别是什么,语义模块和双通道之间存在怎样的关系等。因此,基于双通道理论的选择性受损假说还需要更多的实验数据来验证和支持。

二、联结主义的"主要系统"假说

根据联结主义的三角模型,阅读主要包括三个系统:视觉系统(字形)、语音和语义系统,三个系统之间的联结决定了阅读的加工机制(Seidenberg and McClelland,1989)。从字形到语音的出声阅读过程存在两条加工通道:一条是由字形直接通达语音的直接通道,另外一条是由字形经过语义再到语音的间接通道。阅读是直接通道和间接通道之间的一种动态的分工合作机制,在两条通道信息的共同作用下,读者激活了正确的语音表征,进而顺利完成阅读过程(Harm and Seidenberg,2004)。

基于联结主义的"主要系统"假说认为,语音系统受损将影响直接通道,语义系统受损则影响经过语义的间接通道,不同亚类型的获得性阅读障碍不是某一个加工通道受损,而是上述一个或几个相互作用的系统同时受损所导致的结果。表层阅读障碍是语义系统受损的结果;语音阅读障碍主要是语音系统受损的结果;深层阅读障碍是语音与语义系统同时受损,从语音阅读障碍到深层阅读障碍是语音和语义系统同时受损情况下症状的连续体;上述三个系统不是阅读过程特异的,并且任何系统的受损都会导致所有词的阅读困难,同时还会影响与之相关的认知活动,因此阅读障碍与其认知功能障碍表现出相似的症状。

大量个案研究表明,表层阅读障碍往往伴随语义系统的受损,甚至有研究发现,表层阅读障碍者对于相同的项目,只要不能正确命名,那么在语义任务方面也表现出一定的困难(Hillis and Caramazza, 1995)。另一方面,语义受损患者(如老年痴呆、语义痴呆等患者)不能正确阅读不规则词,在不能理解的项目上,不规则词的阅读相对更加困难(Bi et al., 2007),表现出与表层阅读障碍相似的阅读模式。

个案研究往往由于个体差异而使得结果不太稳定,大样本的数据分析则提供了更加可靠的结果。有研究对 12 个语义痴呆患者进行分析发现,语义损伤与不规则词的阅读成绩具有高度的相关,具体表现为语义受损越严重,不规则词的阅读成绩就越低(Jefferies et al., 2004)。另有研究对 13 个语义痴呆患者的分析发现,语义系统受损的病人在阅读不规则词时,其阅读成绩都很差(Graham, Patterson, and Hodges, 2000)。有研究在 14 个语义痴呆案例的 6 项任务上都发现了明显的不规则词阅读缺陷,而且不规则词的阅读成绩与非阅读任务的语义成绩表现出高相关。上述研究结果表明语义系统受损会导致所有词的阅读成绩都有所下降,但低频不规则词的阅读正确率下降最快。

前人对 11 项已经发表的有关假词阅读困难(既有语音阅读障碍者也有深层阅读障碍者)的研究进行综述分析,发现只有语义系统完好时患者才表现出纯粹的语音阅读障碍,随着语义系统损伤的逐渐加重,深层阅读障碍的症状也逐渐出现,依次是视觉错误、词类效应、具体性效应和语义错误,最终发展成深层阅读障碍者。结果表明,从纯粹的语音阅读障碍到最严重的深层阅读障碍之间,随着语义系统受损逐渐加重,各种综合症状依次出现,表现出两种阅读障碍在损伤机制上的连续性(Friedman,1996)。另外,有研究者对12个假词阅读困难患者进行测试,虽然只有一半被试的症状表现出上述顺序,但是随着语义系统损伤的加重,各种综合症状的确表现得越来越多(Crisp and Ralph,2006)。

总之,选择性受损假说和主要系统假说是目前比较有影响力的用于解释获得性阅读障碍的两个理论,且两个理论分别获得了不同实验数据的支持和验证。但是这并不表明两个理论是相互排斥、相互冲突的,可能选择性受损假说更适合解释语音阅读障碍和表层阅读障碍,而深层阅读障碍则更适合用主要系统假说来解释。因此,今后还需要更多的实验证据分别验证上述两个理论,以及考虑如何综合上述两个理论,更好地解释获得性阅读障碍。

第二节 发展性阅读障碍理论

一、发展性阅读障碍的认知加工缺陷理论

(一)语音意识缺陷理论

1. 拼音文字阅读障碍的语音意识缺陷

语音意识缺陷理论是解释拼音文字阅读障碍最传统、最经典的理论,目前它仍然是拼音文字阅读障碍最主流的理论。语音加工过程受损在很大程度上被认为是拼音文字阅读障碍的核心缺陷(Goswami,2015)。那么语音意识缺陷是如何影响阅读过程的呢?一种假设是语音意识缺陷削弱了读者将语音映射到相应的视觉字母上的能力,从而阻碍了阅读障碍者的流畅阅读(Vellutino et al.,2004)。最近的研究表明,阅读障碍和其伴随疾病(如特殊语言障碍、注意缺陷多动障碍等)由共同的病因和神经认知风险因素所调节(Franceschini et al., 2012，2013）。下面从语音意识概念、儿童语音意识的发展顺序、语音意识与阅读障碍的关系来论述语音意识缺陷理论。

（1）语音意识概念

语音意识指的是感知和控制说话的声音的能力（Goswami and Bryant，1990），它不仅涉及语音识别，而且还涉及操控语音的能力（Castle and Colt-heart，2004）。语音意识是儿童早期阅读能力发展的一个关键预测因素，它指的是儿童能够识别、加工和操作单词语音构成成分的一种意识，是个体能够将单词语音切分成更小单位的一种多级技能，包含音节意识（syllable aware-ness）、"节首音—韵脚"意识（onset-rime awareness）和音位意识（phoneme awareness）等。音节意识指的是个体能够将单词切分成音节的一种能力。在拼音文字中，音节一般由一个元音和一个或多个辅音构成，单个元音也可以构成一个音节。研究者通常采用以下测验来测量音节意识：音节切分测验、音节补全测验、音节识别测验和音节删除测验等，上述测验要求被试为单词划分音节、补全缺失的音节、识别或删除指定的音节等。节首音指的是音节内的起始音位或音丛，韵脚指的是一个音节内的元音和其后的一个或多个辅音。"节首音—韵脚"意识指的是在音节内部层级上个体能够将音节和单词进行区分的一种能力。研究者通常采用押韵任务（包括押韵识别任务、押韵奇特任务、押韵生成任务和"节首音—韵脚"融合任务等）测量"节首音—韵脚"意识，押韵是指两个或两个以上单词的最后部分发音完全相同。音位指的是能够将两个词区分开的最小语音单位，是一组语音特征的集合体，在语流中融合成音节。音位意识指的是个体能够将一个单词中的元音和辅音切分开，并根据这些音位语段将单词进行归类的一种能力。音位意识测验主要有：头韵意识（指的是音位识别或音位归类任务）、音位匹配任务、音位切分任务、音位补全任务、音位删除或省略任务、音位颠倒任务、音位操作任务和首音互换任务等。

（2）儿童语音意识的发展顺序

儿童的语音意识随年龄的增长呈现出怎样的发展趋势呢？拼音文字的大量研究发现，儿童的语音意识发展表现出跨语言的一致性，主要表现为较大单位语音意识的发展早于较小单位语音意识的发展，即4岁儿童已经具有了音节意识,5岁儿童发展出了"节首音—韵脚"意识,6岁儿童获得了音位意识。较早采用音节切分和音位切分测验探讨托儿所、幼儿园和小学一年级儿童英语语音意识发展顺序的研究发现,儿童的音节切分和音位切分测验成绩均随年龄的增长而不断提高。具体表现为46%的托儿所儿童能够完成音节切分测验,48%的幼儿园儿童能够很好地完成音节切分任务,而到一年级末时大约有90%的小学生完全掌握了音节切分能力,表明小学一年级是儿童音节意识发展的关键时期。相较于音节意识,儿童的音位切分意识测验成绩则从托儿所的0%上升到幼儿园的17%再到一年级末的70%,表明儿童的音位意识发展晚于其音节意识(Liberman et al.,1974)。随后,有研究采用音节意识测验、"节首音—韵脚"意识测验和音位意识测验,邀请356名2~5岁的美国儿童完成上述测验,考察美国儿童的语音意识发展顺序。结果发现,2~3岁儿童在三项测验中的成绩普遍都很低,表明2~3岁儿童的语音意识技能都比较低;从4岁开始,儿童的语音意识进入一个快速发展阶段,75%的5岁儿童在押韵奇特任务上的成绩显著高出机率水平,一半的5岁儿童在音位识别任务上的表现比较好(Lonigan et al.,1998)。根据儿童语音意识的发展顺序,在开展语音意识训练时,应该首先对儿童进行音节意识训练,然后才能逐步开展"节首音—韵脚"意识和音位意识训练。

(3)语音意识与阅读障碍的关系

根据语音意识缺陷理论,阅读障碍者之所以在阅读和单词拼写方面存在困难,主要是因为在加工构成单词的语音或音位时存在一定难度。例如,阅读障碍者在存储、调用和有意识地控制语音方面存在困难,而对语音的存储、调用和有意识地控制在拼音文字阅读过程中是非常必要的。拼音文字的一个语音可以和临近的其他语音进行组合,构成不同的单词,一个语音在不同的情况下又具备不同的声学属性。因此,语音是一种需要学习的抽象概念,不是某种声学物质。阅读障碍者对语音和语音顺序的表征很模糊或表征质量不佳,导致其出现阅读困难。尽管阅读障碍者可以理解说话者的意思,但是难以有意识地对语音进行加工和操作。

语音意识缺陷究竟是以何种方式阻碍阅读能力的发展呢?关于这一问

题,目前还没有一致的结论。但是现有的证据发现被试在语音意识任务中不能辨别单个语音,表明被试存在语音表征困难,且影响了其阅读能力的发展。语音意识缺陷还可以通过多种方式扭曲潜在的语音表征,使语音表征变弱、不稳定或者不明显。因为语音表征是一系列任务(如阅读、写作和命名任务等)的基础,所以低质量的语音表征使得上述加工过程出现困难。在阅读任务中,语音意识缺陷会阻碍"形—音"转换,降低单词识别的效率。语音意识缺陷还会影响语言的短时记忆和命名任务等加工过程。因此,根据语音意识缺陷理论,语音表征较弱、不稳定或者不明显是阅读障碍者的核心缺陷。

但是,阅读障碍的严重程度和年龄能够调节语音意识缺陷对阅读能力的影响。因此,轻微阅读障碍者可能只存在阅读困难问题,严重的阅读障碍者可能存在更严重的语音意识缺陷,在言语感知任务中也可能存在困难,一些有阅读障碍家族遗传史的熟练读者可能存在拼写困难。语音意识缺陷理论认为,阅读障碍者不只存在语音意识一种缺陷,相反,可能还存在其他认知缺陷。目前有证据表明阅读障碍者的单词阅读困难,可以从语音意识缺陷角度进行解释。

虽然语音意识缺陷对阅读障碍者的单词识别有直接影响,但并不意味着所有的阅读障碍者都有语音意识缺陷。换言之,语音意识缺陷是导致阅读障碍的必要而非充分条件。前人研究选取有阅读障碍家族遗传史的儿童为风险组,没有阅读障碍家族遗传史的儿童为控制组,比较了两组儿童的语音意识发展过程(Gallagher, Frith, and Snowling, 2000)。风险组被试根据其阅读能力又划分为无阅读障碍和有阅读障碍儿童。在 3 岁 9 个月、6 岁和 8 岁时,邀请所有儿童完成阅读测试、拼写测试和语音意识测试。结果发现,3 岁 9 个月时无阅读障碍和有阅读障碍的风险组儿童在语音记忆任务上的表现都很差,6 岁时风险组中的阅读障碍儿童在音位区分任务上的成绩显著低于风险组无阅读障碍儿童和控制组儿童的成绩。结果表明,3 岁 9 个月时进行的语音任务测试并不能预测哪些儿童存在阅读困难,6 岁时语音意识最差的儿童到 8 岁时会发展为阅读障碍。在大多数语音任务中,风险组所有被试的成绩都显著低于控制组被试。因此,尽管有数据显示被试在 6 岁时的语音意识通常能预测其后的阅读能力,但是一些来自有阅读障碍风险家庭的儿童却克服了语音意识缺陷,发展成了正常读者。

目前对语音意识缺陷理论提出的最有质疑的声音是,还没有研究发现语音意识与阅读障碍之间存在非常明确的因果关系。在阅读障碍研究中,常见的、可被接受的证明神经认知功能与阅读障碍之间因果关系的方法,是开展纵向和干预研究。

前人研究发现,与阅读水平相匹配的正常儿童(年龄更小,正常的读者,其阅读水平与阅读障碍相匹配)相比,阅读障碍儿童仍然存在语音意识缺陷(Swan and Goswami, 1997)。结果表明,语音意识缺陷和阅读障碍之间存在一种因果关系。然而,使用阅读水平相匹配的控制组只是研究阅读障碍病因的第一步。后续的纵向和干预研究是必要的,以进一步确定语音意识缺陷和阅读障碍之间是否存在因果关系(Goswami and Bryant, 1990)。到目前为止,还没有纵向和干预研究直接考察阅读障碍者的语音技能,尽管这些研究控制了被试的现有读写技能和"形—音"对应规则,以及这些技能对语音意识任务的影响。此外,特定的语音意识训练不会自动地直接转化为更高的阅读能力(Galuschka et al., 2014;Strong et al., 2011),表明语音意识和阅读能力之间可能不存在直接的因果关系。换言之,语音意识缺陷理论的假设本身是有争议的,因为阅读能力与语音技能之间存在一种循环论证关系(Vidyasagar and Pammer, 2010)。

有趣的是,前人研究采用功能核磁共振成像技术测量了读写能力不同的成年人对口头和书面语言的大脑反应,结果发现读写能力增强了颞平面和颞上皮层(STC)区域的语音激活(Dehaene et al., 2010)。其他研究发现,成年后再学习阅读可以显著影响对正常读者同样重要的大脑区域的结构(Carreiras et al., 2009)。因此,当成年后再获得读写能力,其大脑也会发生相应的变化(Carreiras et al., 2009;Dehaene et al., 2010)。上述结果表明,分别在童年期和成年期获得阅读技能都能深刻地改变"听觉—语音"阅读网络的神经生物学组织(Blomert, 2011)。因此出现一个有趣的问题,即阅读障碍者语音网络特征的功能和结构损伤是否可能是其普遍缺乏阅读经验的结果?阅读障碍儿童一年内阅读的单词数量与正常读者两天阅读的单词数量相同(Cunningham and Stanovich，1998)。因此，阅读障碍者大脑中相对较少的灰质可能表明，这是其有限阅读经验所造成的结果。与前人的研究结果一致，随后的研究发现，与年龄匹配组儿童相比，阅读障碍者在包括左侧颞上沟在内的多个左右半球区域内，都有较少的灰质体积(Gray Matter Volume, GMV)。然而，当阅读障碍儿童与阅读能力匹配组儿童相比较时，并未表现出上述差异，而只有右侧中央前回的灰质体积差异在第二次分析中仍然显著(Krafnick et al.，2014)。这进一步验证了前人的发现，阅读障碍儿童与年龄匹配组儿童在灰质体积方面的显著差异很大程度上是由阅读经验引起的(例如混乱的阅读经验)，只有一小部分差异是由阅读障碍本身引起的。总之，阅读网络的异常是由阅读经验不同所导致的，而阅读障碍的神经解剖前体主要位于初级感觉皮层。

令研究者感兴趣的是，语音意识缺陷也可能是导致特殊语言障碍(Specific Language Impairment, SLI)的原因之一，特殊语言障碍与阅读障碍具有高度的共病性(Brizzolara et al.，2011；Chilosi et al.，2011)。因此，语音意识缺陷可能并不是导致阅读障碍的原因。考虑到大多数阅读障碍研究并未排除患有特殊语言障碍病史的儿童，特殊语言障碍与阅读障碍的高共病性可能调节现有结果中语音意识在阅读障碍中的因果作用，并且目前缺乏控制良好的采用有力的因果研究方法(纵向和干预设计)的研究。然而，控制特殊语言障碍病史的一个直接后果是将大量患有阅读障碍的儿童排除在外，这就出现了一个不可避免的问题，即这个过程是否告诉了研究者一些关于阅读障碍病因的可靠信息？我们从大量文献可以清晰地看出，阅读障碍确实是一种非常复杂的疾病，其特征是阅读障碍者存在大量的缺陷，这些缺陷结合在一起，使得最终的结果超过了诊断的阈限(Menghini et al.，2010)。因此，"单一阅读障碍缺陷"(如语音意识缺陷)的研究结果似乎不能成功解释这种复杂的疾病。此外，特殊语言障碍者同样存在"视觉—时间"注意缺陷，这表明特殊语言障碍不仅仅是一种语言障碍。

到目前为止，阅读障碍最常见的干预方法是设计复杂的程序来训练阅读的子技能,尤其是语音意识。语音意识训练的典型任务包括音素删除、音素计数、音素混合、音素反转、音节分割、奇特韵律(rhyme oddity)和韵律判断等(Castle and Coltheart,2004)。然而,研究者通过训练阅读障碍儿童的语音意识,发现语音意识的提高不能自动转化为更好的阅读能力(Galuschka et al.,2014)

有研究采用 fMRI 技术研究了单感觉通道(视觉或听觉)和多感觉通道(视听一致和视听不一致)下成年阅读障碍者的字母和语音神经加工过程。结果发现,阅读障碍者颞上皮层区域的字母和语音的整合激活程度较弱,这种减弱的"视—听"融合可以显著预测语音意识测验成绩(Blau et al.,2009)。上述研究者随后一年的另一项 fMRI 研究发现字母到语音的整合是学习阅读的一种突发性特征,而阅读障碍者的这种能力没有得到正常发展(Blau et al.,2010)。因此,阅读障碍的语音意识缺陷可能是阅读失败的结果,而不是原因,这可能是由字母到语音整合的神经系统的异常专门化造成的。学习阅读视觉词汇确实需要融合两个神经认知系统:一个视觉系统,允许个体在杂乱的字母中识别视觉单词;一个语音语言系统,使得个体可以识别听觉形式呈现的单词(Schlaggar and McCandliss,2007)。读写能力的习得增强了左侧梭状回的激活程度,同时增强了枕叶皮质(包括初级视皮层 V1)的视觉反应,表明阅读习得可以很好地改善"听觉—语音"和"视觉—正交网络"中的皮层组织(Dehaene et al.,2010)。这种干预方法是建立在字母到语音整合的明确、系统的指导基础上的,也被称为"语音训练",似乎是对母语为英语的阅读障碍者最有效的干预方法(McArthur et al.,2012)。最近的一项元分析比较了不同亚类型阅读障碍干预训练的效率,发现语音训练不仅是目前采用最广泛的一种干预方法,此外这种方法对阅读障碍儿童和青少年的阅读和拼写的检验力在统计学上得到证实,且是唯一一种得到证实的方法(Galuschka et al.,2014)。

总之,目前研究者普遍认可,拼音文字阅读障碍的核心缺陷为语音意识缺陷,语音意识在儿童的阅读习得过程中起着很关键的作用,语音意识训练成为目前被普遍采用的一种干预方法。然而,并不是所有的文字都是拼音文字,例如汉字。作为使用人数最多的一种文字,汉语有其独特的特点,语音意识缺陷是否也是汉语阅读障碍的核心缺陷呢?

2. 语音意识缺陷在汉语阅读障碍中的作用

(1)汉语语音

中文作为一种表意文字或语素文字,与拼音文字存在很大差异(Zang et al., 2013)。首先,汉字虽然不是拼音文字,不存在明确的"形—音"对应规则,但是汉语也并非纯粹的语素文字。汉语中80%的汉字为形声字,这表明汉语具备一定的语音线索,然而所有形声字中能提供可靠的整字读音信息的仅占36%左右(舒华等,1998)。此外,同一个汉字可能有不同的读音和意思。最后,形声字包含表义的形旁和表音的声旁,汉字的形音联系主要由声旁来完成,然而汉字声旁的编码位于音节水平,声旁信息不会在音位水平上进行编码。汉字声旁的音节特性使得音节意识的发展对学习汉语至关重要。汉语音节没有辅音丛,也没有韵脚部分的尾辅音;汉语音节类型较少,大约有400个。汉语是一种声调语言,声调一般被看成是音位或音素,声调和音节一样可以区别意义,加上声调汉语共计约有1300个音节。在汉语阅读过程中可能会出现如下情况,即读者能够根据上下文语境推断出某个字的含义,但是却不知道这个字的读音;也可能是儿童能正确朗读一个汉字,但是却不知道这个汉字的含义。

(2)汉语语音意识的发展

汉语语音意识随年龄的增长呈现出怎样的发展趋势呢?目前还没有一致的结论。有研究者综合采用纵向和横向研究,系统考察了小学生的语音意识发展特点。结果发现一年级儿童尚未具备汉语语音意识,随年龄的增长,儿童先后获得了声调意识、"首音—韵脚"意识和音位意识。双语儿童与英语儿童语音意识的发展顺序相似,然而汉语儿童语音意识的发展晚于英语儿童(徐芬等,2004)。与此相反,有研究者发现幼儿园小朋友已经具备了一定的语音意识,且其发展顺序为音节意识、韵脚意识、声调意识和首因意识(唐珊、伍新春,2009)。造成上述两项研究结果不一致的原因可能有以下两个:一是儿童开始学习拼音的时间不同。有的地方拼音学习穿插到小学一年级的课文学习中,而有的地方幼儿园就开始学习拼音。二是与语音测验任务有关,上述研究中的语音测验任务不一致,都是研究者根据研究目的自行编制的测验(张庆翔、王怡晴,2014)。因此,为了更好地研究汉语语音意识的发展特点和规律,研究者应尽快制定一套标准的、统一的语音意识测验,在施测时还要考虑各地拼音教学的实际情况。

(3)语音意识与汉语阅读障碍

那么语音意识缺陷是否是造成汉语发展性阅读障碍的重要原因呢?目前仍然没有形成一致的结论。研究者选取小学三年级、四年级和五年级各20名儿童,邀请所有儿童完成音节意识测验(音节确认、音节合法性判断)、"首因—韵脚"意识测验(叠韵词判断、双声词判断和押韵判断)和音位意识测验(确定语音个别者任务、音位置换、音位删除),结果发现,被教师评定为"阅读差"的儿童在上述三个测验上的成绩均显著低于"阅读好"的儿童,表明语音意识测验成绩与阅读水平密切相关(姜涛、彭聃龄,1999)。有研究选取小学五年级和六年级的75名汉语阅读障碍儿童和77名年龄对照组儿童,采用回归分析发现,词素意识、快速数字命名速度和词汇技能均可以有效区分阅读障碍儿童和年龄对照组儿童,进一步分析发现,词素意识是预测两组儿童阅读能力高低的最强因素。研究者认为,可以根据儿童的词素意识成绩鉴别该儿童是否阅读障碍者,词素意识缺陷可能是汉语发展性阅读障碍的核心缺陷(Shu et al. , 2006)。然而,中文是一种语素文字,每个汉字由不同的笔画、部件构成,缺乏明确的"形—音"对应规则,这使得汉字字形的加工难度高于拼音文字的加工难度。在汉字学习过程中,形近字的区别一直是学习的难点,汉语发展性阅读障碍儿童在区分形近字上的成绩更低。因此,正字法加工缺陷可能是汉语发展性阅读障碍的症结所在(Ho et al. , 2004)。

语音意识缺陷与汉语阅读障碍之间是否存在因果关系,可以通过纵向研究和干预研究的结果来回答。研究者选取了小学刚入学的54名中国台湾儿童,进行了为期两年的纵向研究,结果发现,刚入学时的语音意识成绩与其两年后的识字量之间不存在显著的相关关系,即语音意识成绩不能很好地预测儿童两年后的识字量(柯华葳、李俊仁,1996)。随后,研究者同样选取了刚入学的 40 名台湾儿童,开展了历时三年的纵向研究,同样发现在控制了智力因素后,儿童的语音意识成绩不能有效预测其在小学二年级和三年级时的阅读能力(Hanley，1997)。根据上述研究结果,语音意识缺陷可能并不能直接导致阅读障碍,相反阅读能力的发展促进了儿童语音意识的发展,阅读能力和阅读经验是影响语音意识发展的重要因素。

　　目前大陆相关的纵向研究和干预研究还比较少,且现有的纵向研究结果与上述研究结果存在冲突(董琼等,2014;Pan et al.，2011)。研究者对 74 名学前儿童开展了为期一年半的纵向研究,采用回归分析发现语音意识成绩对儿童一年半后的口语词汇成绩仍然有独特的解释作用;语素意识成绩仍然可以解释一年半后儿童的汉字识别和阅读理解成绩(董琼等,2014)。另一项为期 5 年的纵向研究选取了 262 名学龄前儿童,结果发现在控制了最初的汉字阅读能力之后,儿童 5 岁时的音节意识成绩仍然可以预测其在 8 岁和 10 岁时的汉字识别能力,这表明早期的语音意识对汉语读写能力的发展起着很重要的作用(Pan et al.，2011)。

　　台湾和大陆研究结果不一致的原因可能是:第一,台湾儿童和大陆儿童虽然学习的都是汉字,但是台湾儿童学习的是繁体字,大陆儿童学习的是简体字(即在繁体字的基础上进行简化之后的汉字)。繁体字的视觉复杂性比简体字更复杂,包含的笔画数也更多(如“剑”和“劍”)。第二,上述研究所处的时代不同,两项以台湾儿童为被试的研究时间是 20 世纪 90 年代;两项大陆研究则是在近十年内完成的。第三,两地的教学方法可能有所不同。因此,汉语语音意识和阅读障碍之间的关系还需要更进一步的研究。

　　总之,由于阅读障碍是一种非常复杂的疾病,试图用语音意识缺陷这一单一原因来解释阅读障碍的机制,无论乍一看多么相同、传统和主流,这一观点仍存在一定的争议。另一方面,最近研究者将焦点更多地转移到阅读障碍的字母到语音整合缺陷上,似乎重新激活了这种传统的阅读障碍理论的活力。然而汉语不同于拼音文字,单独用语音意识缺陷理论解释汉语阅读障碍要慎之又慎。

(二) 双重缺陷假说

1. 拼音文字阅读障碍的双重缺陷

双重缺陷假说认为发展性阅读障碍者不仅存在语音意识缺陷,而且存在快速命名缺陷。快速命名缺陷是指个体对比较熟悉的视觉符号的命名速度很慢,至少低于正常读者的平均速度一个标准差以上。较早的一项快速命名研究报告了一个成年个案,他的"中风"不仅导致其出现阅读困难,而且导致其不能正常命名颜色,但可以进行颜色匹配。该个案可以拼写和书写单词,表明其从口头语言到视觉和动觉的通路畅通(Geschwind and Fusillo, 1966)。将颜色命名作为"视觉—语言"脱节的标志,将不能进行颜色命名的儿童归类为阅读困难儿童。随后研究者编制了一系列快速命名测验(Denckla and Rudel, 1972)。双重缺陷假说的支持者认为,语音意识缺陷和快速命名缺陷是导致阅读障碍的两个独立因素。如果儿童同时具有语音意识缺陷和快速命名缺陷,那么该儿童阅读困难的症状会更严重。

快速命名包含几个认知成分:注意力、感知觉、语义和运动加工,每种认知成分对于完成快速命名任务都至关重要(Wolf and Denckla, 2005)。快速命名任务中的发音时间(Articulation Time)和停顿时间(Pause Time)是影响快速命名速度的两个重要因素。发音时间是指对快速命名任务中的项目进行反应并正确发音的时间总和;停顿时间是指正确连续发音间的停顿时间总和。阅读障碍儿童与正常儿童的停顿时间存在显著差异,且停顿时间比发音时间对阅读能力的预测作用更大(Clarke, Hulme, and Snowling, 2005),而且字母快速命名和物体快速命名测验中的停顿时间对阅读障碍的预测作用显著大于发音时间的预测作用(Neuhaus and Swank, 2002)。

阅读障碍儿童的命名速度与阅读能力呈显著正相关(Rudel, Denckla, and Spalten, 1976),幼儿的快速命名速度一定程度上可以预测其在一年级时的阅读能力(Landerl and Wimmer, 2008)。到小学高年级,随着语音意识影响的逐渐减弱,快速命名速度仍然可以继续预测儿童的阅读能力。在正字法更明显的语言系统中,序列命名速度对阅读能力的长期预测效力要强于语音意识的预测效力（Furnes and Samuelsson，2011）。因此,快速命名速度和阅读发展的关系有助于从多个角度理解阅读和发展性阅读障碍。

当要求被试快速命名同时呈现或连续呈现的数字、物品、颜色或字母时,阅读障碍儿童的命名速度均显著低于正常儿童的命名速度,尤其是当刺激连续呈现时。快速命名缺陷与语音意识缺陷有一定的联系,但二者并不相同。根据双重缺陷假说,可以把阅读障碍儿童分为三种类型:单纯语音意识缺陷型、单纯快速命名缺陷型、语音和快速命名混合缺陷型。混合缺陷型儿童的阅读受损程度要比单一缺陷型儿童的更加严重。这一假说引起关注的原因主要有:首先,该理论承认语音意识缺陷与阅读障碍之间的关系,并不否认语音意识缺陷的重要性;其次,该理论认为阅读障碍群体内部可能存在异质性,即存在不同的亚类型,因为单一的语音意识缺陷理论并不能解释所有的阅读障碍者。

有研究者发现,即使控制了儿童原有的词汇量和阅读技能,快速命名能力和语音意识仍然能很好地预测一年后儿童的阅读成绩,这进一步验证了双重缺陷假说（Manis et al.，1999）。干预研究也验证了阅读障碍者存在快速命名缺陷（Levy et al.，1999）。研究者根据阅读障碍儿童的数字快速命名成绩,将其分为快组和慢组,两组儿童接受相同的干预措施,结果发现在所有的训练方法中,快组儿童阅读成绩的提高幅度都显著大于慢组儿童的提高幅度。

2. 汉语阅读障碍的双重缺陷

快速命名速度与汉语阅读之间存在怎样的关系呢? 快速命名速度能否预测汉语阅读能力? 研究者选取 100 名小学三年级学生,要求所有儿童完成一系列认知测验,通过回归分析发现语音意识对中文读字、中文默字和快速阅读理解的解释量显著大于快速命名速度的解释量,这表明快速命名能力独立作用于中文阅读,但其对中文阅读的影响弱于语音意识的影响（孟祥芝、沙淑颖、周晓林,2004）。一项纵向研究发现,儿童在 5 岁时的快速命名能力可以预测其在 8 岁和 10 岁时的汉字识别能力,且快速命名对汉语阅读流畅性有很强的解释力,而语音意识不能预测阅读流畅性（Pan et al.，2011）。还有研究发现,儿童的快速命名成绩可以预测其一年半后的汉字识别成绩,这表明快速命名在汉语阅读能力发展中起着重要作用(董琼等,2014)。上述结果表明,快速命名能力在一定程度上可以预测汉语阅读能力,汉语阅读障碍儿童普遍存在快速命名缺陷。

双重缺陷假说虽然得到了一些研究结果的支持,但是快速命名能力在阅读发展中的作用、与语音意识的关系以及快速命名缺陷的实质等问题一直存在争论。有研究者认为,快速命名能力只是一种特殊的语音技能。在一项追踪研究中,研究者考察了二、三年级儿童的语音意识、快速命名能力、阅读能力对两年后阅读能力的预测效力。结果发现,如果在不控制儿童原有阅读能力的情况下,语音意识和快速命名成绩都对两年后的阅读成绩有显著的预测作用;但是如果控制了儿童原有的阅读能力,那么只有语音意识成绩能够显著预测两年后的阅读成绩。因此,研究者认为,快速命名能力实质上可能只是语音技能的一种,并不是独立影响阅读能力的一个变量(Torgesen et al. , 1997)。关于快速命名和语音意识是否独立作用于阅读过程,还是快速命名是语音意识能力的一个构成成分,还需要更多的实验数据来验证。

(三) 正字法缺陷和多重缺陷假说

正字法加工又被称为字形加工或词形加工,指的是对特定语言书写习惯的理解,同时掌握判断书写是否正确的知识,既包括字(单词)组合的合法性与否的知识,也包括判断构成字(单词)的部件可能出现的序列知识(王晓辰,2010)。正字法知识是读者完成正常阅读必须具备的基本技能。正字法意识是指儿童对文字组合规则的意识。研究者通常采用真词、假词和非词的词汇判断任务测量正字法意识。

存在语音意识缺陷的阅读障碍儿童具有较强的词形记忆能力,表明该类儿童可能利用词形信息来弥补其在语音加工方面的缺陷(Rack, 1985)。可见,正字法加工机制不同于语音加工机制,即正字法意识缺陷和语音意识缺陷的内在机制也有所差异。研究者通过分析被试错误的拼写发现,年龄匹配组儿童更多地使用语音和字形线索完成拼写任务,但阅读障碍和阅读水平匹配组儿童主要依赖视觉加工为主的策略,尤其是阅读障碍儿童(Siegel and

Himel，1998）。阅读障碍青少年的正字法意识成绩显著低于阅读水平匹配组的成绩，表明正字法意识缺陷可能是导致阅读障碍的主要原因（Hultquist，1997）。

有研究者认为，除了语音意识缺陷和快速命名缺陷外，正字法加工缺陷也是阅读障碍的重要缺陷之一，由此提出了多重缺陷假说（Badian，2001）。该理论认为，语音意识缺陷、正字法缺陷和快速命名缺陷都是阅读障碍者的主要缺陷，而且存在缺陷的种类越多，表明阅读障碍者的阅读受损程度就越严重。实证研究发现，具有语音意识和快速命名双重缺陷的阅读障碍儿童占总人数的 18%，而具有三重缺陷的儿童占总人数的 50% 左右，这进一步支持多重缺陷假说（Badian，1997）。此外，具有双重缺陷或三重缺陷的儿童都是阅读困难症状较严重的儿童。

汉语儿童在汉字习得过程中逐渐发展起正字法意识，正字法意识在汉语读者的汉字识别、新字学习和阅读发展过程中起着重要作用。学习者首先掌握汉字的基本笔画、偏旁部首等基本的部件以及部件之间的组合方式，然后慢慢发现一些基本部件经常出现在很多汉字中，进而形成正字法意识。汉语的正字法意识发展主要经历了如下阶段：学龄前儿童只能区分汉字和线条图，入学后逐渐掌握了位置意识和部件意识，且部件意识的发展晚于位置意识。汉字比拼音文字具有更复杂的视觉复杂性，且汉字的组合方式也很多，要形成正确的正字法表征就必须记忆每个汉字独特的部件和其组合方式，因此对汉语学习者来说，正字法表征的建立是其学习过程中所面临的一个很大的难点。

有研究者选取幼儿园中班、大班、小学一年级、二年级和三年级各 30 名儿童，结果发现学龄前儿童已经具备了整字和部件的形态意识，入学后部件位置意识和笔画形态意识有了很大提高，三年级儿童的正字法意识仍然在发展中（王娟等，2017）。有研究发现，学龄前儿童的单部件意识在不断发展中，且部件替换能力的发展早于部件缺失和部件旋转能力；4 岁儿童的部件位置意识和功能意识开始萌芽，5 岁儿童的部件位置和功能意识仍然在发展中（钱怡、赵婧、毕鸿燕，2013）。

前人的大量研究发现汉语阅读障碍儿童存在正字法加工缺陷。例如，有研究发现,单纯正字法缺陷亚类型约占4%,伴随正字法缺陷的另外三个亚类型约占36%,即正字法缺陷约存在于40%的汉语阅读障碍儿童中(Ho et al.,2004)。有研究者采用部件组字任务开展研究,要求儿童将两个或三个汉字部件组合成一个合理的汉字,结果发现,正字法缺陷组阅读障碍儿童约占全部阅读障碍儿童的10%(刘文理、刘翔平、张婧乔,2006)。王晓辰、李清和邓赐平(2014)采用真字和非字、正字和反字辨别任务,发现正字法缺陷是汉语阅读障碍儿童的主要缺陷。然而,赵婧等(2012)发现小学二年级到四年级的阅读障碍儿童表现出明显的正字法效应,即阅读障碍儿童不存在正字法缺陷。这可能是由于正字法加工技能是一种发展较早的能力,二年级儿童的正字法加工技能已发展到与成人相似的水平。但是,王晓辰等(2014)发现五年级阅读障碍儿童仍存在正字法缺陷。赵婧等(2021)之所以发现阅读障碍儿童不存在正字法缺陷,可能与选取的样本有关。根据前人的研究结果,正字法缺陷亚类型所占的比例在10%~40%之间,赵婧等选取的阅读障碍儿童较少存在正字法加工缺陷,但是存在其他方面的缺陷进而导致其出现阅读困难。

目前,研究者普遍认可汉语阅读障碍存在正字法加工缺陷,这可能与汉字本身和汉语阅读的特点有关。语音在拼音文字阅读中起着重要作用,然而汉字不存在明确的"形—音"对应规则,字形比语音在汉字识别和汉语阅读中起更重要的作用。因此,掌握汉字的字形对学习汉语的初学者来说至关重要。而且,阅读障碍是一种复杂的疾病,与特殊语言障碍存在很多共病,阅读障碍可能不是由某一种单独的缺陷导致的,而是由多种缺陷共同导致的。

二、发展性阅读障碍的神经机制缺陷理论

(一) 大细胞系统缺陷理论

大细胞系统缺陷理论从生物学水平解释阅读障碍,该理论认为,阅读障碍者的语音或正字法问题由基本的听觉或视觉缺陷引起,源自听觉或视觉系统(即大细胞通路)异常引起的感觉加工障碍。牛津大学的约翰·斯坦(John Stein)教授及其同事是该理论的倡导者,他们发现阅读障碍者的大细胞形态

和功能均表现异常,因此提出阅读障碍者大细胞异常的理论假设。

　　研究者普遍认为,拼音文字阅读障碍的核心缺陷为语音意识缺陷,然而语音意识缺陷理论不能解释阅读障碍者所面临的如下困难,如经常调换字母(把"was"读作"saw","god"读作"dog"),在语音上产生难以置信的非单词猜测,这似乎是由视觉混淆造成的(Stein and Walsh,1997)(如图 2-1 所示)。此外,阅读障碍者通常比较笨手笨脚,平衡能力较差,学会爬行、走路和骑自行车等运动的时间也晚于常人。阅读障碍者还存在时间顺序问题和空间顺序问题等,通常有很明显的家族遗传病史,且与过敏有关。

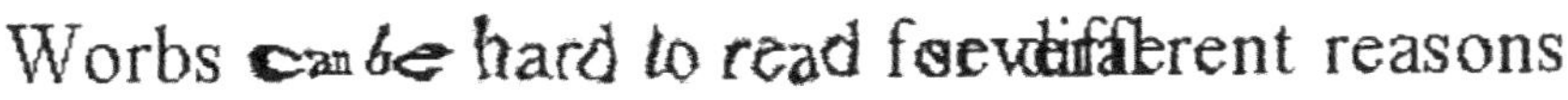

Worbs can be hard to read foevudifferent reasons

图 2-1　阅读障碍者的阅读结果

　　19 世纪末,库斯莫尔(Kussmaul)将后天阅读能力的丧失描述为"单词失明"(word-blindness)。摩根(Morgan)于 1896 年报告了一个叫珀西(Percy)的男孩,他在学习阅读方面存在困难。摩根(Morgan)把珀西(Percy)的阅读困难归结为视觉问题,因为他把珀西(Percy)描述为天生的"单词失明"。20 世纪 20 年代,奥顿(Orton)用"扭曲的符号"(strephosymbolia)一词来描述他的理论,即发展性阅读障碍大脑的不稳定优势导致了字母和字母顺序的不稳定视觉表征。尽管大量拼音文字阅读障碍的研究结果支持语音意识缺陷理论,但是这些结果并没有削弱视觉感知问题的重要性。鉴于阅读起始于视觉加工阶段,越来越多的研究者开始关注阅读障碍者的视觉加工能力。

　　大量研究发现阅读障碍者的大细胞形态和功能异常,例如,对多名阅读障碍者尸解后发现他们的大细胞比正常读者少 27%,而且大细胞形态异常,体积较小,存在发育不良、发育畸形、小的神经元位置错乱等问题;但是阅读障碍者的小细胞、背外侧膝状体核没有发现异常(Livingstone et al.,1991)。5 岁儿童的视觉对比度敏感性与两年后的阅读能力显著相关(Lovegrove et al.,1986)。阅读障碍者的运动知觉能力降低,其字母位置编码的错误也随之增多,两者密切相关,表明大细胞系统可能与文字位置编码有关(Cornelissen et al.,1998)。阅读障碍者的运动知觉能力、符号定位能力与阅读能力均有所下降(Pammer et al., 2004)。下面从视觉大细胞系统、阅读障碍者的视觉大细胞系统以及视觉大细胞和阅读障碍之间的关系等角度来阐述大细胞系统缺陷理论。

1. 视觉大细胞系统

人类的视觉系统主要由大细胞系统和小细胞系统构成。前人对大细胞神经元的性质开展了较丰富的研究(Callaway, 2005; Enors-Cugell and Robson, 1966)。根据细胞的大小和生理特性,视网膜上 10% 的神经节细胞被定义为大细胞,其余 90% 为小细胞、角质细胞或含有黑视蛋白的细胞。当然,这种分类标准并非完全、绝对明确,相反有很多重叠。大细胞的大小是小细胞的 50 倍——这两种细胞位于视网膜的同一位置。大细胞的突触和轴突能够非常迅速地传导信号,猴子大细胞的突触和轴突比小细胞提前约 20 毫秒到达其视觉皮层(Nowak et al., 1995)。大细胞可以收集更广区域内光感受器的信息输入,然而大细胞不擅长加工细节信息。因此,大细胞主要负责处理快速的时间信息,而不是空间敏锐性信息。大细胞在检测光的变化和视觉运动方面起着非常重要的作用,主要负责对注意力和眼球运动的视觉控制,而不是识别视觉目标。

视网膜神经节细胞的轴突投射到外侧膝状核(lateral geniculate nucleus, LGN),然后到达视觉皮层。只有外侧膝状核的大细胞投射在解剖学上与小细胞明显分离,所以可以在外侧膝状核上分别记录大细胞层和小细胞层,这种分离同样表现在初级视觉(纹状)皮层(Brodmann´s area 17)的第四层 A。然而,在初级视觉皮层的更深或更浅层,以及向顶叶和额叶皮层的投射中,大细胞和旁侧神经元的相互作用比较强烈(Callaway, 2005)。

大细胞负责加工运动信息,它们在背侧枕顶叶流(即来自视觉皮层的两个主要正向投射中的背侧,"where")中占主导地位(Ungerleider and Mishkin, 1982)。背侧枕顶叶流负责部署视觉注意力和视觉运动控制,因此通常被称为大细胞背侧注意流。大细胞背侧注意流 90% 的可视输入信息由大细胞提供,大细胞还为另一条腹侧("what")通路,提供 50% 的视觉输入信息,腹侧通路向前投射到颞下大脑皮层(Inferotemporal Cortex)。腹侧流专门用于识别目标刺激是什么,例如"视觉构词区"(Visual Word Form Area,VWFA),即对单词的视觉形状进行详细分析的大脑皮层(Dehaene,2009)。尽管如此,从背侧流到这一区域有一个强大的大细胞信息输入,这似乎是指导视觉构词区现在应该分析哪个单词的原因(Pammer et al.,2006)。

阅读障碍儿童识别单个字母的速度(Ozerov-Palchik et al.,2017)和正确率(Stein and Walsh,1997)均显著差于正常儿童。大细胞背侧注意流将注意力快速地集中于待识别的字母,然后完成快速识别字母过程;通过记录注意力转移的幅度和顺序以及在检查单词过程中所做的眼球运动,对字母进行排序。这些信号不仅由大细胞阵列提供(这些大细胞负责快速定义刺激出现在视觉区域中的位置和时间),而且由单个大细胞对图像在其接受视野上移动速度的反应提供,图像在接受视野上的移动速度与大细胞的整合产生每个眼球运动的幅度。因此,大细胞背侧注意流在控制阅读注意力分配方面起着至关重要的作用。

2. 阅读障碍者的视觉大细胞系统

现有研究发现,阅读障碍者的视觉大细胞形态和功能均表现出异常,而且目前只有在初级视觉皮层的视网膜、外侧膝状核和纹状皮层的第四层能将大细胞和小细胞区分开。因此,下面将从上述区域来梳理阅读障碍者大细胞系统功能受损的证据。

(1)视网膜

研究者通常采用心理物理测验(与时间处理有关)测量视网膜上大细胞的敏感性。由于大细胞反应的双相性,在其阈值对比度下,光栅以每秒10次以上的速度闪烁,感知速度似乎是实际的两倍,这是"空间倍频错觉"(Rosli,Bedford,and Maddess,2009)。阅读障碍者需要更高的对比度才能看到低对比度的光栅(Pammer and Wheatley,2001)。

为了防止视网膜上视锥细胞白化导致的视力丧失,眼睛必须连续进行微小的眼跳,视觉系统通过忽略微小的眼跳引起的图像运动来补偿这些运动。然而,阅读障碍者的大细胞敏感性降低,使得完成上述过程的效率更低,最终导致阅读障碍者视力模糊。研究者可以通过使视网膜适应一分钟的抖动刺激来测量视网膜对微小眼跳的敏感度。当给被试呈现一个静态刺激时,眼睛会出现短暂的抖动,因为大细胞已经适应了视网膜运动的程度。然而,阅读障碍者的大细胞敏感性较低,导致眼睛的抖动时间更短(Stein,2017)。

(2)外侧膝状核

阅读障碍者大脑的两个区域存在明显异常,分别是异位和小脑回(这两个区域影响左半球的语言区域)(Galaburda et al.,1985)。在外侧膝状核内,阅读障碍者的大细胞层体积缩小了 30% 左右,排列也比较紊乱(Livingstone, et al.,1991)。此外,阅读障碍者的外侧膝状核神经元没有很清晰地分层排列,大细胞似乎迁移异常,因此在第二层和第三层之间,只发现了圆锥头细胞(Koniocells)。上述结果在活体内通过结构磁共振成像研究已经得到进一步证实。阅读障碍者的大细胞层明显比年龄匹配组的大细胞层更薄(Giraldo-Chica,Hegarty,and Schneider,2015)。

(3)纹状皮层(V1)

测量时间加工速度(temporal processing speed)的最简单测验是闪烁融合测验(flicker fusion test)。测试过程中,闪烁光的频率逐渐增加,直到它出现连续。融合点主要由初级视觉皮层大细胞的特性决定。前人研究发现尤其在光线较暗的情况下,阅读障碍者看到的闪烁融合频率显著低于对照组的闪烁融合频率(Brannan et al.,1998)。

一般情况下,闪烁的光具有极低的空间频率和较高的时间频率。在低于每度三个周期的低空间频率和高于 10Hz 的高时间频率的条件下,整个视觉系统的对光栅对比度的灵敏性由纹状皮层 V1 中大细胞的特性决定。阅读障碍者在低空间和高时间频率下的敏感性显著低于正常对照组的敏感性。

在频谱的另一端,即小细胞所服务的静态高空间频率下,阅读障碍者表现出更高的对比度敏感性(Martin and Lovegrove,1984)。结果表明在大脑发育早期的连接竞争中,小细胞系统可能会增加阅读障碍者大脑中的神经元连接,以填补缺失大细胞所留下的空白。这可能有助于解释一些阅读障碍者所具有的特殊才能。

（4）皮层的大细胞系统

在枕叶后部初级视觉皮层的第四层之外，大细胞和小细胞的输入存在相互作用的关系。然而，大细胞的信息输入支配着从初级视觉皮层到顶叶和额叶背侧的注意力和视觉运动流。如果视觉系统接收到运动模式刺激时，记录下上述区域的脑电图，就可以恢复由这种大细胞刺激特别引起的信号。阅读障碍者的上述过程有所延迟和缩短（Bonfiglio et al. ，2017）。

上述异常也可以通过功能性磁共振成像技术得到更准确地检测和定位。视觉运动区 V5/MT 位于枕叶前部，但不超过枕叶前部，主要由大细胞系统提供信息；V5/MT 区域主要负责分配视觉注意力、眼睛和其他视觉引导运动。在运动刺激条件下，阅读障碍者 V5/MT 区域的激活程度大大降低（Eden et al. ，1996）。上述对运动刺激的反应可以预测阅读障碍者和正常读者的正字法技能（Demb et al. ，1998）。然而，V5/MT 区域在阅读障碍者完成语音任务（即没有视觉刺激的）时并非始终处于不活跃状态，因此 V5/MT 区域可能与阅读障碍无关（Paulesu，Danelli，and Berlingeri，2014）。

前人采用心理物理学的方法发现诱发性脑活动的减少可能与视觉运动敏感性的降低有关。最简单的测量方法是"随机点运动图"（random dot kine-matograms）（Britten et al. ，1992）。"随机点运动图"由一些随机移动的点构成的区域组成，研究者将其中一些移动点在编程时设置为以"连贯"的方式朝同一个方向移动。如果研究者逐渐增加一起移动的随机移动点的比例，就会形成一个移动的群体印象。视觉运动敏感性的指标为一起移动点的比例，这些点必须一起移动才能看到连贯的运动。阅读障碍者比正常读者需要更大比例的随机点一起运动，才能察觉到连贯的运动，这表明阅读障碍者的视觉运动敏感性降低（Samar and Parasnis，2007）。而且阅读障碍者的诱发性脑活动也有所减少（Gori，Molteni，and Facoetti，2016）。

（5）眼动控制

眼动控制高度依赖大细胞系统信号。阅读障碍者对视觉运动的不敏感性显著影响其眼动控制（Kirkby et al. ，2008），特别是对阅读障碍者眼睛定位的准确性影响很大（Fischer and Hartnegg，2000）。稳定地注视字母或单词对于成功阅读非常重要,而这种稳定性主要取决于大细胞系统能否检测到多余的眼睛运动(此类运动导致文本看起来四处移动)。然后,将这些运动信号反馈给眼球运动系统,眼球运动系统引导眼睛回到目标位置进而抵消上述运动信号。因此,大细胞系统出现缺陷将导致不稳定的视觉注视,进而导致单词和字母出现移动,单词和字母移动是许多阅读障碍者抱怨的一些症状。

读者的两只眼睛必须汇聚在一起,才能专注于 30 厘米以外的阅读文本。大细胞系统在控制眼球汇聚运动的第一阶段起着至关重要的作用(Mowforth, Mayhew, and Frisby, 1981)。汇聚眼球运动控制系统比较容易受药物和疾病的影响。大量研究发现,许多阅读障碍者存在不稳定的聚焦控制,因此这些患者表现出复视的倾向。此外,阅读问题的严重程度与阅读障碍者的视觉运动敏感性受损有关,视觉运动敏感性可以预测正字法技能(Witton et al., 1998)。

由于所有的眼睛运动都依赖大细胞系统反馈的信息,因此大细胞系统的不敏感导致了各种眼睛运动的损伤。例如,追踪一个移动目标(平滑追踪)时,阅读障碍者会逐渐落在后面,因此他们必须进行周期性地眼跳以便能赶上目标,这些眼跳侵扰(saccadic intrusions)在阅读障碍者中更为常见。而且阅读障碍者眼跳的准确性更低(Biscaldi, Fischer, and Hartnegg, 2000)。

阅读障碍者眼动控制能力受损的证据大多为非语言目标,较少涉及阅读过程,因此眼睛运动控制不良可能是导致阅读障碍的一个重要原因。尽管如此,仍有研究者认为阅读障碍者的眼睛运动异常是解码困难的结果,而不是原因(Rayner, 1998)。毫无疑问,回视眼跳(即眼跳返回未成功解码的单词)次数的增加和注视时间的延长(因为解码单词需要更长时间)可能是解码失败的部分原因。但这不能解释为什么这些注视点不稳定,也不能解释为什么眼睛会不适当地发散进而导致复视。此外,在完成检查序列任务时同样存在上述问题,而不仅仅是文本阅读过程(Stein and Fowler, 1981)。

(6)视觉注意力

大细胞系统缺陷会降低视觉注意力的部署速度和准确性。"串行视觉搜索"(serial visual search)是指在一系列相似的目标项目中,为了检测特定的目标,必须一个接一个地进行检查。阅读障碍者的串行视觉搜索速度显著慢于正常读者,这又自然地导致阅读障碍者更慢、更不准确的视觉排序(Facoetti and Turatto, 2000b; Vidyasagar and Pammer, 1999)。

文本是一种极其"拥挤"的视觉刺激。读者通过大细胞系统将注意力准确地引导到特定单词上来完成阅读,然而字母之间的距离越近,读者越难将注意力集中到特定单词上,这极大地干扰词汇识别过程。这种现象在阅读障碍者中表现得比正常读者更明显(Cornelissen et al., 1991; Martelli et al., 2009)。

虽然默读不涉及明确的听觉,但读者必须将字形与所代表的语音相关联。儿童必须学会将视觉字母转换成特定的听觉语音,将视觉注意力适当地引导到听觉语音上。但是阅读障碍者视觉/听觉的跨模态注意力受到了一定程度上的损害(Gabrieli and Norton, 2012)。

3. 视觉大细胞与阅读障碍的关系

前人研究发现,阅读障碍与大细胞系统发展异常密切相关,然而相关关系不是因果关系。大细胞功能发展异常可能是学习阅读失败的结果,使得阅读障碍者在视觉技能方面得到的练习较少,而不是阅读障碍的原因(Huettig et al., 2017)。解决上述问题的一种方法是选取阅读能力匹配组儿童,比较阅读障碍者和阅读能力匹配儿童大细胞的敏感性,因为阅读能力匹配儿童的视觉阅读经验不比年长的阅读障碍者多。前人研究发现,阅读能力匹配组儿童视觉大细胞的功能好于阅读障碍者(Gori et al., 2015)。

另一个常见的问题是,由于阅读障碍者在注意力和动机方面存在一定问题,在所有测验中的成绩都比较差,因此阅读障碍者的大细胞功能受损(如较低的视觉运动敏感性)就没什么特别之处。然而,许多研究已经证实阅读障碍者对微小刺激的加工能力发展正常(如静态的视觉形式)。事实上,阅读障碍者小细胞系统介导的功能发展正常或者更好,例如,阅读障碍者在高静态空间频率下有较强的视觉敏感性和更好的颜色识别。

4. 小结

总之,大细胞系统缺陷理论认为,大细胞功能异常导致阅读障碍者的眼睛运动、眼球控制和运动知觉能力等表现异常,造成其视像混乱模糊不清,加工某些视觉信息时出现困难,进而影响其阅读过程和阅读能力。

虽然有研究支持大细胞系统理论,但仍然存在一些反对声音(罗艳琳、陈昭然、彭聃龄,2008)。这些质疑有:首先,目前研究者采用对比度敏感性测验测量大细胞系统功能,然而对比度敏感性测验的标准不统一,导致测验结果不一致。而且大细胞和小细胞系统的对比度敏感性不能截然分开,两者之间存在重叠的地方,交叉点位于空间频率 1.5c/deg,或在 0.2~3.5c/deg 之间(Legge,1978;Tolhurst,1975)。其次,大细胞系统是否对小细胞系统有抑制功能?有研究发现大细胞系统具有抑制功能,但是这种抑制功能不针对小细胞系统(Burr,Morrone,and Ross,1994)。眼动过程需要抑制的不是小细胞系统,而是大细胞系统(Anand and Bridgeman,1995)。再次,能否利用视觉运动知觉考查大细胞系统功能?大细胞系统缺陷理论认为,大细胞系统缺陷引起运动知觉能力异常,然而运动知觉能力异常也可能是由运动皮层异常引起的。视觉运动区既接受大细胞系统的信息输入,也接收小细胞系统的信息输入,换言之,一致性运动点会同时激活大细胞和小细胞系统(Sawatari and Callaway,1996)。因此,运动知觉能力的测量结果能否区分大细胞和小细胞系统,能否区分是皮层缺陷还是皮层下缺陷,这是一个值得商榷的问题。

(二)注意缺陷理论

大细胞感受性和视觉空间注意缺陷可能独立于其他因素(Wright,Conlon,and Dyck,2012),但大细胞通路缺陷仍可以通过背侧流影响视觉加工的更高阶段。因此,导致阅读障碍的重要原因可能不是大细胞系统缺陷,而是包含在背侧流中的注意力定向系统(attentional orienting system)受损(Vidyasagar and Pammer,2010)。威迪亚萨格(Vidyasagar)于1999年首次提出注意缺陷可能是导致阅读障碍的重要原因。

语音解码研究发现,阅读障碍者双侧额顶注意系统周围区域的任务激活程度不足。左额顶叶系统与听觉词的字形加工有关,右额顶叶系统则是自动注意力转移网的一个重要组成部分(Corbetta and Shulman,2011)。因此,右额顶叶系统激活的发展变化与阅读习得密切相关,阅读障碍者存在右额顶叶系统功能障碍。最近一项采用全脑和数据驱动分析的研究发现,阅读障碍成人和儿童的视觉通路内以及视觉关联区域和前额叶注意区域之间存在不同连接(Finn et al.，2014)。此外,高频、重复的经颅磁刺激提高了阅读障碍成人左、右顶叶下叶非词阅读的准确率。重要的是,自闭症谱系障碍儿童和特殊语言障碍儿童也存在注意力集中缺陷,表明注意力功能缺陷可能是多种疾病的基础或原因。

根据上述研究结果,大细胞背侧流缺陷可能是阅读障碍者空间和时间注意缺陷的一种神经生物学基础,这也是目前解释阅读障碍的主要理论之一(Gori and Facoetti，2015)。视觉注意缺陷是导致阅读障碍的一个重要原因,该缺陷独立于阅读障碍者的"听觉—语音"加工能力。视觉空间注意是指当呈现视觉刺激时,对该刺激空间位置的注意(Vecera and Rizzo，2004),主要影响阅读时的同时性加工过程。阅读障碍者存在一定的视觉空间注意缺陷(Bosse，Tainturier，and Valdois，2007),因此,研究者提出了视觉注意广度缺陷假设(Bosse et al.，2007)。该假设认为,阅读障碍者的核心缺陷为视觉空间注意缺陷,并且该缺陷独立于语音意识缺陷。

研究者通常采用线索提示、视觉搜索和视觉注意广度等视觉任务测量视觉空间注意能力。有研究采用线索提示范式,选取 10 岁的意大利阅读障碍儿童,发现阅读障碍儿童在短 SOA(提示线索与目标之间的时间间隔)条件下的反应时显著长于正常读者,表明阅读障碍儿童在由外周线索引起的注意力转移方面存在一种特殊的缺陷,并且阅读障碍儿童只能保持短时的注意力集中,进而影响有效的视觉加工(Facoetti et al.，2000b)。随后研究得到了与上述研究比较一致的结果(Facoetti et al.，2010)。此外有研究采用视觉搜索任务,发现在完成复杂的类似字母的连接任务时,阅读障碍儿童的错误率显著高于正常儿童,反应时间显著快于正常儿童;在方位和颜色的连接任务上,阅读障碍儿童的准确率依然显著低于正常儿童,但是反应时间却显著慢于正常儿童。然而特征搜索任务中,阅读障碍儿童的表现与对照组儿童相似。上述结果表明,阅读障碍儿童在连续视觉搜索任务中存在选择性缺陷,意味着阅读障碍儿童的目标导向、持续的视觉注意能力受损(Sireteanu et al., 2008)。还有研究采用全部报告法的识别任务,发现阅读障碍儿童报告的错误率显著高于对照组,表明阅读障碍儿童存在视觉空间注意加工缺陷(Bosse et al., 2007)。

除了上述行为研究,越来越多的研究者开始关注阅读障碍视觉空间注意加工能力的脑机制。"大细胞—背侧通路"中的顶叶区域(包括顶上小叶、后顶叶皮层和顶内沟等)负责视觉空间注意加工过程。有研究采用 fMRI 技术发现在完成视觉分类任务时,阅读障碍成人双侧顶上小叶的激活强度显著低于正常读者(Peyrin et al., 2012)。有研究发现在加工字符串时,阅读障碍成人左侧顶上小叶的激活程度显著弱于正常读者(Reilhac et al., 2013)。顶上小叶主要负责空间注意和眼动控制,因此,上述结果为视觉空间注意缺陷提供了神经学证据。上述研究均采用文字刺激,当阅读障碍者识别文字时可能涉及语音等与语言相关的认知加工过程,因此,字母识别任务不能测量出纯粹的视觉空间注意加工能力。随后有研究采用非语言刺激,发现阅读障碍成人右侧顶叶区的激活程度显著低于正常读者(Lobier et al., 2014),进一步支持视觉空间注意缺陷。

左侧顶叶脑区的激活强度与左腹侧颞枕联合区的激活强度显著相关(Lobier et al., 2014)。顶叶脑区属于"大细胞—背侧视觉通路",颞枕联合区属于"小细胞—腹侧视觉通路",颞枕联合区主要负责视觉字形加工过程。当读者接收到视觉刺激后,视觉信息通过"大细胞—背侧通路"快速向上传递至初级视皮层和顶叶区域。顶叶区域对视觉信息进行整体分析,分析的结果快速反馈给"小细胞—腹侧通路",以自上而下的方式引导视觉信息细节的编码加工。因此,如果阅读障碍者的顶叶注意功能受损,激活强度下降,与其在功能上有密切联系的左侧颞枕联合区的活动也会受到阻碍,进而影响字形识别等语言加工过程(Lobier et al., 2014)。

阅读障碍者除了存在视觉空间注意缺陷,可能还存在视觉注意力转移迟缓缺陷。读者的"视觉—正字法"系统主要接收自下而上和目标自上而下的注意力的影响,调节从 V1 到视觉单词字形的所有视觉加工阶段(Facoetti, 2012)。通过增强信号强度、提高空间分辨率以及减少注意焦点之外噪声的影响,注意转移改善了被试在对比度感受性、纹理分割和视觉搜索等视觉任务中的感知能力(Montani，Facoetti，and Zorzi，2014)。注意力转移是参与机制作用于相关对象(例如必须将字母或图形映射到其相应的语音上)以及脱离机制作用于从上一个对象到下一个对象的结果。阅读障碍者存在视觉注意力转移缺陷(Vidyasagar and Pammer，2010),尤其是语音解码能力较差的阅读障碍者(Ruffino et al.，2014)。前人采用视觉搜索范式,要求所有被试在垂直的干扰刺激中搜索一个倾斜的目标刺激,结果发现阅读障碍者很难排除干扰刺激的影响(Roach and Hogben，2007)。有研究发现,成人在视觉运动检测任务中的表现与低信噪比条件下的阅读能力密切相关(Sperling et al.，2005)。与多感官"注意力转移迟缓"(multisensory sluggish attentional shifting，SAS)假说和"感知噪音排除缺陷"假说(perceptual noise exclusion deficit)一致,阅读障碍儿童和成人存在快速吸引注意力缺陷,表现出异常的时间掩蔽(Ruffino et al.，2014)。

　　研究者通过以下任务发现,阅读障碍存在注意力转移迟缓缺陷,包含注意力眨眼(Lallier，Donnadieu，and Valdois，2010)、时间顺序判断(Liddle et al.，2009)、快速多刺激呈现(Bosse et al.，2007)和空间线索任务(Ruffino et al.，2014),上述任务中被试需要将有效的空间和时间注意力转移到快速呈现的刺激上。此外,纵向研究和对有阅读障碍风险的学龄前儿童开展的研究表明,视觉注意力转移是早期阅读能力最重要的预测因素之一(Franceschini et al.，2012；Plaza and Cohen，2007),而且学龄前儿童的注意能力和其未来的阅读能力之间的关系完全独立于语音加工过程(Franceschini et al.，2012)。

　　有研究认为,阅读障碍的核心神经缺陷是多模态注意机制(multimodal attentional mechanism),该机制影响视觉和听觉感知,并调节有效的"正字法—语音结合"(Gori and Facoetti，2014)。对阅读障碍或特殊语言障碍或同时患有上述两种障碍的儿童进行训练后,儿童的听觉和视觉注意力的转移能力均明显提高(Stevens et al.，2008)。特别是,一些研究发现注意力抑制能力(该能力对抑制感知觉的干扰刺激至关重要)可以通过适当的训练康复计划得到改善(Facoetti et al.，2003)。事实上,即使是基于语音意识缺陷理论的干预方案,也必须调用基本的听觉注意力机制。阅读障碍者通过参与一项历时 12 小时的动作视频游戏(action video games, AVG)训练,就可以显著提高阅读能力,并且阅读能力的提高效果显著高于历时一年多的自发阅读和对阅读能力要求很高的传统阅读治疗的提高效果(Franceschini et al., 2013)。上述视频游戏训练引起的阅读能力的提高基于 AVG 的注意训练,这种训练效果可以直接转化为更好的阅读能力。经过 AVG 训练后,即使控制了语音训练引起的相关变化,阅读障碍者的注意力和阅读能力的提高仍然高度相关,这是语音意识缺陷理论所无法解释的。因此,注意力训练是独立于听觉—语音方法的治疗阅读障碍的一种关键方法。

(三) 小脑缺陷理论

目前,阅读障碍研究者主要关注语音意识缺陷理论和大细胞系统缺陷理论,而且开展了大量研究。但是,这两种理论仍然不能解释阅读障碍者面临的所有困难。因此,在这样的背景下,研究者及时提出了另外一种假设,即阅读障碍可能是由小脑缺陷引起的(Nicolson, Fawcett, and Dean, 2001)。

为什么将小脑和阅读障碍联系在一起?原因是阅读障碍者面临的问题并不局限于阅读和拼写,还包括各种各样的运动缺陷,如整体动作笨拙、身体灵敏度较差、平衡和协调能力也很差等,而这些运动缺陷主要依赖于小脑。于是,尼克尔森(Nicolson)和福赛特(Fawcett)于 1990 年提出阅读障碍的运动缺陷可能是由小脑功能缺陷造成的。据此,他们设计了一系列实验发现,阅读障碍者在进行与小脑有关的运动和平衡活动时的确存在明显的缺陷。大约 40%~100%(依具体任务而定)的阅读障碍儿童在行为表现上比正常儿童的表现至少低一个标准差。

根据小脑缺陷理论,阅读障碍者的阅读困难和运动缺陷是由于技能自动化(即经过长时间的练习,技能变得比较流利,不再需要有意识的控制)出现异常导致的(Nicolson and Fawcett, 1994)。小脑缺陷假说可以预测个体的认知、信息处理和运动技能的困难模式(Fawcett and Nicolson, 1999)。有研究以有上述脑损伤行为表现的阅读障碍成人为研究对象,发现被试的小脑的确受损(Nicolson et al.，1999)。关于阅读障碍儿童的阅读问题和其他问题，尼克尔森(Nicolson)和福赛特(Fawcett)尝试提出一个因果模型，在该模型中主要的原因是小脑异常，进而导致个体出现内隐学习受损。

目前，一些阅读障碍理论试图解释阅读障碍者的行为症状，包括阅读、写作和拼写等问题。在早期的工作中，研究者通过测试阅读障碍者在语言领域内外的一系列技能来评估阅读障碍儿童的"阅读困难"。结果发现，阅读障碍儿童在信息加工速度、记忆、运动技能和平衡方面的表现都显著低于正常儿童，而且在语音和识字技能(literacy skill)方面也有相似的表现。特别是，邀请阅读障碍儿童完成平衡测验(同时需要完成第二项任务)、音位分割测验(例如，说"stake"时不说"t")和图片命名速度测验时，90%的阅读障碍儿童在至少两项测验中的表现"非常差"(低于正常儿童至少一个标准差)。因此，上述研究结果支持"阅读障碍自动化假说"(dyslexic automatization hypothesis)，即阅读障碍儿童在自动化技能方面存在困难，无论该技能是否属于语言领域。

1. 小脑功能的行为测验

小脑主要负责运动，因此自动化出现问题一般指向小脑。大量研究发现了与小脑缺陷假说一致的多学科证据。有研究发现，急性小脑损伤患者表现出时间估计(time estimation)和响度估计(loudness estimation)的分离特征，即患者只表现出时间估计的明显缺陷(Ivry and Keele, 1989)。阅读障碍者表现出相似的分离特征(Nicolson, Fawcett, and Dean, 1995)。有研究发现，阅读障碍儿童在小脑测验(一共 14 项任务，分别是平衡时间、姿势稳定性、静止震颤、手臂位移、称重时间、手偏斜、手臂抖动、肌肉张力、制动距离、指误试验、指画脚、轮替性运动不能、脚趾敲击速度、手指和拇指)中的表现显著差于正常儿童，甚至显著差于阅读水平相匹配的儿童(Fawcett, Nicolson, and Dean, 1996)。阅读障碍者在平衡和肌肉张力方面的严重缺陷与阅读和拼写缺陷相当，但是大于在切分和无意义单词重复方面的缺陷；而且 59 名阅读障碍儿童中有 51 名存在明显的肌肉张力缺陷(Fawcett and Nicolson, 1999)。

2. 小脑功能的直接测验

上述行为研究间接地测量了小脑的功能，研究者还可以采用功能成像技术直接地考察小脑的功能。有研究采用正电子发射断层扫描技术（Positron Emission Tomography，PET），让阅读障碍儿童使用两个四键反应按键板，每个手指一个键，通过反复试验来学习八个按键的顺序。结果发现无论是执行一个先前学习过的按压序列，还是学习一个新的按压序列，阅读障碍儿童的小脑激活程度均显著强于静息状态下的强度（Jenkins et al.，1994）。随后有研究选取阅读障碍成人，采用与上述研究相同的实验任务，得到与上述研究一致的研究结果，而且阅读障碍成人右侧小脑的激活程度显著减弱。上述 PET 研究表明阅读障碍者的小脑功能存在异常，为小脑缺陷理论提供了生物学证据。

有研究发现阅读障碍者的代谢功能存在异常，为小脑功能缺陷提供了直接证据（Rae et al.，1998）。该研究测量了 14 名阅读障碍者和 15 名年龄匹配组颞顶叶皮层和小脑区域的双侧定域质子磁共振谱（localized proton magnetic resonance spectra bilaterally）。双侧磁共振波谱显示阅读障碍者的左颞顶叶和右小脑含胆碱化合物与 N-乙酰天冬氨酸（N-acetylaspartate，NA）的比率存在显著差异，且阅读障碍者小脑的侧化差异与年龄对照组不同。

3. 小脑缺陷理论

大量研究发现，80% 阅读障碍者的阅读困难与小脑功能异常有关。一个关键的问题是，小脑功能异常是否是导致阅读障碍的重要原因？尼克尔森（Nicolson）和福赛特（Fawcett）于 1990 年提出小脑缺陷理论，用以探讨小脑与阅读障碍的关系。最近他们提出了一个模型（如图 2-2 所示），它描述了小脑损伤与语音困难和最终的阅读障碍之间的可能因果联系。根据小脑缺陷理论，阅读障碍者的小脑功能失调通过以下三种途径影响个体的阅读能力，进而导致阅读障碍：一般运动技能损伤直接影响书写能力；小脑缺陷影响言语发音，语音技巧不足又影响阅读；自动化损伤可能使得视觉词形的获取更加困难，进而影响阅读和拼写。

小脑缺陷理论可以直接、自然地解释阅读障碍儿童糟糕的书写作业。书写是一种运动技能，需要精确的时间安排和不同肌肉群之间的协调配合。识字困难可能是由几个原因共同导致的，如图 2-2 的中央路线所示。如果婴儿的小脑有损伤，最初的直接表现可能是轻微的运动困难（例如婴儿可能会更晚学会坐和走路),关键是小脑损伤对发音的直接影响将预示婴儿可能会更晚学会说话。即使小脑受损的婴儿学会了行走和说话,但是这些技能也可能不流畅。如果发音不流畅,那么发音将占用更多的意识资源,留下更少的资源加工随后的感觉反馈;较慢的发音速度还会导致有效的"工作记忆"减少,这一影响体现在语音回路中,最终导致语言习得困难。此外,发音表征质量的降低可能直接导致对语言的首字母、韵母和音位结构的敏感性受损,即表现出语音意识的早期缺陷。因此,通过一些直接和间接的方法可以预测小脑损伤会导致"语音意识缺陷",这已经被证明是阅读障碍一个卓有成效的解释框架。阅读障碍者之所以存在拼写困难,主要由以下几个间接途径导致:过度努力阅读、较差的语音意识和自动化技能受损。

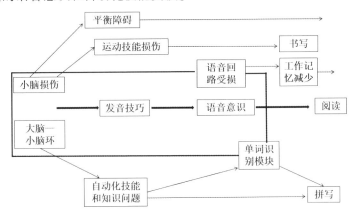

图 2-2　小脑缺陷理论模型

小脑缺陷理论与阅读障碍的其他理论之间存在一种怎样的关系?小脑缺陷理论与大细胞缺陷理论和语音意识缺陷理论存在一定的区别:大细胞缺陷和小脑缺陷假设都是根据潜在的神经机制——"生物"水平来表述的,而语音意识缺陷是根据一种非生物学的理论机制——"认知"水平来构建的。

在生物学水平上,小脑缺陷是大细胞异常的一种替代机制,或者是一种平行机制。阅读障碍儿童可能存在小脑功能异常,也可能存在大细胞功能异常,甚至小脑和大细胞功能都有异常。当然,这仍然是一个没有一致结论的、开放的研究问题。从现有的行为和神经机制的研究结果看,大多数阅读障碍儿童存在小脑功能异常。

在认知水平上,小脑缺陷可以解释语音意识缺陷和自动化缺陷,且为"双重缺陷"假说提供了一种自然的解释。阅读障碍儿童在"快速自动命名"任务中的表现显著低于正常儿童,而且阅读障碍的特征不仅是语音技能缺陷,而且还包括命名速度缺陷。小脑缺陷假说可以预测阅读障碍者的命名速度缺陷,因为小脑功能在语音、内部语音和快速命名加工过程中起着既定(established)的作用。因此,大细胞和语音意识缺陷假设似乎与小脑缺陷假设一致,事实上,小脑缺陷假设包含大细胞和语音意识缺陷假设。

总之,有很高比例的阅读障碍儿童表现出小脑功能异常行为,包括技能自动化、时间估计、平衡和小脑肌张力障碍等症状;阅读障碍者的小脑功能异常,既表现在执行已经过度学习的"自动"序列的过程中,也表现在学习新序列的过程中;阅读障碍的小脑功能异常直接导致其出现技术自动化困难;小脑在与发音相关的认知技能中的假设作用与实证数据保持一致。尽管小脑功能异常与阅读障碍之间的因果分析是推测性的,但是该理论仍然可以解释阅读障碍者的阅读、书写和拼写困难。而且语音缺陷假说和双重缺陷假说可以自然地整合到小脑缺陷理论中。

(四) 感觉运动理论

感觉运动理论认为阅读障碍是由视觉系统、听觉系统和小脑的基本缺陷共同导致的(White et al., 2006),而且儿童出现阅读障碍的根源是暂时的加工困难。当要求阅读障碍读者对快速呈现的刺激(例如一组快速的语音或者动态圆点)进行反应时,这些困难会反映在阅读障碍者的听觉系统、视觉系统和运动系统中(Nicolson et al., 2001)。

目前,感觉运动缺陷与阅读障碍的因果关系仍然存在争议和冲突。当控制智商水平后,感觉运动缺陷往往不能预测阅读成绩。简言之,感觉运动缺陷可能是阅读障碍者普遍存在的问题,但是并不是导致阅读障碍的原因。另外,在很多需要感觉运动层参与的言语加工测试任务中,并未发现阅读障碍者存在听觉感知缺陷(Joanisse et al., 2000;Marshall, Snowling, and Bailey,

2001）。最后,特殊语言障碍患者和自闭症儿童同样存在感觉运动缺陷(Robertson et al.，2009)。因此,某些阅读障碍者存在感觉运动缺陷,但是存在感觉运动缺陷的人群不一定是阅读障碍者。

(五)快速听觉加工理论

语音意识缺陷不仅是语言发育迟缓儿童所具有的特征,而且还可以根据儿童的音素加工能力,相当准确地预测哪些儿童未来可能会出现阅读困难。语音缺陷和语言障碍之间的关系似乎很明显,但要理解语音对阅读的影响,需要首先理解构成阅读基础的字母原则。学习阅读拼音文字取决于学习者的一种意识,即"形—音"对应原则。国外研究者认为不能熟练地将单词解码为音素(即音素意识)是阅读障碍的核心缺陷,尽管语言的其他方面(如语义学、形态学、句法和语篇等)对阅读的流畅性和阅读理解也很重要,但这些不是研究者关注的焦点。

尽管国外研究者普遍认为阅读障碍存在语音意识缺陷,然而语音意识缺陷的确切病因仍然是研究者关注的焦点,而且常常出现激烈的理论辩论。一个关键问题是语音意识缺陷是"特定于语言的",还是源于更基本的注意、感知、记忆和(或)运动缺陷。针对这个问题,已经发展出几种阅读障碍理论,包括语音意识缺陷假说、大细胞缺陷假说、小脑缺陷假说、双重缺陷假说和注意停留时间假说等。然而,上述假设都未考虑一个共同的阅读限制因素,即信息处理和(或)产生的速度,它从语音表征的习得开始就干扰了语言学习的基本组成部分。

有研究者认为,非语言缺陷只发生在少数语言学习障碍者身上,因此非语言缺陷与语言学习障碍既不必要也不足以成为因果关系(Ramus,2003)。但是也有研究者认为,上述观点很大程度上源于未能从发展神经科学的角度来看待问题(Thomas and Karmiloff-Smiths,2002)。尽管大多数早期的研究集中在那些无法学会说话又无法阅读的儿童身上,最近的研究主要集中在具有发展性学习困难综合征的老年人身上,然而有关阅读障碍和其他语言学习障碍的相关理论都很少涉及早期学习经验的个体差异导致的大脑发育和成熟的变化。

有研究者认为,与阅读障碍密切相关的一种缺陷似乎是听觉加工过程,即阅读障碍者似乎存在快速听觉加工缺陷(Tallal,2004)。个体不能正确地快速处理两个声音的顺序可能直接转化为未来的阅读问题(Benasich and Tallal,2002),听觉系统时间加工困难的研究结果被认为是语音意识缺陷理论的一种可能的神经基础(Benasich et al.,2014)。一些研究者采用听觉知觉训练,试图改善阅读障碍者的阅读困难,听觉感知训练是以语言为基础的一系列程序,包含在声学上进行修改后的语音,类似于语音和语言治疗师使用的程序,以便同时"交叉训练"阅读障碍者的许多技能(Tallal,2000)。虽然比较成功,但是通过听觉感知训练得到的改善与语音意识训练相似,都不能自动转换为阅读障碍者更好的阅读能力(Galuschka et al.,2014)。

1. 语音听觉映射

大脑如何表征音素?为什么语言学习障碍者的音素表征质量很差?婴儿不知道自己需要学习哪种语言,每种语言都有一套音素,婴儿必须通过体验母语的语音流来学习语言。需要注意的是,没有明确的时间间隔或界限将正在进行的语音流分割成不同的音素或音节。语音的声波波形是连续复杂的,其特征是频率和强度的快速声学变化(即共振峰转换),随后是连续的快速稳态元音或其他声学段,这些声学段是在移动语音发音器时按顺序连续出现的。例如,在音节/BA/和/DA/中,唯一的区别提示出现在最初的 40 毫秒共振峰转换中。

生理图谱研究表明,听觉皮层的详细组织是在发育的关键时期由刺激输入驱动。在早期发育的关键时期,如果个体处于变化的声音输入环境中(例如连续或脉冲噪声),就会显著干扰初级听觉皮层音质表征的发育,并且这种变化将持续到成年。过了发展的关键时期,这些感觉/神经图谱只能通过强化的基于神经可塑性的训练来改变。除了初级听觉皮层的音质(频率)表征外,还有一些神经元选择性地为声音的时间特征编码。在生命的早期,听觉皮层受发育关键时期声音输入的特征和统计概率的影响。

考虑到婴儿的言语数量,很容易理解语音在发育的关键时期塑造听觉皮层的重要性。为了促进这一过程,成人对婴儿所讲的语言(即"儿向语言")夸大了(时间延长和波幅增强)可以区分音节和音素的声学变化。在发展的关键时期,赫比式学习促使听觉皮层根据其特有的"听觉—颞脑电"特征,将每个音素表征为不同的神经放电模式("细胞集合")。然而,这首先需要大脑将正在进行中的语音波形分割成若干时间段,在这些时间段内声音模式频繁且一致地出现。语音波形的一致性可以在不同持续时间的"组块"中出现。几十毫秒时间窗口内的组块加工,使得读者可以进行精细的粒度分析(Fine Grain Analysis),以表征/b/和/d/等音素之间的声学差异。但是,长时间(数百毫秒)的组块会导致与音节或字长表征一致的触发模式。

2. 语言学习障碍

婴儿平均需要几十毫秒的无声间隙就可以分辨两个频率不同的短音(约70毫秒),而语言学习障碍幼儿(5~9岁之间)则需要数百毫秒才能分辨两个不同频率的短音和其他颞电声学任务。有研究发现,语言学习障碍儿童辨别和产生特定语音的能力都受到了一定的损害,这些语音的特征是短暂、快速的连续声学变化,如在元音之前的短暂共振峰转换(40毫秒),这是音节(如/ba/和/da/)之间唯一的区别特征。但是,语言学习障碍儿童在处理基于较长持续时间的声学提示(如持续250毫秒的稳态元音)的语音对比时,其表现与正常儿童相似(Stark and Tallal, 1979)。

为了证明语言学习障碍儿童的言语缺陷与言语中短暂、快速、连续的听觉线索的持续时间有关,研究者采用了两种听觉操作。首先,由计算机合成了两个音节/BA/和/DA/,并将稳态元音段之前的共振峰转换的持续时间从40毫秒延长到80毫秒,从而显著提高了两个音节的语音识别率。其次,将元音/I/之前的稳态元音(/E/和/AE/)的持续时间从250毫秒减少到40毫秒,导致识别率显著下降(Tallal and Piercy, 1975)。上述结果表明,通过改变颞电声学可以大大提高语言感知能力,这使得研究者能够在进行中的语音波形中执行这些操作的算法得到了一定的发展。上述结果为新的干预策略(Fast For Word)奠定了基础,该策略在一系列伪装成电脑游戏的基于神经可塑性的训练练习中,将声学修饰语音与显性语音、语言和阅读干预相结合。

3. 声速是否能够预测语言智力

有没有证据表明有些婴儿比其他婴儿需要更多的听觉组块时间？即是否有证据表明"几乎同时发生"的语块存在个体差异？如果存在差异,是否有证据表明快速听觉加工阈值的个体差异影响语言发展和(或)语言智能？为了回答上述问题,研究者开发了一种测量婴儿快速听觉加工(Rapid Auditory Processing, RAP)阈值的方法,对婴儿的语言和认知发展进行前瞻性和纵向评估,直到他们长到 36 个月大(Benasich and Tallal, 2002)。实验过程中,当婴儿听到一个音调序列(高—低)时,训练婴儿看右边的玩具;当听到另一个音调序列(低—低)时,训练婴儿看左边的玩具。每个序列包括两个持续 70 毫秒的音调,两个音调之间有一个 500 毫秒的无声刺激间隔(Inter-Stimulus Interval, ISI)。一旦婴儿的行为达到了学习标准,当婴儿做出正确反应时,ISI会系统性地降低;当婴儿出现错误时,ISI 会有所增加,直到为每个婴儿建立一个独特的 RAP 阈值。此外,还有研究者使用了一种更简单的 GO/NO-GO(Oddball)范式,要求婴儿听一个重复的音调序列(低—低),在检测到不同序列(低—高)时进行头部旋转训练。

研究者选取了两组婴儿,一组婴儿有特殊语言障碍的阳性家族史(FH+),另一组没有(FH-)。家族遗传学研究表明,出生在 FH+家族的婴儿大约有 50%有罹患特殊语言障碍的风险,因此如果婴儿的 RAP 差异与语言发展结果有关,那么 FH+组中大约 50%婴儿的 RAP 阈值会升高。研究者进一步预测,两组婴儿的 RAP 阈值可以解释随后的语言发展和语言智能中表现出的差异。研究结果发现的确如此,即 FH+和 FH-组之间的 RAP 阈值存在显著差异(Benasich and Tallal, 1996)。后续研究发现在大量感官、知觉和认知测量中,婴儿的 RAP 阈值是预测 2 岁时语言发展水平的最佳指标。婴儿的 RAP阈值和性别两个变量可以共同预测其 3 岁时 39%~41%的语言发展水平差异,而且这两个变量可以准确鉴别 91.4%语言能力"受损"的 3 岁儿童。重要的是,上述两个变量不能预测 3 岁儿童在"斯坦福—比奈"智力量表中非语言部分的表现,表明 RAP 阈值的个体差异与语言和语言智力个体差异之间关系的特殊性(Benasich and Tallal, 2002)。

上述研究结果表明,RAP 可以预测语言发展水平和语言学习障碍,而且有研究发现,无声间隔检测阈值也可以预测语言发展水平(Trehub and Henderson,1996)。这些结果提供了一个有价值的发展前景,即听觉加工的个体差异在语音和语言的发展以及语言学习障碍中的作用,特别是快速颞电加工的作用。语言学习障碍的纵向研究可以帮助研究者确定 RAP 以及早期语言发展在阅读习得中的具体作用。

并非所有研究都发现特殊语言障碍和(或)阅读障碍儿童存在 RAP 缺陷,甚至一些研究仍然质疑 RAP 阈值升高与语音加工、语言或阅读之间的因果关系。并不是所有语言学习障碍者都存在 RAP 缺陷,相反虽然有些语言学习障碍者 RAP 的成绩较差,但仍然发展出正常的语言和阅读能力。上述研究结果的不一致可以从研究方法的差异角度进行解释,特别是被试的年龄、采用的刺激、任务的难度和年龄适宜性等。此外,语言学习障碍和阅读障碍是不同质的,在发展过程中症状可能会发生明显变化。研究结果之间的差异在多大程度上反映了上述方法学问题,或这些疾病亚类型病因来源的差异,还需要进一步研究。

纵向研究结果表明存在 RAP 缺陷的儿童,随后很难使用行为技术进行评估和解决。然而,也有研究发现通过行为技术只能发现少数语言学习障碍老年人存在 RAP 缺陷,如果采用更敏感的电生理技术会发现更多的语言学习障碍老年人存在 RAP 缺陷(Bishop and McArthur,2004)。因此,早期的听觉缺陷、个体差异或经验可能会影响婴儿期通过经验依赖性学习建立的语音表征的清晰度,留下语音损伤的持久影响。

围绕"高风险性"婴儿开展的前瞻性纵向研究结果,可能是支持 RAP 阈值影响语言发展和阅读障碍的最有力证据(Benasich and Tallal,2002)。其他证据如大脑皮层神经迁移或遗传异常的动物研究,研究结果显示了丘脑皮层大细胞分裂的惊人相似模式以及行为 RAP 缺陷,语言学习障碍者同样存在上述缺陷(Galaburda et al.,1994)。这些动物研究不仅为人类研究提供了额外的证据,而且也为更严格地探索构成语言学习障碍的神经生物学基础打开了大门,而这在人类中是不可能的。

(六)时间抽样框架

戈斯瓦米(Goswami)于2011年提出了一种创新的研究阅读障碍的方法,即"时间抽样框架"(Temporal Sampling Framework,TSF),采用该方法可以将快速听觉加工缺陷的结果和与语音时间采样相关神经机制的研究结果结合起来。时间抽样框架以语音模型为中心,时间编码是大脑信息编码的一个重要方面,通过不同频率波段神经元振荡网络的同步活动进行时间编码在语音感知加工过程中起重要作用。例如,有研究发现,特定频率下固有神经振荡的刺激诱导调节机制对音节感知和韵律感知非常重要(Ghitza and Greenberg, 2009)。

尽管语音意识缺陷假说认为阅读困难是由亚音节语音缺陷造成的,但是阅读障碍者也存在音节和韵律知觉缺陷。无法区分不同可调频率的范围是阅读障碍者普遍面临的一个问题,尤其会使阅读障碍者语音加工和声发射跟踪过程的速率下降,进而影响音节切分效率。语音信号的关键事件是上升时间,因为上升时间反映了可调振幅的模式,这种模式有助于将声音信号按时间切分成音节。大部分拼音文字阅读障碍者的上升时间辨别能力都出现不同程度的受损,而且希腊正常儿童的上升时间也同样受损(Goswami, 2011)。上升时间可以显著预测语音意识(例如上升时间可以预测英语读者的韵律意识和汉语读者的声调意识),还可以预测英语读者的新词学习成绩。

阅读障碍者的韵律转换受损,尤其是在2Hz条件下。虽然不同语言中的音节大约每200毫秒出现一次(在3~10Hz的波段内),但语言学分析发现,重读音节大约每500毫秒出现一次,这表明存在脉冲加工过程。有研究发现部分阅读障碍者存在音节重音感知缺陷(Goswami, Gerson, and Astruc, 2010)。此外,阅读障碍儿童很难辨别更长的上升时间(例如/WA/比/BA/有更长的上升时间),更长的上升时间在数学上与较低的频率调制和较慢的时间速率有关。阅读障碍儿童在感知语音时表现为低频调制受损,而不是高频调制。

因此,时间抽样框架将多元时间分辨模型调整为语音发展的音节视角,而不是音位视角。根据多元时间分辨模型,阅读障碍的主要神经缺陷应该是由

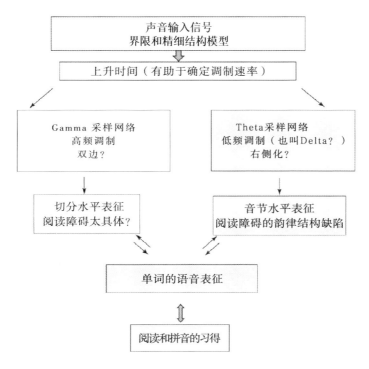

图 2-3　时间抽样框架模型

听觉皮层的(右偏侧的)θ(可能还有δ)振荡网络导致的相位锁定功能受损(听觉通路下方的问题也可能导致其时间处理功能受损,但目前还没有相关证据)。θ网络能够以音节速率进行时间整合,δ网络对于感知韵律(强音节节拍和弱音节节拍)非常重要。受损的θ机制也会影响音位感知,θ发生器的相位锁定功能受损可能阻碍不同声学特征之间的整合,从而影响对同一音位的感知。另外,受损的θ机制可能导致个体形成一个语音系统,该系统通过伽玛振荡对双边编码的信息进行权衡,伽玛振荡由多元时间分辨模型独立分析,然后与θ振荡的输出结果进行绑定。因此,阅读障碍者的音位感知与正常读者不同。如果较低频率调制的困难大脑右半球中θ振荡网络的相位锁定功能受损,那么将有助于揭示阅读障碍和特殊语言障碍的非典型性右半球活动。

　　总之,戈斯瓦米(2011)认为在相对较低的频率(4~10 Hz)范围内的音节感知缺陷是阅读障碍者出现阅读困难的关键基础。上述假设得到了一些研究结果的支持,这些结果表明神经元振荡在言语感知中的作用(Luo and Poeppel,2007;Poeppel,Idsardi,and Van Wassenhove,2008)。即使这种方法被认为是阅读障碍语音缺陷的一种神经生理学基础,时间抽样框架也可以应用于视觉系统的各个加工阶段,如有研究者建议的语音加工阶段之前(Vidyasagar,2013),并由另外一些研究者成功测试(Gori et al.,2014)。今后研究者可以考虑采用更广泛的方法应用时间抽样框架,该方法还可以整合阅读障碍的几个低水平缺陷(Vidyasagar,2013)。

第三章　阅读障碍诊断

阅读障碍的筛选标准在阅读障碍研究中具有非常重要的意义(由于获得性阅读障碍是由脑损伤造成的,因此这里主要指的是发展性阅读障碍的诊断)。目前,阅读障碍的研究结果存在较多争论和冲突,尤其是汉语阅读障碍的研究结果存在很多不一致,造成结果不一致的原因可能是研究者大多根据自己的研究目的采用不同的筛选方法,导致阅读障碍者不同质,最终使得研究结果出现冲突。阅读障碍的筛选标准是开展阅读障碍研究的基石,只有基于统一、科学、有效的阅读障碍筛选标准,研究结果才具有可比性和有效性。诊断不仅仅是一种识别、判断过程,而且有助于教师制定最有效的干预措施,进而提高阅读障碍儿童的阅读成绩(刘翔平,2003)。本章主要对拼音文字和汉语阅读障碍的筛选标准进行梳理、分析和总结,引入一些新的筛选方法或工具,以期能给汉语阅读障碍的筛选带来新思路,为尽快建立统一、科学、有效的汉语阅读障碍筛选标准指明新方向。

第一节　拼音文字阅读障碍的筛选标准

拼音文字阅读障碍研究开始得比较早,研究结果也较丰富,而且有比较一致的筛选标准。如美国阅读障碍的筛选测验为伍德考克阅读掌握测验(Woodcock,2011),该测验可以全面测量读者的阅读准备、阅读的基本技能和阅读理解能力,并且该测验适用于幼儿和成人,甚至是老年人。研究者通过伍德考克阅读掌握测验,可以确定个体在阅读方面的优势和弱势;可以查明阅读困难以及产生阅读困难的原因;可以制定有针对性的阅读策略,使有特殊需要的学生能够得到其所需要的帮助来学习阅读。

伍德考克阅读掌握测验提供了两种表单:G 表单和 H 表单,这两种表单使得测试和再测试变得比较容易,研究者也可以将两种表单的结果结合起来进行更全面的评估。G 表单包含两项阅读准备测验和八项阅读成就测验:两项阅读准备测验包含视听学习测验和字母识别测验以及一个补充的字母表;八项阅读成就测验包含单词识别、猜词、词汇理解(同义词、反义词和类比)、短文理解、语音意识、听力理解、快速自动命名和阅读流畅性测验。H 表单同样包含八项阅读成就测验,此八项测验与 G 表单中的八项阅读成就测验平行。

意大利研究者普遍采用 MT 阅读测验筛选阅读障碍(Cornoldi and Colpo, 2001)。测验过程中,给受试者呈现两篇短文。第一篇短文呈现时,要求受试者在规定时间(4 分钟)内大声朗读短文,记录被试的阅读速度和准确率。第二篇短文呈现时,没有时间限制,要求被试阅读短文并回答 10 道选择题。如果儿童在该测验上的阅读速度或准确率低于其所在年龄平均数两个标准差,且其智商正常,那么该儿童就会被诊断为阅读障碍儿童。

德国研究者主要采用以下测验筛选阅读障碍:惯用手测验,要求儿童追踪、点画和敲打方块;注意的集中性:d2 测验,要求受试者在给定的时间内尽可能多地标记被很多干扰字母包围的目标字母;口头报告后的顺序数字回忆:来自适应性智力测验的 ZFG,该测验也包含在韦克斯勒儿童智力量表和韦克斯勒学龄儿童智力量表的言语智力量表中;听觉语音辨别的非词回忆:莫蒂埃(Mottier)测验,该测验要求受试者回忆以听觉形式呈现的,由两个或多个“辅音—元音”音节组成的非词,该测验可以有效地测量听力语音辨别能力和短时言语记忆;苏黎世阅读测验(Zürcher Lesetest, Förderdiagnostik der Legasthenie),该测验用于测量阅读水平。要求受试者大声阅读一篇短篇小说,记录受试者的阅读时间和阅读错误;“书写—拼写”测验(在听写时写关键单词):研究者采用不同的测验(DRT 3、WRT 4/5、WRT 6+)测量不同年级儿童的“书写—拼写"成绩。阅读障碍的进组标准:苏黎世阅读测验或"书写—拼写"测验得分至少低于智力测验中获得的智商分数一个标准差以上;苏黎世阅读测验或"书写—拼写"测验分数处于同年级 25%以下。

法国也有一套标准的阅读测验,即拉卢埃特("L"Alouette)阅读测验,该测验可以测量读者的阅读水平。法语阅读障碍的筛选标准为测验成绩低于同年龄平均数两个标准差,且智商正常。

第二节　汉语阅读障碍的筛选标准

从 1982 年首次发现汉语读者也会出现阅读困难开始至今,阅读障碍研究有了较快的发展,无论是研究的数量还是研究的水平都有了很大的提高。然而,目前汉语阅读障碍的研究结果之间仍然存在一定的冲突和争论。导致冲突的一个重要原因可能是,目前我国内地还没有统一的阅读障碍筛选标准,研究者大多是根据研究目的自行设置筛选标准,这大大降低了研究结果的可比性。

为详细了解我国内地阅读障碍筛选标准的现状以及存在的问题,为将来制定统一的筛选标准提供新视角,笔者在中国知网和万方数据库中,以"阅读障碍""阅读困难"为检索词进行检索,同时以"developmental dyslexia and Chinese""reading disabilities and Chinese"为检索词,检索 PsyARTICLES 数据库中的文章,选取 2004~2020 年 17 年间我国内地作者发表的实证性研究(排除综述类和元分析类文章以及中国香港和中国台湾地区的研究者发表的文章),对阅读障碍文献数量的年度变化趋势和具体的筛选标准进行客观描述,并指出未来可能的发展方向。

一、文献量的年度变化趋势

本研究检索到我国内地学者发表的阅读障碍的实证研究共 288 篇,其中硕博论文 89 篇,学术文章 199 篇(发表在国内学术期刊 124 篇,国外学术期刊

75 篇），具体见表 3-1。

表 3-1　2004~2020 年 17 年间文献量年度分布表

	2004	2005	2006	2007	2008	2009	2010	2011	2012	2013	2014	2015	2016	2017	2018	2019	2020	合计
国内	11	4	4	7	14	7	9	11	4	7	4	3	4	4	12	9	10	124
国外	1	1	1	1	1	2	2	2	3	6	6	4	11	4	11	8	11	75
硕博	2	1	4	2	2	3	2	3	3	7	5	3	11	7	8	16	10	89
合计	14	6	9	10	17	12	13	16	10	20	15	10	26	15	31	33	31	288

从表 3-1 可以看出，前 5 年每年的文献数量呈逐年上升的趋势，尤其是最近 5 年，文献数量较前 12 年有了明显的增加，近 5 年每年发表的文献数量大约是 30 篇，表明自 2016 年起我国内地阅读障碍的研究进入了一个相对稳定、比较成熟的发展阶段，并且发表在国外期刊的文献数量呈逐年上升的趋势，不断提高了我国在国际阅读障碍研究领域的影响力。总之，近 17 年我国汉语阅读障碍的研究有了长足的发展。然而，与阅读障碍研究的蓬勃发展形成鲜明对比的是，我国内地至今没有统一、标准的阅读障碍筛选标准。阅读障碍的筛选标准远远跟不上其发展速度，甚至有些阅读测验几十年不变，严重影响阅读障碍筛选的有效性。因此，建立统一的阅读障碍筛选标准是摆在我国内地研究者面前的一个重要且关键的问题。

二、汉语阅读障碍的筛选标准

通过梳理分析发现，我国内地研究者普遍根据阅读障碍的操作性定义确定筛选标准，即采用"智力—成就差异"的筛选模式。然而，随着认知心理学的发展，越来越多的研究者认为阅读障碍的筛选和诊断应该是多层次的。其中，"认知—干预取向"的筛选模式逐渐成为阅读障碍筛选标准发展的新方向。该模式认为，只有详细评估阅读障碍者的各项内部认知过程，才能发现其存在何种特殊的认知缺陷，进而制定有针对性的干预方案，矫正上述认知缺陷，提高阅读障碍者的阅读效率。

（一）"智力—成就差异"筛选模式

采用"智力—成就差异"筛选模式主要考虑以下几个因素：儿童具有正常的智商；阅读成绩明显落后于同龄人；排除由脑神经和器质损伤，以及情绪和文化等因素造成的阅读成绩落后。因此研究者在筛选阅读障碍者时必须确定两个分数，第一个是智力分数，第二个是阅读成绩分数。然而，前人在确定上述两个分数时存在很大争论和冲突，主要表现在研究者采用了不同的智商测验和阅读测验，甚至即使采用相同的测验，智商正常和阅读成绩明显落后的标准也存在很大差异，这使得研究结果之间的可比性和科学性大大降低。下面对我国内地研究者测量智商和阅读成绩的现状进行简要的描述和分析。

1. 智力分数的筛选标准

分析前人的研究发现，我国内地研究者主要采用瑞文标准推理测验（189篇）和韦氏智力测验（82篇）来测量儿童的智力分数。然而，即使采用相同的智力测验，前人关于"智商正常"的操作性定义仍然存在分歧。例如，采用瑞文标准推理测验时，前人确定"智商正常"的标准主要有以下两种：智力分数位于某百分位等级以上即为正常智商，例如有研究将百分位等级确定为25%以上（熊建萍、闫国利，2014），或者15%以上（Liu and Yue，2012），50%以上（Yang and Meng，2016）；智力分数高于某个具体的智力分数即为正常智商，例如有研究将高于80分以上的智力分数确定为正常智商（Cao，2017），还有研究将高于85分确定为正常智商（Meng，Wydell，and Bi，2019；Yang et al.，2016）。采用韦氏智力测验的研究同样存在类似问题。

总之，我国内地研究者关于采用哪个智力测验和"智商正常"的标准仍然存在争论。相较于韦氏智力测验，瑞文标准推理测验可能更适合用于筛选阅读障碍者，因为它是一种纯粹的非文字智力测验，排除了语言对智力的影响。此外，在确定"智商正常"的标准方面，当采用具体的某个智商分数时，要考虑测验常模的适用性，因为我国内地上述测验的常模确立较早，与现代学生的智力发展水平有些脱节。因此，在现有常模的条件下，采用某百分位等级以上作为"智商正常"的标准可能更科学、有效。

2. 阅读成绩分数的筛选标准

我国内地研究者主要采用以下两种阅读测验确定被试的阅读成绩分数：自评测验，即要求儿童亲自参与完成的阅读测验，包含《小学生识字量测试题库及评价量表》（以下简称识字量测验）（王孝玲、陶保平，1996）、汉字阅读测验（single-character recognition task）（薛锦、舒华，2008）、一分钟识字测验（李清、王晓辰，2015）、汉字阅读流畅性测验和阅读理解测验等；他评量表，即不需要儿童亲自参与，而是由熟悉儿童的教师或家长完成的量表，包含儿童汉语阅读障碍量表和儿童阅读与书写能力问卷等。下面对我国内地研究者采用的阅读测验和阅读成绩"明显落后"的标准进行整理分析。

（1）自评测验

目前应用比较广泛的两个自评测验分别是识字量测验和汉字阅读测验。

17 年间共有 134 篇文献采用了识字量测验，约占总文献的 47%，且采用该测验的多是心理学领域的研究者。识字量测验的信度和效度均是 0.98，针对小学每个年级设置了相应的一套测验题目，共六套测验。每套测验包含 210 个汉字，分为 10 组，每组测验题目的难度系数不同。施测过程中，要求儿童根据测验中提供的目标汉字，在横线上写出包含该目标字的有意义词语。例如，给儿童呈现"草＿＿＿＿"，要求儿童写出一个包含"草"字的双字或三字词语，如"草地"和"大草原"。当遇到不会写的汉字时，允许儿童用拼音代替。然而，不同研究在确定阅读成绩"明显落后"的标准方面存在较大差异，主要有以下两种标准：将某个被试的阅读成绩分数与常模比较，低于正常儿童 n 个年级即为阅读成绩明显落后，部分文献（47 篇）中"阅读成绩明显落后"的标准为低于常模 1.5 个年级；将某个被试的阅读成绩分数与年级平均数比较，若低于平均数 n 个标准差即为阅读成绩明显落后，多数研究（56 篇）中"阅读成绩明显落后"的标准为低于平均数 1.5 个标准差。

除识字量测验外，汉字阅读测验也经常用于筛选汉语阅读障碍者。汉字阅读测验是研究者参考香港特殊学习困难筛选测验编制而成。该测验共包含 150 个汉字，按照汉字的难易顺序依次呈现给儿童，请儿童尽可能大声地读出所有汉字。当儿童连续出现 15 个错误时，停止测验。儿童正确读出一个汉字记一分。17 年间共有 23 项研究采用该测验(Song et al. , 2000)。然而,在确定某个被试的阅读成绩是否"明显落后"时,前人研究采用了不同的标准,与识字量测验存在类似的问题。

相较于识字量测验和汉字阅读测验,前人较少单独采用汉字阅读流畅性测验或一分钟识字测验筛选汉语阅读障碍者。这是由于汉字阅读流畅性测验和一分钟识字测验还未标准化,因此两个测验经常作为识字量测验或汉字阅读测验的辅助工具,用以验证筛选的有效性。其中,汉字阅读流畅性测验包含135 个高频汉字(Liu et al. , 2009),所有汉字都来自中国内地小学语文教材,并按照难易程度分为 5 组。测验要求儿童又快又准确地朗读所有汉字。汉字阅读流畅性的指标即儿童在单位时间内正确朗读的汉字个数。一分钟识字测验是研究者借鉴香港阅读和书写学习困难测验中一分钟读字的分测验编制而成。施测时给被试呈现 90 个常见并较为浅显易懂的词语,要求儿童在一分钟内,以最快的速度从左往右准确地读出所列出的词语,以评估他们中文读字的速度。此外,有研究还采用阅读理解测验来筛选汉语阅读障碍者,但是目前仍然没有形成统一的阅读理解测验,研究者大多根据自己的研究目的自编阅读理解测验。例如有研究采用标准化阅读理解测验(张微、刘翔平、宋红艳,2010);有研究采用李文玲编制的阅读理解测验(王斌等,2006);有研究采用Leong 和 Tse 编制的阅读理解测验(熊建萍等,2014)。

最近,有研究发现采用综合的阅读测验(包含阅读准确性、识字量测验和听写测验等)可以提高阅读障碍筛选的效度(古今,2011)。因此,为了确保阅读障碍筛选的有效性,越来越多的研究采用综合的阅读测验。前人研究中约有 60% 的研究采用综合的阅读测验。

从上述分析可以看出,目前应用最广泛的两个阅读测验是识字量测验和汉字阅读测验。但是,识字量测验可能比汉字阅读测验更适合用于筛选汉语阅读障碍者。因为汉字阅读测验只是要求儿童准确朗读汉字,而正确阅读汉字不等同于儿童真正理解了汉字的含义,因为汉语中有许多同音字(Liu et al. , 2013)。因此,国内研究者普遍采用识字量测验筛选汉语阅读障碍者。然而,在采用识字量测验时研究者对阅读成绩"明显落后"的标准存在争议。

由于该测验的常模于 1996 年确立,相较与常模比较,与年级平均数比较可能更适合现代学生的阅读发展水平。最近,研究者普遍认为应该采用综合的阅读测验,以确保阅读障碍筛选的有效性。然而,"综合"测验具体包含哪些阅读测验,研究者之间又存在很大分歧。阅读准确性测验用于测量儿童的解码能力,阅读理解测验可以测量儿童的阅读理解能力。在此基础上,结合我国香港地区的阅读障碍筛选标准,笔者认为综合的阅读测验应该包括识字量测验、阅读准确性测验、阅读理解测验和听写测验等。

(2)他评量表

目前我国研究者通常采用以下两个他评量表筛选汉语阅读障碍者,分别是儿童汉语阅读障碍量表和儿童阅读与书写能力问卷。儿童汉语阅读障碍量表由研究者根据阅读障碍的描述和诊断标准,结合阅读障碍儿童的临床表现和行为特点编制而成(吴汉荣、宋然然、姚彬,2006)。儿童汉语阅读障碍量表包含 58 个条目,8 个分量表。施测时由了解儿童的老师或家长根据其近期表现进行评定。共有 41 篇文献采用该量表,约占总文献的 14%,作者多为医学领域的研究者(卢珊、吴汉荣,2009)。研究者对阅读成绩"明显落后"的标准比较一致。儿童阅读与书写能力问卷是研究者根据中文读写加工特点以及阅读障碍的行为表现编制该问卷(孟祥芝等,2003),包含 8 个分量表,采用负向5 点评定。研究者综合采用该问卷和儿童学习障碍筛查量表筛选阅读障碍(李秀红等,2008)。共有 16 篇文献采用该问卷。

上述他评量表在汉语阅读障碍研究中发挥着重要作用,被国内医学领域的研究者广泛采用。相较于自评测验,他评量表施测时简单方便,可以在短时间内收集大量数据信息。然而,他评量表由儿童的家长或老师对其阅读能力进行评定,评定过程中可能存在由主观因素导致的误差,进而降低阅读障碍筛选的有效性,而且他评量表结果不能解释阅读障碍背后的认知机制和成因。

(3)其他

除上述阅读测验以外,一些研究者根据研究目的自编阅读测验和筛选标准。例如,有研究自编汉字阅读测验,要求儿童又快又准地阅读 300 个汉字(Wang et al. , 2017);有研究采用自编阅读理解测验(张婵、盖笑松,2013);有研究采用《小学多重成就测验》(周路平、李海燕,2011);有研究直接采用香港小学生读写困难行为量表筛选内地阅读障碍儿童(陆晓天,2015)。上述测验的应用范围相对较小。

总之,"智力—成就差异"筛选模式在我国内地被普遍用于筛选汉语阅读障碍。然而,该筛选模式也存在一定的弊端,例如,"智力—成就差异"不能解释阅读障碍的成因和表现形式等。随着认知心理学的不断发展,越来越多的研究者认为阅读障碍的筛选并不是单一层次的。在此基础上,有研究者提出一种新的筛选模式,即"认知—干预取向"筛选模式。

(二)"认知—干预取向"筛选模式

"认知—干预取向"筛选模式是在"智力—成就差异"筛选模式的基础上发展起来的。"认知—干预取向"筛选模式仍然以智商和阅读成绩分数的差异作为筛选阅读障碍的必要条件,即仍然需要测量被试的智商分数和阅读成绩分数。但是,"认知—干预取向"筛选模式不同于"智力—成就差异"筛选模式的是,研究者还需要详细评估被试的各项认知过程,以确定汉语阅读障碍者是否存在认知缺陷,以及存在哪种认知缺陷,进而通过有针对性地矫正这些认知缺陷来提高阅读障碍者的阅读效率。

例如,有研究邀请三年级和五年级小学生完成识字量测验和联合瑞文推理测验以及一系列认知测验(包括正字法意识测验、语音意识测验、言语短时记忆测验、快速自动命名测验和阅读流畅性测验)(白学军等,2019;梁菲菲等,2019;孟红霞等,2020)。研究者确定的阅读障碍入组标准为:智力中等以上,识字量成绩低于平均成绩 1.5 个标准差以上,且至少有一项认知测验的成绩低于平均成绩 1 个标准差以上。

(三)阅读障碍成分模型

亚伦(Aaron)基于阅读成分理论提出了"阅读障碍成分模型"(the omponent odel of eading isability,简称"成分模型")用以诊断发展性阅读障碍,国内有学者称其为"听力理解—阅读理解差异模型"(曹漱芹、韦小满,2005;隋雪、王小东、钱丽，2007）。根据阅读成分理论，阅读包含语言理解和单词识别两个潜在的独立成分。语言理解是指个体理解书面语言（阅读理解）和口语语言（听力理解）的能力。单词识别是指个体识别单词书面表征的能力。高夫（Gough）和图么（Tunmer）（1986）用数学公式对阅读过程中两个成分的性质进行了描述：R＝D×L，R代表阅读，D代表单词识别，L代表语言理解，单词识别和语言理解相乘的积即为阅读；每个变量的值从"0"到"1"，若D＝0，则R＝0；若L＝0，则R＝0。上述公式表明单词识别和语言理解任何一个成分存在缺陷或两个成分同时存在缺陷都会导致三种发展性阅读障碍类型的发生，即"单词识别障碍亚类型""阅读理解障碍亚类型"和"普通认知缺陷亚类型"。

"阅读障碍成分模型"的诊断程序如下：首先，实施标准化阅读理解测验和听力理解测验，对被试的阅读理解和听力理解结果进行相关性分析；如果存在显著相关，则表明被试的听力理解成绩可以预测其阅读理解成绩。其次，将听力理解和阅读理解的测验成绩转换成Z分数，推导出听力理解对阅读理解的线性回归方程，根据回归方程计算出听力理解预测的阅读理解成绩。最后，根据听力理解成绩预测的阅读理解成绩和儿童实际阅读理解成绩之间的"差异"进行发展性阅读障碍的类型诊断：第一类，"单词识别障碍亚类型"；第二类，"阅读理解障碍亚类型"；第三类，"普通认知缺陷亚类型"。

"阅读障碍成分模型"的诊断标准如下：如果儿童阅读理解成绩低于所在年级平均分以下1个标准差，听力理解成绩达到或低于所在年级平均分以下1个标准差，实际阅读理解成绩低于听力理解成绩预测的阅读理解成绩（"差异"达到或超过1个标准差以上），那么该儿童可被诊断为"单词识别障碍亚类型"。如果儿童阅读理解成绩低于所在年级平均分以下1个标准差，听力理解成绩低于所在年级平均分以下1个标准差，实际阅读理解成绩与听力理解成绩预测的阅读理解成绩分值基本一致或"差异"未达到1个标准差，那么该儿童可被诊断为"阅读理解障碍亚类型"。如果儿童阅读理解成绩低于所在年级平均分以下1个标准差，听力理解成绩低于所在年级平均分以下1个标准差，实际阅读理解成绩低于听力理解所预期的阅读理解成绩（"差异"达到或超过1个标准差以上），那么该儿童可被诊断为"普通认知缺陷亚类型"

（白丽茹,2008;2009）。

研究者对成分模型在中文书写系统中的应用进行了验证,发现成分模型适用于中文文字系统,能够有效确定不同发展性阅读障碍儿童的主要缺陷（曹漱芹、韦小满,2005）。有研究者同样也采用成分模型去诊断汉语发展性阅读障碍儿童,考察了汉语发展性阅读障碍儿童的视觉短时记忆特点（刘翔平等,2005）。

(四) Das-Naglieri 认知评估系统

20 世纪 90 年代,加拿大心理学家戴斯等人从认知过程的角度,提出了一种新的智力理论,即 PASS 理论。PASS 理论中的 P 代表计划（planning）、A 代表注意（attention）、两个 S 分别代表同时性加工（simultaneous processing）和继时性加工（successive processing）。有研究发现,发展性阅读障碍儿童中有很大比例的儿童存在继时性加工问题,特别是语文方面的继时性加工问题（王晓辰,2010）。还有一部分发展性阅读障碍儿童的同时性加工过程出现了障碍。

达斯（Das）等人根据 PASS 理论,编制了标准化的测验,即达斯-纳格利里（Das-Naglieri）认知评估系统（D-N:CAS）。该系统包含 4 个分测验,每个分测验包含 3 种任务,总共包含 12 种任务类型,分别对计划、注意、同时性和继时性加工进行测量。目前在美国、加拿大、芬兰、法国等国家已用于临床认知科学领域（秦岭、吴歆、邓赐平,2012）。而且,该系统经常被用来分析阅读障碍儿童在认知过程中的个体差异。简明建认为其敏感性很高,若以 4 种分过程来区分发展性阅读障碍儿童和正常儿童,其正确率可达到 77.5%。

达斯等人根据 PASS 理论提出了专门针对发展性阅读障碍儿童的阅读提高方案（即 PASS Reading Enhancement Program, PREP）。此方案旨在引发发展性阅读障碍儿童的同时性加工或继时性加工,进而提高发展性阅读障碍儿童的阅读能力。关于达斯-纳格利里（Das-Naglieri）认知评估系统在国内的应用,研究者认为汉语发展性阅读障碍不再是某个单独的机能出现了问题,而是有着更为基本的认知过程缺陷,4 种过程不同组合类型的缺陷决定了发展性阅读障碍类型的多样性（李芳，2003）。国内有研究者于2004年开始与达斯教授合作，将达斯-纳格利里（Das-Naglieri）认知评估系统汉化，应用于汉语儿童认知发展障碍的研究。而关于在国内应用达斯-纳格利里认知评估系统诊断汉语发展性阅读障碍儿童的有效性还需要更进一步的研究。

三、小结与展望

总之，"智力—成就差异"筛选模式已经被我国研究者广泛用于筛选汉语阅读障碍。然而，该筛选模式存在一定缺陷，例如无法揭示阅读障碍的成因和本质等。近年来，越来越多的研究者认为，应该详细评估影响阅读水平高低的各种认知加工能力，这将有助于制定有针对性的干预方案，进而提高阅读障碍者的阅读效率，使得"认知—干预取向"筛选模式逐渐成为阅读障碍筛选标准发展的新趋势（刘翔平，2003）。最近，国内外研究者普遍认为应该从多层次、多角度筛选阅读障碍。"智力—成就差异"和"认知—干预取向"筛选模式都测量了被试的智力分数和阅读成绩分数，"认知—干预取向"筛选模式还测量了被试的各项认知加工水平，但是两种筛选模式都未评估影响阅读能力的其他因素，包括生物学因素、心理社会因素和环境因素等。

因此，有研究者提出了新的阅读成分模型（Vellutino et al.，2004），如图3-1所示。该模型详细描述了学习阅读所需要的各种认知过程和知识。该模型认为导致阅读障碍的原因主要有：一个或多个认知加工过程的异常发展和随之产生的功能障碍；儿童特定的遗传基因与其接触到的环境和教学经验的相互作用导致的认知能力的不充分混合。根据上述阅读成分模型，今后阅读障碍筛选测验除了保留上述智商和阅读测验外，还应该包括以下方面：

第一，评估各种认知加工能力。"认知—干预取向"筛选模式虽然测量了被试的认知加工能力，但是前人研究只测量了被试的语言编码和工作记忆加工能力，未测量被试的视觉编码和元语言加工能力。视觉编码指的是感官和更高层次的可视化加工过程，主要负责表征书面文字的图形符号等。元语言加工过程包括语言结构分析和句法意识，该过程有助于个体获得亚词汇知识。因此，根据新的阅读成分模型，今后的认知测验还应该包含视觉编码测验和元语言加工测验。如果被试存在上述某种或几种认知缺陷,研究者可以在此基础上制订有针对性的干预方案,进而帮助阅读障碍者提高阅读效率。

第二,探讨可能导致阅读障碍的生物学因素。根据新的阅读成分模型,生物学因素也应该作为评估的内容之一。前人研究发现多个遗传候选基因均与阅读障碍有关,主要包括 *DYX1C1* 基因、*DCDC2* 基因、*KIAA*0319 基因、*KIAA*0319*L* 基因、*DOCK*4 基因、*DIP2A* 基因和 *ROBO*1 基因等(薛琦、宋然然,2019)。今后在阅读障碍的筛选过程中,研究者可以通过访谈或者问卷调查的方式调查被试有没有阅读障碍的家族病史。

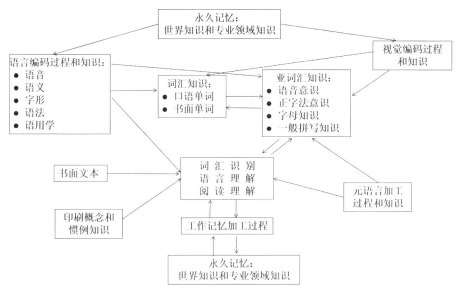

图 3-1 学习阅读所必需的认知加工过程和各种知识

第三,考察可能导致阅读落后的心理社会因素和环境因素。心理社会因素主要包括被试的学习动机、学习方法、学习策略、情绪调节策略和社会认知能力等;环境因素包括家庭和学校的阅读环境和阅读习惯等。研究者可以通过访谈或问卷调查的方式考察影响儿童阅读习得的心理社会因素和环境因素,以确保儿童的阅读落后不是由上述心理社会因素和环境因素导致的。

总之,目前摆在汉语阅读障碍研究者面前的一个亟待解决的问题是,尽快确立一个统一、科学的筛选标准。只有采用统一、科学的筛选标准,才能保证研究结果的可比性和科学价值，才能开展相应的干预研究。汉语阅读障碍筛选标准的科学化、规范化势在必行。

第三节 眼睛运动与阅读障碍的关系

一、阅读障碍者的眼动模式

从技术层面看，眼睛运动存在障碍的个体，如患有眼跳入侵（saccade intrusions）或者先天性眼球震颤的个体，通常会出现阅读困难问题。眼睛运动对持续的流畅阅读至关重要，如果个体控制眼睛运动方面出现问题，就会给其学习阅读的过程带来很多困难。那么，是否可以把眼睛运动障碍作为阅读障碍的诊断标准呢？

虽然阅读障碍者和正常读者的眼动模式的确存在差异，例如，阅读障碍者比正常读者需要更多的注视次数，更长的注视时间，更短的眼跳距离和更高的回视频率等（Rayner, 2009），但是仍然有研究表明阅读障碍不是由眼睛运动缺陷导致的。例如，要求母语为汉语的学生阅读希伯来文或者缅甸文（假设学生不会两种语言），相较于熟悉这两种语言的读者，汉语学生的眼睛运动也会变得"异常"。

眼睛运动缺陷可能不仅不是导致阅读障碍的原因，而且还反映出读者其他的潜在问题（Tinker, 1958）。如果眼睛运动障碍导致了阅读障碍，那么在非阅读任务中也应该表现出相似的障碍，因为眼睛运动在非阅读任务中同样发挥着重要作用（Pavilidis, 1985）。因此，研究者要求阅读障碍者持续注视一个目标刺激，该目标刺激会不停地在电脑屏幕上左右移动，结果发现阅读障碍者的眼跳次数显著多于正常读者（Pavilidis, 1985）。但是，其他研究发现了与上述研究结果不一致的结论（Black et al., 1984; Olson, Kliegl, and Davidson, 1983）。例如，有研究发现虽然在非阅读任务中阅读障碍者和正常读者的眼动模式不存在显著差异，但是阅读障碍者和正常读者在阅读文本时的眼睛运

动模式存在显著差异,表明某种阅读行为影响了阅读障碍者的眼动模式
(Stanley,Smith,and Howell,1983)。另外,有研究者要求阅读障碍者和正常
读者阅读不同词长和不同词频的单词,结果发现当词长更长、词频更低时,两
组被试的眼动模式均发生了变化,其中大部分眼动变化可能是由单词识别难
度导致的(Hyönä and Olson,1995)。

　　那么,眼睛运动和阅读障碍之间到底是一种怎样的关系呢?尽管有些阅
读障碍者在非阅读任务中的眼动模式不同于正常读者,但是大部分阅读障碍
者与正常读者表现出相似的眼动模式。因此,眼动模式异常不是导致阅读障

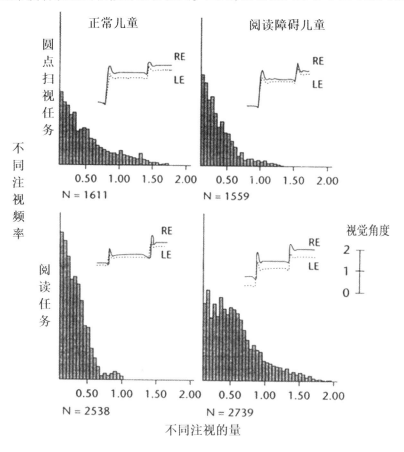

图3-2　阅读障碍儿童和正常儿童在圆点扫视任务和阅读任务中的眼动模式

碍的原因(Rayner，1985；Stanovich，1986)。阅读障碍儿童可能同时存在与双眼视差或者眼偏利发展相关的问题(Stein and Fowler，1984)，但是阅读障碍者的双眼视差问题可能不是由眼动控制造成的。国外研究者比较了阅读障碍儿童和正常儿童，分析阅读障碍儿童是否存在双眼缺陷(见图 3-2)。结果发现在圆点扫视任务中，阅读障碍儿童和正常儿童的眼动模式相似，但是在阅读任务中，两组被试的眼动模式存在差异，表明如果阅读障碍儿童存在双眼协调问题，那么这些问题只存在于阅读困难的文本语境中(Kirkby et al.，2011)。

二、采用眼动追踪筛选阅读障碍

(一)"阅读障碍探索者"系统

尽管目前国内外研究者还不是完全了解阅读障碍的病因，阅读障碍的定义也各不相同，但研究者普遍认为，教育者应该在学龄初期，为那些未能以正常速度获得阅读技能的儿童提供足够的阅读指导和支持。对于有明显阅读困难的儿童，早期的识别和专业的支持是最有效的干预方式，教育者不应该等到儿童被正式诊断为阅读障碍才提供给其相应的专业指导和训练，这样将不利于提高阅读障碍者的阅读效率，而且阅读障碍问题通常还会影响阅读障碍儿童在学校的整体表现，带来心理和情绪上的困扰，出现自卑、缺乏学习动力和抑郁等。

目前，国内外研究者普遍采用阅读测验和智商测验筛选阅读障碍，这些客观的测验可以快速、系统、自动化地筛选出学龄初期有阅读障碍风险儿童。然而，这种方法也有一定的局限性，例如，阅读测验只测量了在自然阅读情境下的认知技能，很少提及这些认知技能在实际阅读中的作用以及认知技能之间的相互作用；阅读测验要求受试者在规定的时间内做出一些明确的反应，比如将目标单词与相应的图片进行匹配，大声朗读难度越来越大的可读无意义单词，或者阅读一篇短文后完成阅读理解题目等，这些运动技能任务反过来可能影响阅读表现，进而混淆实验结果；有些测验需要受试者大声朗读单词，这类测验需要人工评估测验的结果,然而这种人工评估对主观判断和评分间的变化非常敏感,因此很容易导致实验结果的不一致性;阅读测验的测量结果(即正确率和反应速度)代表了被试在与阅读相关的特定任务上的表现,但这些结果不能反映阅读的实际过程。

为了克服上述局限性,阿拉伯研究者开发了一种"阅读障碍探索者"(dyslexia explorer)系统(Al-Edaily, Al-Wabil, and Al-Ohali, 2013)。该系统是一种基于眼动技术,用于筛选阿拉伯语阅读障碍者的系统。尽管目前关于眼睛运动与阅读障碍之间的关系还不是很明确,但是阅读障碍者与正常读者在阅读文本时的眼动模式的确存在差异,因此可以将这些差异用于筛选阅读障碍者。"阅读障碍探索者"是一款使用眼动追踪技术解码阿拉伯文字阅读视觉模式的筛选项目,可以帮助研究者识别一般的阅读问题和语音困难,而且可以为阅读障碍者设计有效、有针对性的干预方案。

"阅读障碍探索者"系统由一个结构化的组件构成,该组件将阅读材料和眼睛凝视分析组件连接起来,如图 3-3 所示。"阅读障碍探索者"基于眼球追踪设备捕捉到的角膜反射来获取原始的注视数据(如每个注视点的 x/y 坐标、每次注视的时间和有效代码等),然后该系统使用注视过滤算法(Fixation Filtering Algorithm)将原始注视数据转换为注视点和眼跳,接着该系统分析每个注视点的持续时间和空间分布,最后确定研究中的分析指标。分析指标包含每个(所有)兴趣区区域(AOI)的总注视持续时间,所有(每个)兴趣区区域的平均注视持续时间,每个(所有)兴趣区区域的总注视计数和向左眼跳次数。阅读分析过程是探索和配置上述指标阈值的基本步骤,可以为阅读障碍研究者提供可理解的格式化报告。

Reader　Eye Tracker　Arabic stimulus　　　Raw gaze data　　　Dyslexia Explorer System　　　Reports and charts

图 3-3 阅读障碍探索者系统的概念设计

　　阈值的交互式图表以散点图的形式将结果可视化,这些散点图以 x 轴和
(或)y 轴上的动态阈值描述了在阅读过程中注视点的结果(包含阅读障碍者
和正常读者)。这种可视化结果提供了对阅读障碍者问题类型的洞察,并有
助于对总数据进行探索性分析,以确定眼睛注视测量的正常和异常水平。

　　为了测试"阅读障碍探索者"系统的功能,检验该系统识别阅读障碍者的
有效性,研究者开展了相关的眼动追踪阅读实验。研究者选取了 14 名年龄在
10 到 12 岁之间的儿童(阅读障碍儿童和阅读水平相匹配儿童各 7 名),采用
X120 Tobii 眼动仪,邀请儿童完成阅读任务。研究者采用阅读障碍筛选系统
分析了所有儿童的原始凝视数据,结果发现该系统能够有效地过滤和分析读
者的注视点。与 Tobii Studio 的视觉分析结果相比,该系统可以准确地显示每
个刺激的注视点和眼跳。此外,凝视时间和注视次数的分析结果与两个系统
产生的测量结果的手动审查比较一致。研究者还考查了该系统是否可以支持
特殊语言障碍专家检查凝视测量阈值的能力,以区分阅读障碍者和正常读者,
具体的视觉注意测量结果如表 3-2 所示。如总注视时间、平均注视时间、总
注视次数、三个回视等指标,均能有效区分阅读障碍者和正常读者,准确率达
70%以上。与此相反,单词内的向后眼跳和另一个单词内一次注视后向后眼
跳的测量结果却不太准确,因为找不到足够准确的阈值来区分阅读障碍者和
正常读者。

表 3-2　区分阅读障碍者和正常读者的指标的有效性

指标	阈值	阅读障碍者超过阈限的百分比	正常读者低于阈限的百分比
总注视时间	5.8s	77.98%	71.43%
平均注视时间	0.19s	85.71%	85.71%
总注视次数	24	100%	100%
多次注视一个单词后的回视	3	71.42%	100%
多个单词后的回视	1	100%	71.42%
跨行回视	1	71.47%	100%

总之,"阅读障碍探索者"系统对眼球追踪设备捕捉到的视觉模式进行解码,并分析注视点的(x/y)坐标,以生成客观的注视测量数据。该系统还提供具有阈值的交互式图表,以探索阅读分析的结果。探索性实验表明该系统能够高效、准确地获取和分析注视数据。此外,研究还发现上述眼动指标在筛选阅读障碍者方面的效率不同。

(二)眼动筛选法

与"阅读障碍探索者"系统类似,最近研究者提出了另外一种采用眼动跟踪识别有阅读障碍和长期阅读困难风险的儿童的方法(Benfatto et al.,2016)。通过追踪读者的眼睛运动,研究者能够实现自然、实时地追踪阅读过程,并对整个阅读过程进行客观的测量。采用眼动追踪可以连续地记录读者的眼睛运动,并且眼动数据反映了阅读所涉及的认知加工过程的速度和准确性(Rayner et al.,2003)。

尽管前人的研究一致发现阅读障碍者与正常读者的眼动模式存在差异,但之前的研究几乎都集中在群体水平的差异上,很少关注个体差异(Kirkby et al.,2008)。因此,有研究者尝试采用机器学习和预测建模,将群体水平的描述推广到具有高敏感性和特异性的个体水平上,这是将眼动跟踪用于筛选阅读障碍的第一步(Benfatto et al.,2016)。研究者采用统计交叉验证技术(statistical cross-validation techniques),对 97 名阅读障碍高风险和 88 名低风险对照者的样本进行分类,在平衡敏感性和特异性的情况下,发现阅读障碍筛选的准确率达到了 96%。研究者还比较了不同眼动特征的相对重要性,确定了筛选阅读障碍者的一些关键特征。总之,将眼动追踪与机器学习相结合,可以用于开发快速、客观、准确的筛选模型,该模型可以非常有效地识别阅读障碍儿童。

研究者收集了 185 名被试的眼动数据,这些被试均参与了一项历时 22 年的旨在研究儿童阅读发展和阅读障碍的纵向研究项目。在研究初期,研究者发现 2165 名在校二年级(8~9 岁)学生中,有 103 名学生的单词阅读能力发展水平显著落后于正常儿童。高风险阅读障碍者的入组标准:母语为瑞典语;

两个单词解码测验成绩位于同年级学生的第五个百分位数以下;根据课堂教师完成的独立评估,儿童在学习阅读方面遇到了持续性问题;排除智力低下的儿童。此外,研究者选取了一组阅读障碍低风险的对照组儿童,低风险组儿童的单词阅读能力位于年级平均水平或高于年级平均水平,并且在性别、母语、学校课程和非语言能力(瑞文推理测验)等方面与高风险组阅读障碍儿童相匹配,最终确定 90 个配对的对照组儿童。

在随后的 20 年中,研究者在不同的时间间隔下评估了高风险和低风险组儿童的认知、教育和社会发展水平。研究者发现高风险组儿童早期表现出的阅读困难对其今后的阅读学习存在一种长期负面的影响(Fouganthine,2012)。后续研究发现大部分高风险组儿童成年后仍然存在单词解码和阅读问题,严重干扰了学业表现、学术成就和生活的其他领域。

作为眼科检查的一部分,研究者记录下了两组儿童三年级(9～10 岁)时的眼睛运动,考查两组儿童在基本视觉和眼动神经功能方面是否存在差异。虽然有研究发现了一些细微的差异,但这些差异很可能反映了高风险阅读障碍者在语言加工过程中所面临的认知困难造成的影响,而不是固有的视觉或视觉运动缺陷(Ygge et al.,1993)。本法托(Benfatto)等(2016)要求上述 185 名儿童阅读一段自然短文,并记录下儿童阅读时的眼动轨迹。所有被试阅读同一篇文章,该文章呈现在一张对比度较高的白纸上。全文共 8 行 10 句,每句平均 4.6 个单词。要求被试默读文章,然后回答与文章内容有关的三个问题。这三个问题主要是为了确保被试认真阅读,理解了文章内容,结果分析并不涉及上述三个问题的答案。

本法托等(2016)采用一种红外角膜反射系统 Ober-2 TM(前身是 Permobil Meditech,Inc.,Woburn,MA)追踪读者的眼睛运动,该系统以 100 赫兹的频率同时对两只眼睛的水平和垂直位置进行采样。实验过程中,被试需要佩戴一副重量较轻(80g)的可单独调节的头戴式护目镜,护目镜上安装了四组红外发射器和探测器,围绕每只眼睛排列成一个正方形。该系统的下巴托和前额托可以保证被试尽量减少头部运动,并且被试的眼睛到屏幕的距离是 45 厘米。在正式实验开始之前,通过为每只眼睛分别设置每个轴的信号增益

(signal gain),研究者手动对该系统进行校准。

为了确定眼球运动记录中的注视时间、眼跳运动和其他眼动事件,研究者首先采用动态色散阈值算法(a dynamic dispersion threshold algorithm)分析了随时间变化的眼睛注视位置的原始记录信号。在此基础上,研究者提取一些眼动特征作为输入刺激建立一个分类模型,用于区分高风险和低风险阅读障碍者。研究者不想将特征提取过程设定为两组儿童的眼动行为存在潜在差异的特定假设,因此努力对尽可能保留原始眼动信号的特征进行广泛、系统和无偏倚的选择。本法托等(2016)定义了一组简单的低水平特征,包括注视和眼跳事件。

眼跳分为向前眼跳(从左至右)和回视眼跳(从右至左),并根据前一个眼跳的方向定义注视点。对每种类型的注视和眼跳来说,研究者定义了如下测量参数:事件的持续时间;横跨事件的距离;一次事件中眼睛的平均注视位置;平均注视位置的标准差;任意两个位置之间的最大距离;所有随后位置的累计距离。研究者从水平和垂直两个方向测量上述参数除"事件的持续时间",对于版本和边缘(version and vergence),研究者分别计算两眼的平均位置([左眼位置+右眼位置]/2)和两只眼睛的位置差(左眼位置—右眼位置)。最后,计算每个参数分布的平均值和标准差,共形成168个特征。这些特征所包含的信息涵盖了阅读时眼睛运动的不同定量特征,包括持续时间(duration)、幅度(amplitude)、方向(direction)、稳定性(stability)和对称性(symmetry)等。

1. 分类和特征选择

本法托等(2016)使采用顺序最小优化的线性支持向量仪(liner Support Vector Machines with sequential minimal optimization)来训练最大幅度分类器(maximum-margin classifiers)。这种学习算法曾经成功地应用于各种分类问题,近年来这种算法在药物开发、生物标志物识别和新诊断测试开发中的应用迅速增长。研究者根据分类器的预测性能对所有训练的分类器进行评估。简言之,研究者评估了分类器将被试划分为高风险和低风险阅读障碍者的能力,而且研究者没有将这些被试的眼动记录用于模型参数与数据的拟合。在其他条件相同的情况下,研究者认为通过分析被试阅读时的眼睛运动,分类器能够预测未来被试的高风险或低风险阅读障碍的程度。研究者使用 10 倍分层交叉验证程序评估预测性能,重复 100 次,以便在数据集的不同随机分区中稳定估计值。

为了去除可能会降低学习算法性能的不相关和冗余的眼动特征,研究者采用了一种名为递归特征消除(recursive feature elimination, SVM-RFE)的自动特征选择方法。去除预测信息很少或没有预测信息的眼动特征,不仅可以降低参数化分类器的噪声水平,而且有助于更好地了解哪些眼动特征能够聚集在一起,从而获得最佳的预测效果。然而,如果在训练前的某个单一步骤中调用整个数据集的特征选择过程,将导致对预测性能的估计出现偏差。为了避免出现这种情况,研究者在每个训练周期内执行特征选择算法,将其整体重复 10×100 次。为了使用递归特征消除训练分类器,研究者首先使用完整的特征集进行训练,根据训练数据构建分类器,并根据递归特征消除赋予的权重的平方对特征进行排序。根据排序结果,移除排名最低的特征。然后,重复上述训练过程,每次移除一个特征,直到所有特征都用完,获得原始特征集的完整排序。为了获得最佳的分类模型,研究者评估了所有可能的分类器的分类精度,并将其作为在训练中选择的顶级特征数量的函数。

为了证明上述方法的分类结果显著好于随机结果,研究者测试了所有的分类器,这种方法不同于随机打乱的相同版本的类标签训练,即所谓的 Y 随机化。为了训练这些分类器,研究者让当前训练中高风险组和低风险组的一半被试交换位置,即在相同被试的特征值保持不变的情况下,对高风险和低风险的类标签进行随机排列。研究者根据随机训练数据建立分类器,此分类器用于预测保留真实标签的非随机测试集。由于研究者在训练数据过程中故意引入了干扰因素,模糊了目标类和特征之间的实际关系,因此研究者预测得到的分类器的平均性能可能不会比随机结果更好。

为了评估递归特征消除算法选择预测特征进行分类的能力,研究者比较了所有分类器与简单随机选择特征得到的性能。因此,为了训练具有 n 个随机选择特征的分类器,研究者在每个训练过程中均匀随机地从整个特征集中选择 n 个特征。然后在这个特征子集上训练分类器,并将其应用于预测测试集中的例子。所有实验均采用相同的训练和测试方案(如图 3-4)。

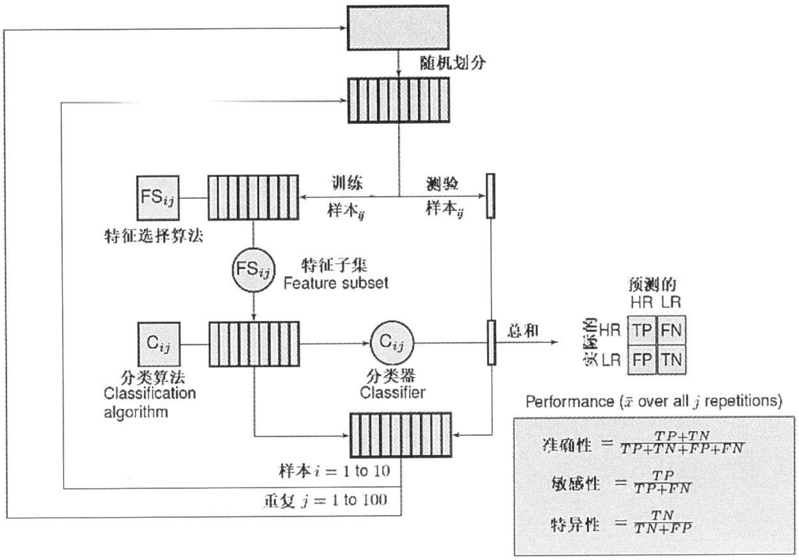

图 3-4　基于重复交叉验证和内部特征选择的实验测试方案

全部数据集被随机分成 10 个子集,其中一个子集(占所有被试的 10%)作为测验样本,剩余 9 个子集(占所有被试的 90%)为训练样本。采用特征选择算法在训练样本中选择 n 个特征的子集。利用该特征子集,在训练样本中采用分类算法,生成一个参数化分类器。然后采用该分类器对样本中的被试进行分类,将预测结果与被试的实际身份(高风险阅读障碍者 HR 或低风险阅读障碍者 LR)进行比较。这个步骤迭代 10 次,每次迭代都有不同的训练和测试集。在完成一次 10 倍交叉验证后,整个数据集中的每个被试都参与了一次测验,但训练和测验阶段的被试仍然被严格隔离开。为了减少交叉验证性能估计的方差,整个过程用原始数据集的不同初始随机划分重复 100 次。统计所有 100 次重复交叉验证数值的平均值,通过此方法计算预期预测性能的最终估计值。此估计值代表最终模型的预期预测精度。最终模型(研究者将在实际中运用的模型)是采用特征选择方法 m 选择 n 个特征,在整个数据集的基础上构建分类器。

2.分类精度

所有分类器中,采用递归特征消除方法从原始特征集中选择48个特征的分类准确率最高,为95.6%±4.5%(随机概率结果为:49.1%±13%,校正重复样本 t 检验, $p < 0.01$;随机特征选择结果为:91.1%±6.1%,校正重复样本 t 检验, $p < 0.05$)(如图3-5所示)。该模型的样本标准差最小,很好地平衡了敏感性(95.5%±4.6%)和特异性(95.7%±4.5%),表明分类器能很好地识别高风险阅读障碍者,有效地排除低风险阅读障碍者。采用递归特征消除方法能够很大程度上降低分类器的整体复杂度,有效地将原始特征集减少了71%。上述结果表明,自动特征分析可以用来选择一些信息量大的眼动特征用于预测,并且自动特征分析还可以剔除其他一些特征。

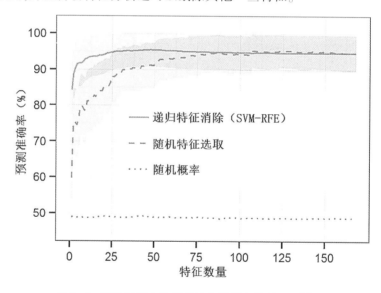

图3-5 训练过程中选择的特征数量函数的预测精度

采用随机特征选取方法,其最佳分类准确率为95.3%±4.6%(敏感性为95.2%±4.7%;特异性为95.5%±4.5%),采用此方法在每个训练过程中随机选择126个眼动特征(随机概率为48.6%±13.2%,校正重复样本 t 检验, $p < 0.01$)。结果表明,采用随机特征选取方法训练的最佳分类器与基于递归特征选择的最佳分类器在性能上相当,但随机特征选取方法只将原始特征集缩

小了 25%，从而产生了一个准确但不必要的复杂模型。基于递归特征消除方法的分类器和基于随机特征选取的分类器对特征子集的精度缩减（converged）到原始特征集的一半左右。

与研究者的预期一致，无论特征子集的大小如何，Y—随机化分类器的表现都比其他所有模型的表现要差得多，其准确率与基于纯随机预测的预期结果比较一致。因此，研究者在最终数据中没有发现与随机概率相关的证据，这将推动其他分类器之间的竞争。

上述结果与基于口头或书面测试的传统筛选测验的准确率相比如何？首先，重要的是要注意到由于许多原因，这样的比较是很困难的，可能最重要的原因是很少有传统筛选测验估计单独预测结果的准确性。因此，研究者对目前广泛采用的大多数筛选测验的预期的准确性或敏感性和特异性还不是很清楚。然而，即使有研究报告了对准确率、敏感性和特异性的估计，直接比较研究结果也是有问题的，因为研究者选取的被试年龄、采用的阅读障碍的定义和使用的验证方法的严密性方面均存在一定差异。

儿童在接受正式的阅读指导之前，传统阅读障碍筛查工具的准确率通常在 70%~80%。然而，对于任何传统的阅读障碍测验，其敏感性和特异性的水平往往不平衡，这严重限制了大多数阅读障碍测验的实际应用。例如，前人研究发现语音意识（PA）和快速自动命名（RAN）测验的特异性均很高，约93.5%左右，但敏感性却很低，分别为 41.5% 和 42.7%（Pennington et al., 2012）。因此，尽管语音意识和快速自动命名测验可以很好地排除正常读者，但实际上大多数阅读障碍儿童也没有被这些测验鉴别出来。

随着儿童入学并开始接受正式的阅读指导，阅读障碍筛选测验的准确性也会随之提高。到小学二年级和三年级，传统阅读障碍筛选测验的准确率通常在 80%~90%。然而，为了平衡测验的敏感性和特异性水平，研究者必须进行多项测验，共同测量儿童的与阅读相关的不同认知能力。然而，如果研究者要求被试必须完成几项测验，并且每个测验都是人工评估，那么将严重影响对大量在校儿童实施阅读障碍筛查的有效性。这可能是导致许多学校不能实施阅读障碍常规筛查的原因之一。

3. 特征分析

到目前为止,研究者只考查了分类过程的结果,没有具体考虑影响结果的模型内部特征结构。特别是,目前研究者还不清楚在准确鉴别阅读障碍者时,哪个眼动特征所起的作用比其他眼动特征更重要。为了更好地了解不同眼动特征的相对重要性,研究者从第一个实验中选择了性能最好的分类模型,并分析了在 1000 个内部训练过程中选择不同特征的频率(如图 8 所示)。某一个眼动特征被选择的频率越高,就越有可能提供有用的信息,从而可以提高分类器的整体预测精度。

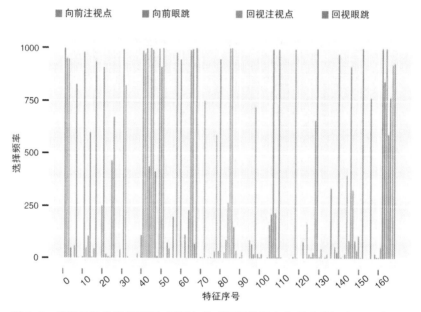

图 3-6　训练最佳分类模型时,根据向前或回视注视点和眼跳特征分组所选
　　　　特征的频率。

资料说明:Y 轴表示在特征选择的 1000 次交叉验证中,递归特征消除算法(SIM-RFE)选择原
　　　　始特征集中特征的次数。X 轴表示根据向前或回视注视点和眼跳特征分组的特征
　　　　(由其在数据集中的索引表示)。

研究者发现不同眼动特征的选择频率存在很大的差异。大多数原始特征在少数情况下被选择,多数情况下也有少数原始特征被选择,从而导致较大的

整体偏差($min = 0, q_1 = 2$,中位数$= 35, q_3 = 660, max = 1000$)。根据眼睛运动类型划分,24%被选择的特征与向前的注视点相关($min = 1, q_1 = 8$,中位数$= 104, q_3 = 907, max = 1000$),26%被选择的特征与向前的眼跳有关($min = 1, q_1 = 29$,中位数$= 228, q_3 = 963, max = 1000$),21%与回视的注视点相关($min = 1, q_1 = 7$,中位数$= 34, q_3 = 210, max = 1000$),29%与回视的眼跳相关($min = 1, q_1 = 8$,中位数$= 56, q_3 = 765, max = 1000$)。46个特征(占总特征数的27.4%)出现在大部分训练程序中,且在整个训练中都相当稳定($min = 588, q_1 = 858$,中位数$= 971, q_3 = 996, max = 1000$),这表明它们对训练数据的小的随机扰动具有很强的稳健性。对于这些最显著的特征,研究者不仅要确定它们如何分布在向右和向左的眼球运动中,还要通过版本(version)和转向(vergence)以及个体的"注视—眼跳"参数,确定它们在水平轴和垂直轴上是如何分布的。为了实现这一目的,研究者构建了嵌套的条形图,该图形显示了将特征分解为这些变量的层次结构。

在空间维度上,研究者发现与向右的注视和眼跳相关的大部分特征沿水平轴计算,而与向左的注视和眼跳相关的大部分特征是沿垂直轴计算的。因此,对于正常的从左向右的阅读,水平轴的特征对于分类器来说似乎比垂直轴的特征更具信息性,更能准确筛选阅读障碍者。然而,当正常的阅读被打断时,眼睛回跳到文章的较早部分,此时垂直轴的特征似乎更有辨别力。研究者观察到的另一个差异涉及与向右和向左眼跳有关的特征分布。向右眼跳的大部分特征是根据双眼的平均值计算出来的,而向左眼跳的大部分特征是根据左眼和右眼的差值计算出来的。因此,对于向右的眼跳,基于版本的特征似乎比基于转向的特征更具鉴别力,而对于向左的眼跳则相反。研究者没有观察到注视和眼跳参数的分布模式有任何特殊的差异,这些参数在其他变量中的分布也大致相同。在时间维度上,与预测一致,研究者发现与眼球运动持续时间相关的特征在注视时比在眼跳时更频繁,因为注视时间的变化与阅读过程中的认知加工需求密切相关。

最后,研究者检查了频率最高的特征,即在所有1000个训练程序中不断被选择的特征,最终获得了如下几个特征:三个与注视持续时间有关的特征,三个与向右眼跳距离、最大距离和平均位置有关的特征，以及三个与向左眼跳的平均位置和标准差有关的特征。研究者通过箱形图（如图 3-7 所示）来总结这些特征，比较高阅读障碍风险组和低阅读障碍风险组的实际值分布。

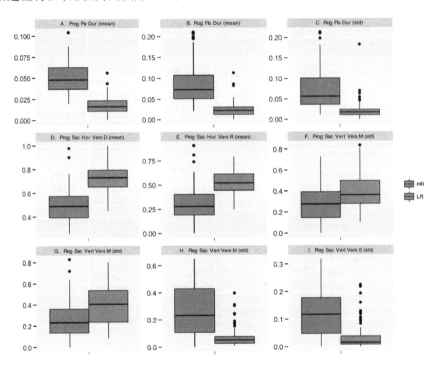

图 3-7 在 1000 个训练程序中通过最佳分类模型选择的特征

研究者发现，上述部分特征验证了前人的研究结果，即阅读障碍者和正常读者的眼睛运动模式存在差异。例如，高风险组儿童向右和向左的平均注视时间均显著长于低风险组儿童，并且高风险组儿童向右的眼跳距离和最大眼跳距离均显著短于低风险组儿童。这些差异可能反映了高风险组儿童加工正在注视单词时所面临的潜在认知困难。特别是，解码单个单词时付出的努力越多，其平均注视时间就越长，总的注视次数就越多，而眼跳幅度就越短。

研究者还发现反映组间向右和向左眼跳的平均垂直位置周围分布差异的特征，以及向左眼跳的垂直转向运动的差异的特征。这些模式解释起来不太直观，要了解它们对分类器预测性的重要性还需要进一步研究。然而，值得注意的是,最近的一些研究发现阅读障碍者和正常读者注视和眼跳时在转向和双眼协调方面存在差异(Ghassemi and Kapoula,2013)。不过,目前这些差异的大小及其神经基础尚不清楚。

目前,阅读障碍儿童在获得适当的专业指导之前,通常要在学校挣扎多年。尽早开发在学校易于实施的有效的筛选方法,是应对上述情况的一种重要手段,也有助于对那些有长期阅读困难风险的人提供早期指导和帮助。然而,尚不清楚目前开发的传统阅读障碍筛选测验是否达到了其预期目的。一个关键问题是对现有传统筛选测验的效度评估不足,难以确定这些测验在实际应用于任何一个特定个人时到底有多大用处。

基于传统阅读测验的缺陷,研究者开发了一种在阅读过程中使用眼动追踪筛选阅读障碍者的方法,并通过实验证明该方法可以在不到一分钟的跟踪时间内产生具有高度敏感性和特异性的个体水平预测。与现有的纸笔筛选测验相比,这种方法不需要书面或口头反应,也不需要传统意义上的人工评估或评分。这种筛选方法测量的唯一反应是个体的眼球运动信号,它本身是客观的;根据一些预先确定的标准,眼球运动信号没有对错之分。此外,基于眼球追踪的筛选方法一定程度上可以减少传统筛选方法给被试带来的压力,因为在眼动追踪筛选过程中,受试者更有可能体验到自己参与了一项任务,而不是明确地为他人执行一项任务。

虽然研究者相信其研究结果表明眼动跟踪可以用于筛选阅读障碍,但需要注意的是,眼动追踪筛选方法并不是基于如下假设,即阅读障碍是由视觉感知或运动控制的内在缺陷所导致。这一点很重要,因为从阅读障碍研究的发展历史来看,视觉感知或运动控制的内在缺陷被认为是导致阅读障碍的原因之一(Stein,2001)。然而,多年来大量研究表明,阅读障碍是一种与语音意识缺陷有关的语言障碍,语音缺陷损害了读者加工书面文字的能力,进而阻碍了对阅读材料的理解(Vellutino et al.,2004)。根据这一观点,本法托等(2016)的假设是语言系统处理单词的难易程度对阅读时的眼睛运动有本质上的直接影响。认知心理学和心理语言学的大量研究证明了这一假设(Rayner,2009)。因此,尽管阅读中异常的眼球运动模式只是阅读障碍的一个次要结果,但眼球追踪可能是评估受试者在阅读过程中所经历的加工需求的一种有效方法,并进而为开发有助于筛选阅读障碍的一个预测和自动化模型奠定了坚实的基础。研究者最近开发了一种新方法,并将这种方法用于鉴别帕金森病、精神分裂症和自闭症谱系障碍等,该方法与追踪个体自由观看自然图像和视频时的眼球运动的方法类似(Wang et al.,2015;Tseng et al.,2013)。

最后,需要强调的是,并不是所有在学习阅读过程中遇到持续困难的儿童都具有相同的神经心理学特征。例如,阅读障碍、注意力缺陷多动障碍(ADHD)和特殊语言障碍之间存在相当大的症状重叠和很高的共病率(Pennington and Bishop,2009)。此外,区分不同亚类型的阅读障碍也很常见(例如表面型阅读障碍和语音型阅读障碍)。因此,对阳性筛查结果的诊断随访始终是必要的,以便更全面地了解阅读障碍者的认知状况,从而根据阅读障碍者的需要调整干预策略。尽管如此,阅读障碍的早期鉴定是上述过程的第一个重要步骤。为此,在阅读过程中使用眼动跟踪可能会非常有用。

第四章 阅读障碍的生物学基础

阅读是人类特有的一种认知技能,对现代人的生存和生活至关重要。要成为一名成功的读者,个体必须学会以极高的准确性和非凡的速度整合大量的大脑区域。大脑中存在一个"阅读回路",由负责语言、视觉和正字法加工、工作记忆、注意力、运动功能以及更高层次的理解和认知神经系统组成(Norton and Wolf, 2012)。然而,对于人类中大约5%~12%的人来说,学习阅读是极其困难的,这些人受到一种名为发展性阅读障碍的复杂神经发育障碍的影响。阅读障碍是一种终身障碍,其特征是尽管个体有足够的神经和感觉条件,教育机会与其他个体没有明显差异,有正常的智力,但其阅读习得能力仍然显著低于正常儿童。虽然目前阅读障碍的成因还不是很明确,但是随着近年来认知神经科学和分子遗传学研究技术的迅速发展,国内外研究者越来越重视阅读障碍的生物学基础,即阅读障碍的神经基础和遗传机制。研究阅读障碍的生物学基础,可以进一步揭示阅读障碍的神经生理机制,为人类语言加工的普遍性和特殊性提供实证数据,最重要的是可以提出一系列行之有效的干预方法,进而提高阅读障碍者的阅读效率,降低阅读障碍的发生率。

第一节 神经生理学研究

大脑是人类最重要的生理器官,是人类高级神经活动的物质基础。迄今为止,人类对大脑知之甚少,大脑还有许多未解之谜等待人类的探索和研究。

大脑的结构和功能非常复杂,研究者要想了解大脑的奥秘首先要具备一些测量大脑的方法。随着科学技术的发展,目前已经发展出如下一些测量大脑结构和功能的方法:

第一,电刺激法,即对被试的大脑直接通电流(包括直流电刺激、交流电刺激和随机电流刺激),从而引起被试特定大脑区域的活动变化。例如,给被试大脑的后脑区——枕叶通电流,当该区域受到电刺激后,个体将会知觉到闪光;而刺激被试大脑的运动区时,个体将会做出相应的运动反应。

第二,病理观测法。在具体运用此方法时主要通过观测由中风、疾病或脑损伤等导致个体出现的障碍,进而测定大脑某一特定区域的功能。例如,大脑中的布洛卡区受损,个体将会出现运动性失语症;个体的左枕叶受损,会导致其部分右视野盲症;额叶受损,会导致个体的冲动行为频率上升。

第三,物理测量法。即通过一些测量手段检查大脑两半球的解剖细节,以此来研究大脑的功能和结构。例如,通过测量大脑左右两半球颞叶表层的相对大小,发现颞叶中涉及语言功能的区域方面,左脑比右脑大。

第四,实验测定法。这是目前应用比较广泛的一种方法。该方法主要借助一些实验设备实时地测量大脑的实际工作状态,进而研究大脑的功能和结构。实验测定法主要包括事件相关电位(ERPs)、功能核磁共振成像(fMRI)、功能性近红外光学成像(fNIR)和正电子发射断层扫描(PET)等技术。事件相关电位技术的测量方法具有很高的时间精度,然而其空间精度却大大下降。事件相关电位技术的安全性较高,对人体不会造成任何创伤,适合各年龄段的被试,然而事件相关电位技术对电位来源的解释非常复杂。与事件相关电位技术相反,功能核磁共振成像和正电子发射断层扫描具有较高的空间分辨率,能够记录大脑的深层结构,然而功能核磁共振成像和正电子发射断层扫描的时间精度较低。功能核磁共振成像技术可以测量由各种认知任务引起的大脑皮层的激活模式(如葡萄糖的利用、血流和氧含量等)。采用功能核磁共振成像技术研究阅读障碍可以确定阅读时大脑的哪些脑区被激活,以及阅读障碍者在阅读、语言和语音译码过程中的脑区激活模式是否与正常读者一样。功能核磁共振成像和正电子发射断层扫描技术对技术的要求比事件相关电位技术高,而且这两种技术不太适合年龄比较小的儿童。功能性近红外光学成像比功能核磁共振成像更加方便简洁,对技术的要求相对较低。功能性近红外光学成像的时间分辨率高于功能核磁共振成像,空间分辨率高于事件相关电位技术。采用上述技术一定程度上可以解释刺激物与大脑活动之间的关系,然而,由于大脑结构和功能非常复杂,大脑活动是多个脑区共同协作的结果,而且一种认知加工过程(例如阅读)可能需要其他认知加工过程的参与,因此研究者需要非常谨慎地解释刺激物与大脑活动之间的关系,甚至有时需要借助一些行为测量结果(例如阅读理解正确率和阅读速度)进行解释。

一、大脑结构与功能单侧化

前人对四名阅读障碍者死后进行生理解剖,发现阅读障碍者的大脑皮层存在发育异常,具体表现为阅读障碍者的两侧脑高度对称,而正常读者的大脑左、右两半球通常明显不对称(即大约65%的人左脑大于右脑,约11%的人左脑小于右脑)。阅读障碍者两侧脑的高度对称性很可能是其出生前大脑神经发育异常导致的结果(Galaburda et al. , 1985)。有研究对一名获得性布洛卡失语症和深度阅读障碍者进行了三项半视野速示测验,结果发现该患者的左脑区虽然受损,但是其在正字法与语义判断任务中的表现与正常读者的表现不存在显著差异,表明该患者在阅读过程中更多地依赖其大脑右半球(Schweiger et al. , 1989)。然而以正常读者为研究对象发现,其阅读过程主要是大脑左半球的功能。例如,研究者采用事件相关电位技术考察了阅读障碍者和正常读者在完成简单视觉分辨任务时的脑电波(Johannes, Mangun, and Munte, 1994)。简单视觉分辨任务诱发了被试的一个大的P3成分,阅读障碍者与正常读者在整体波幅上的差异不显著。然而,阅读障碍者的脑电波分布几乎是对称的,正常读者的脑电波分布是左半球占优势。此外,阅读障碍组P3的潜伏期显著长于正常读者。将上述结果与神经生理学和神经影像学的研究结果进行比较,发现阅读障碍患者的大脑左右半球的不对称性较小。上述研究观察到的阅读障碍者的神经异位、异质和发育不良等现象,均支持神经迁移干扰假说(Galabureda et al. , 1985)。且上述异常主要集中在左外侧裂周区,表明左外侧裂周区与语言和阅读等认知过程密切相关。

读者完成阅读任务主要依赖其大脑左半球区域(包括颞顶区和枕颞区等)的统一协调工作,阅读障碍者与正常读者白质/灰质的显著差异也主要集中在大脑左半球。前人关于大脑白质通路偏侧化的研究发现,阅读障碍者的腹侧和背侧通路主要表现为左侧偏化减少和右侧偏化增加,并且阅读障碍者的偏侧化程度一定程度上可以预测其词汇识别和词汇拼写的能力。研究者认为,阅读障碍者的白质通路的偏侧化异常是其大脑结构异常的一种表现形式(Zhao et al., 2016)。目前还不清楚与白质通路相连的大脑灰质脑区是否存在偏侧化异常,但也有研究发现,阅读障碍者的大脑灰质表现为颞平面的左侧偏化减少(Altarelli et al., 2014)。

总之,前人研究一致发现在大脑单侧化方面,阅读障碍者与正常读者存在显著差异,尤其是大脑颞叶区域上的差异更显著。颞叶的神经生理学研究发现,其与语音加工过程密切相关,并且拼音文字阅读障碍研究一致发现语音加工障碍是阅读障碍的核心缺陷。上述研究结果表明,阅读障碍可能存在一定的神经生理学基础,然而研究者需要揭示的是,阅读障碍者的大脑结构发育异常在多大程度上影响其阅读过程,又是以何种方式影响其阅读过程的,或者阅读障碍者的大脑发育异常是只影响其阅读过程,还是影响阅读障碍者某种更基本的感知过程进而影响阅读的。最后,研究者要解决的一个问题是,到底是何种原因导致阅读障碍者表现出神经解剖和功能上的异常。

二、异常的脑区激活

阅读障碍者的尸检研究发现,阅读障碍者的颞平面左右不对称减少,而且其左外侧束区存在神经元异位和结构异常(Galaburenda et al., 1985)。最近,研究者普遍采用磁共振成像(MRI)技术研究阅读障碍者的大脑形态、结构和功能。如上所述,磁共振成像技术是一种非侵入性的且允许活体研究的独特而有价值的研究工具,它可用于研究发育障碍(例如阅读障碍)患者的大脑组织改变和功能重组问题。在不同的基于磁共振成像的技术中,基于体素的形态测量(Voxel-Based Morphometry, VBM)技术可用于量化大脑中灰质(Gray

Matter, GM)和白质(White Matter, WM)的体积;弥散张量成像(Diffusion Tensor Imaging, DTI)技术则在微米尺度上探测扩散系数,检测大脑白质结构的变化和间接的纤维通路结构的变化;功能性核磁共振成像(fMRI)技术可用于研究在认知和感知觉任务以及休息时的大脑激活水平。

(一)VBM 分析

前人研究采用基于体素的形态测量技术发现阅读障碍者的灰质密度在大脑的一些区域发生改变,这些区域包括左侧颞叶和顶叶区域、双侧梭状回、舌回、"颞叶—顶叶—枕叶"交界处、额叶、颞平面、颞下回、尾状核、丘脑、小脑和右侧顶叶(Kronbichler et al. , 2008;Liu et al. , 2013)。此外,基于体素的形态测量研究显示阅读障碍者的双侧颞叶和额叶、左侧楔叶和弧形束、右侧楔前叶和小脑的白质密度也发生了改变(Liu et al. , 2013;Steinbrink et al. , 2008)。

(二)DTI 分析

弥散张量成像分析发现,阅读障碍者的白质结构在大脑的下列区域发生了变化,包括额叶、颞叶、枕叶和顶叶、上纵束、左上放射冠、左半卵圆心、左额叶下回和颞顶叶、左颞中下回和左侧弓状束等区域(Carter et al. , 2009;Rollins et al. , 2009),而且阅读障碍者的胼胝体比正常读者的更圆、更厚(Robichon and Habib, 1998)。因此,研究者提出可以利用胼胝体的活体计量学来深入了解阅读障碍的成因。

(三)fMRI 分析

功能性核磁共振成像技术在理解阅读障碍的病理生理学方面发挥着重要作用,该技术主要分析执行特定任务时激活的大脑区域。功能性核磁共振成像技术被广泛地用于分析与阅读过程相关的大脑活动以及其他与阅读相关的功能,如语音处理、字母和语音的整合、视觉感知和注意力、工作记忆和听觉刺激等。根据功能磁共振成像期间执行的任务,研究者已经发现了几种发生变化的激活模式。

◆ 走近阅读障碍

在完成与阅读有关的任务时,阅读障碍者的左半球颞顶区(包括布罗德曼区域的 20、21、37,颞上回和颞中回,辅助运动区域和额盖)与双侧额叶和枕叶区域(包括布罗德曼区域的 44、45,额下回和额中回,视觉区域和纹状体外皮层)的大脑激活发生变化,不同于正常读者(Olulade et al., 2013, 2015)。

阅读障碍者在完成语音任务时,其下列大脑区域表现出异常激活,包括左半球颞区域(颞中上回、梭状回、颞平面和维尔尼克区)、双侧顶叶(顶叶上回和下回、布罗德曼区域的 40)、额叶(布罗德曼区域的 44 和 45、额叶中下回、中央前回、内侧上回和前额叶皮层)、枕叶皮层(枕叶中上回、舌回、纹状体皮层、布罗德曼区域的 18 和 19、胼胝体沟)、小脑和右半球皮层下结构(壳核、基底神经节)等(Kronschnabel et al., 2014;Liu et al., 2012;Peyrin et al., 2012)。

阅读障碍者在执行语义任务时,下列大脑区域表现出异常激活模式,包括左半球颞叶(梭状回、海马旁回、颞中上回和布罗德曼区域的 22)和枕叶(V5/MT)以及双侧顶叶(顶叶下小叶、边缘上回)和额叶皮层(中央前回、额叶上回和布罗德曼区域的 44 和 45)、小脑和皮层下结构等(Baillieux et al., 2009)。

阅读障碍儿童在完成听觉任务时,大脑的如下区域表现出异常激活模式,包括右颞叶区域(颞中回和颞上回、颞上皮层、布罗德曼区域的 41 和 42、颞横回)、前岛叶皮层、扣带回皮层、丘脑和小脑、左枕叶(楔形)和顶叶(顶叶下区、边缘上回、角回)和双侧额叶区域(辅助运动区、额叶中下回、中央前回、额叶下沟、前额叶皮层)(Dole, Meunier, and Hoen, 2014;Kast et al., 2011)。

工作记忆相关的任务引起阅读障碍儿童双侧顶叶(顶叶上皮层、顶叶下小叶)和额叶(前额叶皮层、额叶下回、布罗德曼区域的 46)等大脑区域的异常激活(Wolf et al., 2010)。

当采用视觉刺激对阅读障碍者进行功能磁共振成像时,前人研究一致发现阅读障碍者的初级视觉皮层、纹状体外区域和枕叶区的激活减少,而右额叶的 44 和 45 区域的激活增加(Olulade, Napoliello, and Eden, 2013)。阅读障碍者在完成视觉空间任务时,大脑下列区域的激活模式异常,包括右侧颞叶(颞极、梭状回、颞回、运动前皮层)和额叶(中央前回、额叶回)区域以及双侧顶叶(顶叶内沟、上顶叶和下顶叶、内侧顶叶)、枕叶(楔形骨、布罗德曼区域的

112

17~19）、皮层下结构（壳核、基底神经节）、前扣带回和小脑（Diehl et al.，2014；Zhang et al.，2013）。

前人研究发现，阅读障碍儿童在完成注意任务时，双侧颞叶（颞下回）、顶叶、额叶（中额叶皮层）、枕叶（纹状体和纹状体外视觉皮层）和扣带回皮层的激活水平不同于正常儿童（Lobier et al.，2014；Reilhac et al.，2013）。

更重要的是，当阅读障碍者同时完成多种认知加工任务（视觉空间任务、正字法、语音和语义任务）时，功能磁共振成像显示阅读障碍者更倾向于运用大脑的视觉空间区域，而不是通常的语言加工区域（Backes et al.，2002；Dole et al.，2014）。

前人研究发现阅读障碍高风险的学龄前儿童的影像学研究结果与小学阅读障碍儿童的研究结果一致，表明阅读障碍者在习得阅读之前的神经改变反映了阅读脑网络的不同发展轨迹，这可以作为阅读障碍风险的早期生物标志物（Raschle，Chang，and Gaab，2011；Raschle et al.，2014；Vandermosten et al.，2015）。

由于前人研究采用了不同的成像方式，导致研究结果不一致，因此很难将现有的磁共振结果总结为一个统一的观点。前人研究发现阅读与大脑皮层系统和皮层下结构密切相关，采用结构技术（如 VBM 和 DTI）发现颞顶叶和部分额叶中部区域为阅读障碍者可能发生的大脑紊乱的靶点，而额叶的其他区域和枕叶似乎与阅读障碍无关。因此，研究者在总结功能性磁共振的研究结果时将面临更多困难。从广义上讲，在基于任务的功能性核磁共振成像中，阅读障碍者大脑的低激活模式似乎比过度活跃模式更为普遍，涉及颞基底叶、顶叶和额叶的神经回路更容易受损，大脑左、右两半球之间没有明显的侧化。

三、大脑激活的时间进程

由于事件相关电位技术具有很高的时间精度，因此研究者通常采用事件相关电位技术考察阅读障碍者大脑激活的时间进程。事件相关电位技术是一种电生理技术，用来评估大脑加工某刺激（该刺激激活了大脑的某种认知功能）需要多长时间以及哪些因素影响大脑对该刺激的加工过程。事件相关电位技术的波形主要有 N100、N200、P300、MMN 和 LDN 波形。

N100 是一种负向诱发电位,大约在 100 毫秒内发生,是大脑对重复的听觉刺激做出的一种反应,是大脑自发的后刺激反应。N200 波形通常发生在 180~325 毫秒的延迟刺激(视觉和听觉)之后(Näätänen and Picton,1987)。N200 也是一种负向诱发电位,由分离刺激(separating stimuli)(听觉或视觉)产生,要求被试对这些刺激做出反应。这种波形通常在要求实验对象识别两种几乎没有什么区别的刺激时发生。此外,N200 波形可以测量大脑对刺激的自发反应(Patel and Azzam,2005)。

P300 波形是一种正向诱发电位,在刺激出现后大约 300 毫秒的潜伏期内出现。这个波形是大脑皮层中的突触后(postsynaptic)电位。P300 波形能否被激发主要取决于个体的注意力和努力程度,以识别刺激物的物理属性之间的差异。听觉、视觉和躯体感觉的刺激都可以诱发这种波形。简言之,P300 波形提供了所有高级认知功能(包括记忆、学习、注意力、警觉和感知等)如何被执行和被激活的信息(Polich,2007)。

失匹配负波(Mismatch Negativity,MMN)波形反映了大脑对一系列刺激的意外变化的反应。更具体地说,大脑在记忆中保留了刺激,在试验过程中,该刺激被另一个没有提示线索的刺激替代。在这个特定的时间点,失匹配负波波形被激发。总之,这个波形专门用于评估被试的记忆功能。事实上,失匹配负波波形的诱发与注意力无关,因此该波形可以用来测量婴儿的记忆。在婴幼儿中,失匹配负波波形通常伴随一个负向发展缓慢的诱发电位,即延迟鉴别消极波形。延迟鉴别消极(Late Discriminative Negativity,LDN)波形通常在 600 毫秒后出现,并且与儿童在一系列标准刺激中对新奇刺激的探测有关(Martynova,Kirjavainen,and Cheour,2003;Näätänen,2000)。

事件相关电位技术波形的特点主要包括振幅和潜伏期。在潜伏期方面,国内外研究者重点研究了 100~500 毫秒的诱发波形。采用听觉或语言刺激诱发的长潜伏期波形,在评估阅读障碍和正常儿童的与语言习得相关的认知加工过程方面发挥着重要作用。听觉刺激诱发的事件相关电位技术成分(包含 N100、MMN 和 P300)可以反映阅读障碍者和正常读者之间的差异。

大量研究发现阅读障碍者和正常读者在 N100 波形的潜伏期和振幅方面均存在显著差异(Helenius et al.，2002)。有研究发现,阅读障碍儿童与正常儿童的大脑半球优势存在显著差异,主要表现为阅读障碍儿童大脑左半球 N100 波形的振幅显著低于正常儿童,而潜伏期的时间则显著长于正常儿童。而且当采用的听觉刺激是单词而不是音调时,这种差异更加明显。除了 N100 波形外,研究者还发现阅读障碍儿童的 N200 波形振幅降低,潜伏期延长(Pinkerton，Watson，and Mcclelland，1989)。

失匹配负波波形对位于听觉皮层不同区域的刺激做出反应。因此,如果失匹配负波波形没有被诱发,就表明个体很可能存在听觉记忆问题或听觉刺激识别缺陷。有些研究发现阅读障碍儿童和正常儿童的失匹配负波波形的潜伏期存在显著差异(Holopainen，Korpilahti，and Lang，1997)。例如,当呈现的刺激为言语刺激时,阅读障碍儿童的失匹配负波波形的潜伏期显著长于正常儿童;相反,当刺激为音调刺激时,两组儿童失匹配负波波形的潜伏期之间不存在显著差异(Uwer，Albrecht，and Suchodoletz，2002)。

研究者通常采用 P300 波形评估阅读障碍者的大脑缺陷,这是由于 P300 波形可以反映阅读障碍者的认知障碍,如记忆、注意力、警觉、感知和学习等。前人研究发现,阅读障碍儿童和阅读速度较慢儿童的 P300 波形振幅显著增加(Mazzotta and Gallai，1992);成人阅读障碍者的 P300 波形的潜伏期显著长于正常读者;阅读障碍成人右半球的潜伏期显著短于左半球,而正常成人则表现出相反的趋势(Brezniz and Meyler，2003);阅读障碍儿童 P300 波形的潜伏期更长(Connolly et al.，2000)。事实上,潜伏期的增加将对阅读障碍儿童的学习成绩产生消极影响。有研究发现,阅读障碍儿童 P300 波形的潜伏期延长,而且阅读障碍儿童大脑半球的激活方向与对照组儿童相反,具体表现为阅读障碍儿童 P300 波形在大脑右半球以较短的潜伏期被激活,对照组儿童 P300 波形则在大脑左半球以较短的潜伏期被激活(Näätänen et al.，2007)。

阅读障碍者与正常读者除了在 P300 波形上存在显著差异,在 N400 波形上也表现出显著差异。有研究选取了阅读障碍者(年龄在 12~18 岁)和正常读者各 16 名,要求被试认真听口语词对,判断每对词对的首音是否相同,记录

◆ 走近阅读障碍

被试的正确率和潜伏期,考察阅读障碍者语音加工过程的大脑激活情况。根据阅读障碍组被试在上述任务上的成绩,将阅读障碍组进一步分为两组:语音障碍组(即在上述任务中出现错误,10 名阅读障碍者)和语音组(即在上述任务中没出现错误,6 名阅读障碍者)。结果发现在押韵目标词上,正常读者表现出 N400 启动效应,即在目标词呈现的 250~450 毫秒之间,正常读者在押韵目标词上事件相关电位技术波幅的偏移程度显著低于不押韵目标词,且 N400 启动效应广泛分布在大脑双侧皮层,尤其在后脑区(包括颞中顶、顶叶和枕叶)达到顶峰;语音组阅读障碍者同样表现出 N400 启动效应,但这种启动效应只分布在颞中顶区;语音障碍组阅读障碍者则没有表现出 N400 启动效应,反而在 450~550 毫秒之间于后脑区表现出了启动效应(McPherson and Ackerman,1999)。当研究者采用图片,要求被试阅读和判断图片名称是否押韵,得到的研究结果与上述研究结果相似,即语音组阅读障碍者表现出 N400 启动效应,这种效应分布在大脑左半球,而语音障碍组阅读障碍者则没有表现出 N400 启动效应(McPherson et al.,1996)。

从上述研究结果可以看出,阅读障碍者与正常读者在大脑激活的时间进程方面存在显著差异,主要表现为阅读障碍者脑电波的潜伏期显著长于正常读者,脑电波的振幅也与正常读者存在一定差异。通过开展事件相关电位研究,有助于研究者了解阅读障碍者大脑加工的时间进程信息,进而有助于了解阅读障碍的内在机制和成因。

综上所述,阅读障碍神经生理学的研究结果越来越丰富和全面,这些研究结果表明阅读障碍者与正常读者在大脑的结构和功能方面的确存在一定差异,这种差异不仅表现在激活的脑区方面,而且表现在激活的时间进程方面。神经生理学的研究结果有助于国内外研究者了解人类高级神经系统的功能和阅读障碍的内在机制。然而,阅读障碍与大脑结构和功能异常之间的关系还需要进一步研究,即阅读障碍是否是由大脑结构和功能发育异常导致的,还是由于儿童患有阅读障碍因此导致其大脑结构和功能发育异常。

第二节 阅读障碍的遗传机制

阅读障碍的成因一直是研究者关注的焦点。目前,研究者仍然不是很清楚造成阅读障碍的根本原因是什么。随着科学技术的发展,一些新技术应用于阅读障碍研究,其中分子遗传学研究是最近发展比较迅速的一个领域。研究阅读障碍的遗传机制可以为阅读障碍的成因提供更直接的证据,并且遗传机制研究逐渐成为阅读障碍研究的一种新趋势。

阅读障碍的遗传机制研究主要解决以下两个问题:阅读障碍是否受遗传影响? 如果答案是肯定的,那么遗传是否是导致阅读障碍的一个重要原因。如果遗传影响阅读障碍,那么遗传以何种方式影响阅读障碍? 最直接的方法是找出影响阅读障碍的候选基因。第一个问题的解决方法主要有传统的行为遗传学研究,即双生子研究,而分子遗传学研究则可以很好地回答第二个问题。

一、行为遗传学研究

行为遗传学研究依赖于一项奇妙的自然实验,即同卵双生子(Monozygotic Identical Twins, MZ)和异卵双生子(Dizygotic Fraternal Twins, DZ)的存在。同卵双生子共享所有基因,而异卵双生子平均共享一半分离基因。如果遗传因素对阅读障碍非常重要,那么同卵双生子比异卵双生子更有可能罹患阅读障碍。如果基因是导致阅读障碍的唯一原因,那么两个同卵双生子都会罹患阅读障碍,而大约一半的异卵双生子会表现出阅读障碍,因为异卵双生子平均共享一半的分离基因。然而,实际情况并非如此,这表明环境也是阅读障碍的一个重要影响因素。

阅读障碍的环境影响因素可以分为以下两种类型:第一,共同的家庭环境因素,如家庭阅读习惯、家庭社会经济水平和学校教学质量等。同卵双生子和异卵双生子的家庭环境都是相同的,不管他们的基因是否相似。如果阅读障碍完全是由共同的家庭环境导致的,那么在同一个家庭中长大的双胞胎会共同罹患这种疾病,不管他们的基因是否相似。然而,实际情况也并非如此。第二,非共享的环境因素,这种非共享的环境因素使得同卵双生子和异卵双生子彼此不同,如出生事故或疾病,以及双生子不共享的任何测量误差等。这些非共享环境因素使得两个双生子出现差异,非共享环境因素的平均影响可以简单地通过观察同卵双生子之间的平均差异来估计,因为同卵双生子共享所有的基因和家庭环境。如果非共享的环境因素是导致阅读障碍的唯一因素,那么一对双生子,不管他们的遗传相似性和共享的家庭环境如何,都不会比从人群中随机挑选的两个不相关的人同时罹患阅读障碍的可能性要高。同样,这也与实际情况相差甚远。前人研究发现的是处于上述三个极端例子之间的平均同卵双生子和异卵双生子相似性的模式,表明遗传、共享环境和非共享环境都影响阅读障碍,但是每种影响因素的重要性可能不同,这主要取决于研究者如何测量读者的特定阅读技能和与阅读相关的技能。

如上所述,遗传、共享环境和非共享环境因素均对阅读障碍产生影响,那么每种影响因素所占的具体比例是多少呢?前人主要采用由德夫列斯(Defries)和福尔克(Fulker)(1988)研发的强大 DF 回归分析方法来确定具体比例。DF 回归分析方法基于如下假设,即阅读能力在所有人群中呈正态分布。首先,如果双生子的阅读能力低于阅读障碍的诊断标准,那么他们将被筛选为阅读障碍,然后分别计算同卵双生子和异卵双生子的平均得分。筛选为阅读障碍的双生子被称为"先行者(probands)"。同卵双生子和异卵双生子对的其他双生子被称为"共双生子(cotwins)"。DF 回归分析的基本思想是,同卵双生子共双生子相比异卵双生子共双生子对群体平均数的平均回归差异可以用来估计基因和共享环境因素对"先行者"群体缺陷的影响比例,而非共享环境因素的影响可以用同卵双生子共双生子回归到人口平均数的平均值直接表示。有研究选取了 215 对同卵双生子和 159 对异卵双生子,邀请所有被试完成词汇识别测验、语音意识测验和正字法测验。结果发现,遗传因素对词汇识别群体缺陷的影响占 54%;遗传因素对语音解码群体缺陷影响较大(约71%),共同家庭环境的影响较小(约18%);在正字法编码的群体缺陷中也观

118

察到类似模式,其中67%的缺陷由基因引起,17%的影响来自共同的家庭环境(Gayán and Olson,2001)。

阅读障碍的行为遗传学研究,主要分为以下两类:双生子同为阅读障碍的比率(即同现率)研究,也就是双生子中如果一个是阅读障碍者,另外一个也是阅读障碍者的比率是多少;通过一些阅读测验或者与阅读相关的测验,考察双生子的阅读能力。两类研究为研究者提供了两种信息:第一类同现率研究的结果可以验证如下假设,即阅读障碍者具有相同的遗传基础;第二类研究可以评价与遗传有关的阅读成绩指标。

(一)双生子的同现率研究

较早的研究选取了10对同卵双生子和33对异卵双生子,结果发现同卵双生子的同现率是100%,异卵双生子的同现率是33.3%(Hermann,1959)。随后有研究总结几个双生子(双生子中至少有一个有阅读障碍)研究,发现17对同卵双生子和34对异卵双生子的同现率分别是100%和35%,与前人的研究结果一致。还有研究发现,62对双生子中,同卵双生子和异卵双生子的同现率分别是84%和20%。上述研究结果一致表明,基因遗传是导致阅读障碍的一个非常重要的因素。然而,目前国内外研究者较少开展阅读障碍的行为遗传学研究,更多的是分子遗传学研究,因此使得行为遗传学研究的数量和结果都比较少。

(二)双生子的阅读成绩研究

前人研究在考察基因与环境因素对阅读能力的相对影响时,通常采用传统的实验设计,即将双生子养育在一起,考察两个双生子阅读成绩的相关性。结果发现与双生子同现率的研究结果一致,同卵双生子阅读成绩的相关系数显著大于异卵双生子的相关系数,这进一步验证基因在阅读能力的发展过程中发挥着重要作用。然而,基因在阅读发展过程中具体起多大的作用,研究结果之间存在一定的争论和冲突。可能的原因是,每项研究的样本数量大小不同;基因遗传因素对每种阅读技能的影响大小不同。有研究发现,基因在阅读识别、拼写、数字广度和语音译码等认知加工过程中起着关键作用,其中阅读识别的遗传评定是0.45,拼写的遗传评定从0.21到0.62不等,语音译码的遗传评定则高达0.93;相反,基因在阅读理解、知觉速度和正字法译码等认知加工过程中所起的作用较小(Olson et al.,1989)。与上述研究结果相似,有研究发现阅读理解的遗传评定是0.51,拼写的遗传评定是0.73。有研究发现,词汇识别的遗传评定是0.54,语音解码的遗传评定是0.71,音素意识的遗传评定是0.72,正字法加工过程的遗传评定是0.67(Stevenson et al.,1987)。研究者认为,前人之所以发现基因在正字法加工过程中所起的作用较小,是由样本容量较小造成的(Gayán and Olson,2001)。因此,遗传对正字法加工能力的影响还需要进一步的研究。

总之,现有行为遗传学研究发现,同卵双生子的同现率显著高于异卵双生子,这进一步验证了基因遗传因素在阅读障碍的发生方面起着重要作用。双生子的阅读成绩研究发现,遗传对阅读中每种成分的影响不同,其中语音译码受基因遗传的影响最大,其次为语音解码和音素意识,而遗传对正字法加工的影响目前还存在一定争论。由于阅读障碍的行为遗传学研究之间存在很大差异,因此在解释行为遗传学的研究结果时应该更谨慎一些。有研究者认为,行为遗传学的研究结果可能受被试样本容量大小的影响(Gayán and Olson,2001),因此选择被试的标准应该要更有效一些。此外,阅读测验任务也会影响阅读障碍的分子遗传学研究结果,因此应该选择更敏感的阅读测验任务。

二、阅读障碍的分子遗传学研究

(一) 阅读障碍分子遗传学研究方法

阅读障碍分子遗传学研究的基础是关联分析,是指在一个群体中检测等位基因是否与某种疾病或障碍相关。连锁不平衡(Linkage Disequilibrium)是关联分析的基础,指的是位于同一条染色体上的两个等位基因之间的非随机相关,即两个等位基因之间存在一定的相关,并非随机独立。一般情况下,两个相关的等位基因在染色体上的距离也较近。在连锁不平衡的基础上,可以通过检测人类基因组中的大量遗传标记,进而寻找导致阅读障碍的致病位点。目前主要采用单核苷酸多态性标记(Single Nucleotide Polymorphism, SNP)作为阅读障碍分子遗传学研究的遗传标记。在人类基因组中,单核苷酸多态性标记具有数量多、分型简便等特点。总之,阅读障碍分子遗传学研究关联分析的基本原理,即采用单核苷酸多态性标记遗传标记,比较阅读障碍者和正常读者在基因分型上是否存在差异,进而找出导致阅读障碍的候选基因。

目前,阅读障碍关联分析的研究方法主要包括以下三种:家系法(family based)、"病例—控制组法"(case-control)和数量性状关联分析法(quantitative trait association)(苏萌萌等,2012)。

家系法即将阅读障碍儿童的家长作为控制组,对阅读障碍儿童与其家长进行比较的一种关联分析方法。由于家系法是将儿童的双亲作为控制组,因此该方法不能超越家系的限制,有可能影响采样效率和统计效力。然而,该方法可以很好地控制可能存在的人群分层问题。家系法中应用比较广泛的一种方法是传递不平衡检验(Transmission Disequilibriun Test, TDT),即观察家长将等位基因遗传给儿童的频率。研究者采用家系法已经发现了导致阅读障碍的一些候选基因,例如基因 $DYX1C1$(Taipale et al., 2003)和基因 $DCDC2$(Marino et al., 2012)等,而且对这些基因进行了有效的重复验证。

"病例—控制组法"指的是比较病例组和正常组在某种遗传标记上等位基因的频率,寻找两组被试中存在显著差异的遗传标记,进而发现与疾病或障碍相关的候选基因。与家系法不同,"病例—控制组法"不需要采集家系信息。然而,"病例—控制组法"也有一定的局限性,即不适用于发生率较低的疾病或认知障碍研究。这是由于采用"病例—控制组法"时需要采集很大的样本量,并且在选择样本时,很难完全避免选择偏差。研究者采用"病例—控制组法"发现了导致阅读障碍的候选基因,如基因 $DYX1C1$(Taipale et al., 2003)和基因 $KIAA0319$(Cope et al., 2005)等。

数量性状关联法即对数量性状进行关联分析。数量性状通常受基因和环境的共同影响,在整个人群中的分布为正态分布。例如,阅读能力就是一种比较典型的数量性状。数量性状关联分析包含很多具体的子方法,其中比较有影响力的两个子方法为:第一个子方法只分析儿童的数据,相对于家系法而言,该方法不需要儿童的家系信息。例如,有研究选取了6000名英国儿童,选择阅读能力、拼写能力、非词阅读、音位意识和准确性作为研究的数量性状,对基因 *KIAA*0319 上的四个单核苷酸多态性标记进行数量性状关联分析。结果发现一个单核苷酸多态性标记与阅读和拼写能力显著相关(Paracchini et al.,2008)。第二个子方法只分析正常群体的数据,相对于"病例—控制组法",该方法不需要病例组或障碍组参与分析。例如,有研究选取了522个澳大利亚的双生子家庭,选取的数量性状有词汇加工能力(不规则词阅读)、语音解码能力(非词阅读)和拼写能力,考察基因 *DCDC*2 上的21个单核苷酸多态性标记。结果发现其中一个单核苷酸多态性标记(rs1419228)与规则词的阅读和拼写、不规则词的阅读存在显著的相关关系(Lind et al.,2010)。

随着关联分析技术的不断发展,研究者一直在创新研究方法,希望通过新的研究方法能够找到阅读障碍的成因,进而采取有针对性的干预措施,提高阅读障碍者的阅读能力。最近,有关阅读障碍的关联分析研究发展出了如下几个新方法:

第一,全基因组关联分析。全基因组关联分析(Genomewide Association Study, GWAS)指的是在人类所有的单核苷酸多态性标记中,找出已经发生变异的基因序列,通过变异的基因序列发现某种疾病的遗传机制。该方法可以在较短的时间内筛选出与阅读障碍相关的单核苷酸多态性标记,进而可以发现更多导致阅读障碍的候选基因。然而,该方法也存在一定的缺陷,即人群分层和多重比较可能会造成虚报和漏报等问题。全基因组关联分析最早于2007年被用于研究人类阅读能力的遗传机制(Meaburn et al.,2007)。研究者首先选取了747名高阅读能力儿童和755名低阅读能力儿童参与第一阶段分析,对两组儿童进行全基因扫描,筛选出75个单核苷酸多态性标记;随后研究者选取了4258名儿童开展了进一步的验证分析,结果发现有9个单核苷酸多态性标记影响阅读能力的高低。

第二,关联分析与神经成像技术的结合。最近研究者将关联分析与神经成像技术相结合,以研究阅读障碍的遗传机制。该方法与传统关联分析的区别是:传统关联分析选取的大多是行为指标,例如语音、字形和语义加工任务的反应时和正确率;关联分析与神经成像技术结合选取的则是一些神经生理指标,如脑区的激活强度和脑电波的波幅等。该方法可以从基因的角度解释阅读障碍者大脑机制的差异,进而解释阅读障碍者阅读时的异常行为表现。将关联分析与神经成像技术相结合,两种技术相互补充,可以更好地理解阅读障碍的脑机制和遗传机制。例如,有研究同时采用关联分析和功能性磁共振成像技术,邀请80名正常被试完成语义流畅性任务,记录了被试的行为和脑成像数据,结果发现大脑左侧前额角回的激活强度与基因 *COMT* 显著相关(Krug et al. , 2009)。

第三,关联分析与基因功能研究的结合。将关联分析与基因功能研究结合,实际上是将人类的基因与大脑连接在一起。该方法可以检验基因表达过程,借助蛋白质和神经元的活动解释大脑活动,从分子水平深入地了解阅读障碍的遗传机制。鉴于人类的基因 *DDYX1C1* 蛋白质与小鼠的蛋白质极其相似,有研究发现小鼠大脑神经细胞的正常迁移被核糖核酸(RNA)干扰所破坏,更重要的是对阅读障碍者死后的生理解剖发现其存在类似的神经元迁移异常(Rosen et al. , 2007)。

(二)拼音文字阅读障碍遗传基因的研究

研究者开展阅读障碍遗传基因研究的目的是,确定和分离出与阅读障碍有关的候选基因。只有确定和分离出阅读障碍的相关基因,才可能从生理学的角度解释基因编码的蛋白质产物在正常读者和阅读障碍者中所起的作用。在此基础上,可以发展出减少技能不良基因影响的方法,进而对阅读障碍者进行有针对性的干预,甚至可以对阅读障碍者进行基因治疗,即用正常的基因代替阅读障碍者有"障碍"的基因,最终降低未来阅读障碍的发生率。

早期的基因研究发现阅读障碍具有强家族聚集性,并对这种强家族聚集性进行了描述。随后的研究发现了一个复杂性状的典型的实质遗传力,其在阅读障碍和与阅读障碍相关的数量表型中的估计范围为从 0.18 到 0.72(Plomin and Kovas, 2005)。自 20 世纪 80 年代初,研究者已经发现在 8 条不同的染色体上至少有 9 个阅读障碍风险位点 DYX1-DYX9 被定位(它们分别是 1p36-p34、2p16-p15、3p12-p13、6p22、6q13-16.2、11p15.5、15q21.3、18p11.2 和 Xq27.3),并且跨越这些区域的几个基因确定是导致阅读障碍的病因(即 *DYX1C1*、*DCDC2*、*KIAA0319*、*C2ORF3*、*MRPL19*、*ROBO1*、*FAM176A*、*NRSN1*、*KIAA0319L* 和 *FMR1*)(Carrion-Castillo, Franke, and Fisher, 2013; Zhao, Chen, Zhang, and Zuo, 2016)。除了上述 DYX 基因外,与其他疾病相关的一些基因也与阅读能力有关,这些基因包含 7 号染色体上的 *FOXP2*、*CNTNAP2*、*DOCK4* 和 *GTF2I* 基因,12 号染色体上的 *GRIN2B* 和 *SLC2A3* 基因,16 号染色体上的 *ATP2C2* 和 *CMIP* 基因,21 号染色体上的 *PCNT*、*DIP2A*、*S100B* 和 *PRMT2* 基因 (Kong et al., 2016; Mascheretti et al., 2015; Matsson et al., 2015)。最近的全基因组关联和测序研究进一步验证了先前确定的阅读障碍候选基因的作用,并确定了与跨越新染色体区域标记的新关联(Gialluisi et al., 2014; Massinen et al., 2016)。在所有这些基因中,有 9 个候选基因至少在一个独立样本中被验证:*DYX1C1*、*DCDC2*、*KIAA0319*、*C2ORF3*、*MRPL19*、*ROBO1*、*GRIN2B*、*FOXP2* 和 *CNTNAP2*(Graham and Fisher, 2013)。

目前已经有证据表明假定的功能性遗传变异影响阅读障碍候选基因的表达。基于生物信息学的预测,研究者假定了两个单核苷酸多态性在基因 *DYX1C1* 中的功能,即 rs3743205 和 rs57809907(Taipale et al., 2003)。特别是-3G→A 单核苷酸多态性位于转录因子 Elk-1、HSTF 和 TFII-I 的结合序列中,影响在翻译过程中起重要作用的 *KOZAK* 序列。编码 1249C→T 单核苷酸多态性的蛋白质会被截断,从而可能破坏其功能(Taipale et al., 2003)。这两个 *DYX1C1* 变异均与阅读障碍和阅读障碍的相关表型有关(Taipale et al., 2003),尽管有研究发现了相反的研究结果(Tran et al., 2013)和阴性结果(Bellini et al., 2005)。有研究发现了一个跨越 *TTRAP*、*THEM2* 和 *KIAA0319* 基因的三个单核苷酸多态性的风险单倍型,即 rs4504469、rs2038137 和 rs2143340。与非风险单倍型相比,风险单倍型与 *KIAA0319*、*TTRAP* 或 *THEM2* 基因的表达、剪接或转录稳定性的相关低 40% 左右。此外,在三个独立的临床样本和两个未选择的大样本中均发现,风险单倍型与阅读障碍有关

(Francks et al., 2004)。*KIAA*0319 基因的进一步特征化可以有助于识别风险单倍型中的标记物,即 rs9461045,该标记物与阅读障碍和影响基因的表达密切相关,这可能是由于荧光素酶(luciferase-based)分析改变了转录消音器 OCT-1 的结合位点(Dennis et al., 2009)。

在 *DCDC*2 基因的内含子 2 中有一个富含嘌呤的 168 碱基对区域,该区域包含一个高度多态性的短串联重复序列(*BV*677278)(Meng et al., 2005)。由于 *BV*677278 以等位基因特异性(allele-specific)的方式改变了 *DCDC*2 启动子的基因表达,因此这一非编码区域可能是一个调控节点,因为它包含 131 个假定的转录因子结合位点,该区域在物种间较为保守并且具有增强活性的能力(Meng et al., 2011)。尽管还需要更多的实验数据来验证上述结果,研究者发现 *BV*677278 结合蛋白为转录因子 ETV6,确认 *BV*677278 为调节因子,并提出一个新名称"与阅读障碍相关的调节因子 1"(*READ*1)(Powers et al., 2013)。因此,*READ*1 实质上可以作为 *DCDC*2 基因表达的调节因子。*DCDC*2 基因内含子 2(简称 *DCDC*2*d*)自然发生的缺失与阅读障碍和阅读障碍的相关表型相关,尽管有研究发现两者之间不存在相关关系(Ludwig et al., 2008)。认知特征有助于寻找神经发育障碍的易感基因,最近的两项心理物理学研究表明,*DCDC*2*d* 特别反映了阅读障碍儿童和正常儿童运动知觉的个体间差异(Cicchini et al., 2015; Gori et al., 2005)。

有研究以阿米什人群体为实验对象,考察了 *CNTNAP*2 基因的功能丧失,结果发现 13 个阅读障碍者的 *CNTNAP*2 基因携带相同的纯合点突变(homozygous point mutation),即 3709delG。这一变化引入了一个提前终止密码子(premature stop codon)(I1253X),预测其可以产生一种非功能性蛋白质(Jackman et al., 2009)。

前人研究发现阅读障碍的易感基因影响神经元迁移、神经元的突起生长、皮质形态形成以及睫状体(ciliary)的结构和功能。特别是 *ROBO*1 基因是一种轴突导向受体,调节大脑两半球之间的连接(Andrews et al., 2006)。*DYX*1*C*1 基因编码的蛋白质与神经元迁移、雌激素受体转运以及睫状体的结构和功能有关(Tarkar et al., 2013)。动物实验发现子宫内 *DYX*1*C*1 基因的

RNAi 与 RAP、空间工作记忆表现、学习和记忆表现的缺陷相关（Rendall et al.，2015）。KIAA0319 基因在发育中新皮层的表达模式与它在神经元迁移中的假设一致，最近的生物信息学分析表明该基因与睫状体的功能相关（Szalkowski et al.，2013）。KIAA0319 基因表达的胚胎 RNAi 导致 RAP 和空间学习缺陷。DCDC2 基因编码一种具有两个 DCX 结构域的蛋白质，这两个结构域对于神经突触的生长和神经元的迁移至关重要，并参与睫状体的功能（Wang et al.，2011）。敲除小鼠的 DCDC2 基因后，小鼠表现出视觉空间记忆、视觉辨别和长期记忆、听觉处理、工作记忆以及参考记忆等方面的损伤（Centanni et al.，2016）。动物研究表明 Glun2b 亚基对于一般神经元模式的形成，特别是海马锥体细胞的通道功能和树突棘（dendritic spines）的形成都是必需的（Kim et al.，2005）。敲除 DCDC2 基因后的小鼠在动作电位激发过程中兴奋性增强，然而时间精度却下降，此外在体感新皮层中，亚基 Grin2B 介导的第四层外侧连接的功能兴奋性增强（Che et al.，2015）。细胞和小鼠模型的聚焦功能（focused functional）研究揭示了 FOXP2 基因和神经轴突生长之间的关系。FOXP2 基因与一个严重语言障碍的家族有关，该家族被称为 KE 家族（Lai et al.，2001）。自从 FOXP2 基因被发现以来，许多研究发现破坏 FOXP2 复制的罕见变体会导致基于语言学习能力相关的损伤。携带突变型 FOXP2 基因的小鼠表现出异常的超声波发声以及其他的疾病，包括发育迟缓、运动技能学习障碍和听力—运动关联学习障碍等（Kurt，Fisher，and Ehret，2012）。FOXP2 基因编码一种在多个脑结构中表达的叉头结构域转录因子，并调节整个基因组中许多位点的 DNA 转录（Lai et al.，2003）。CNTNAP2 基因与多种疾病或障碍有关，包括自闭症谱系障碍、精神分裂症、智力残疾、阅读障碍和语言障碍等。CNTNAP2 基因编码一种神经氨酸酶蛋白质，即 CASPR2，该蛋白质参与细胞和网络层面的神经元连接、神经元间的发育或功能、突触的组织和活动以及神经元在发育过程中的迁移等（Rodenas-Cuadrado，Ho，and Verne，2014）。敲除同源基因 CNTNAP2 基因后的啮齿动物表现出不良的社会交往、行为持续性和发声减少等问题，还有延迟学习和跨模式整合缺陷等（Rendall，Truong，and Fitch，2016）。相比之下，研究者对 C2ORF3 和 MRPL19 候选基因知之甚少。*C2ORF3* 蛋白在核糖体 RNA（rRNA）加工中具有潜在的功能，而 *MRPL19* 基因在胎儿和成人大脑的各个区域都有高表达。*C2ORF3* 和 *MRPL19* 基因的表达与大脑不同区域的 *DYX1C1*、*ROBO1*、*DCDC2* 和 *KIAA*0319 密切相关（Anthoni et al.，2007）。所有这些发现都将阅读障碍描述为一种在一系列神经定位和轴突生长发育信号通路中存在障碍的疾病，这与阅读障碍者大脑中局灶性发育不良和神经元异位的神经解剖学的结果一致。

(三) 汉语阅读障碍的遗传基因研究

上述研究结果以拼音文字阅读障碍者为研究对象，由于拼音文字阅读障碍与汉语阅读障碍存在差异，因此不能直接将拼音文字阅读障碍遗传基因的研究结果直接推论到汉语阅读障碍者。探讨汉语阅读障碍者的遗传基因，有助于了解阅读障碍的成因，制定比较统一的筛选标准和有针对性的干预措施，因此非常有必要研究汉语阅读障碍的遗传基因。然而，国内汉语阅读障碍者遗传基因的研究还比较少，主要包括以下几个方面。

1. *DYX1C1* 基因

DYX1C1 基因是汉语和拼音文字阅读障碍都比较易感的候选基因之一，它是 DYX1 基因座中的其中一个基因。该基因编码具有一种含有三个四肽重复结构域的细胞质蛋白和细胞核蛋白的 *DYX1C1* 蛋白，该蛋白可以表达包括大脑组织在内的多个组织结构之中。有研究考察了 *DYX1C1* 基因在大鼠听觉加工和空间学习中的作用，结果发现 *DYX1C1* 基因在大鼠发育中新皮质的神经元迁移过程中起着重要作用，尤其是当敲除该基因后，大鼠会表现出听觉刺激的整体加工缺陷和空间学习障碍（Poelmans et al.，2011）。有研究对加拿大 148 个阅读障碍者家庭样本进行研究发现，*DYX1C1* 基因的 rs3743205 和 rs57809907 两个位点均与阅读障碍有关（Wigg et al.，2004）。还有研究对 131 个中国香港家庭的 393 个个体进行了 8 个单核苷酸多态性的基因分型，用无相位程序进行等位基因和单倍型相关分析，结果发现 *DYX1C1* 基因的 rs3743205 位点与汉语阅读障碍显著相关，然而 rs57809907 位点与汉语阅读障碍不存在相关关系（Lim et al.，2011）。国内研究者以 121 名汉语阅读障碍儿

童和 117 名正常儿童为实验对象,试图寻找与阅读障碍发病相关的功能基因。结果发现 *DYX1C1* 基因的 rs3743205 位点的基因多态与阅读障碍相关(王志超等,2015)。此外,*DYX1C1* 基因的 rs11629841 位点变异也与阅读障碍有关(Zhang et al. , 2012),而 rs57809907 位点与汉语阅读障碍无关(王志超等,2015;Zhang et al. , 2012)。

2. *DCDC2* 基因

DCDC2 基因位于 DCX 基因座,该基因可以编码一种能在大脑中广泛表达并能调节神经元迁移的蛋白质,即双皮质素结构域蛋白质 2(doublecortin domain-containing protein two,DCDC2)。*DCDC2* 基因在神经发生、神经元迁移和分化中发挥着重要作用。该基因是否是阅读障碍的易感基因,目前还存在一定的争论和冲突。有研究选取 76 名瑞典儿童和成人为研究对象,发现 *DC-DC2* 基因含有与左侧颞顶区白质体积显著相关的多态性,表明 *DCDC2* 基因是拼音文字阅读障碍的易感基因座,与前人的研究结果一致(Scerri et al. , 2011)。然而,最近的一项研究分析了来自英国的四个大样本数据和中国香港的一个样本数据,发现 *DCDC2* 缺失与阅读相关技能之间不存在任何相关关系,*DCDC2* 基因的缺失不是阅读障碍的一个易感基因(Scerri et al. , 2017)。

国内研究者以汉语阅读障碍儿童为研究对象,考察了 *DCDC2* 基因与汉语儿童阅读能力之间的关系,研究结果同样存在一定的争论。有研究选取了 76 名汉语阅读障碍儿童和 79 名正常儿童,对所有儿童口腔黏膜细胞的脱氧核糖核酸(DNA)进行分离,同时对 *DCDC2* 基因的两个单核苷酸多态性 rs2274305 和 rs6456593 位点进行基因分型,考察 *DCDC2* 基因多态性与汉语阅读障碍之间的关系。结果发现 *DCDC2* 基因单倍型分布在两组儿童之间的差异不显著,表明汉语阅读障碍与 *DCDC2* 基因的多态性可能无关。然而这种无关可能与采用的研究方法有一定的关系(Zuo et al. , 2012)。有研究得到了与上述研究不一致的研究结果,研究者对中国人群中神经细胞迁移和突起生长网络中 6 个关键基因的 16 个遗传变异进行了研究,结果发现 *DCDC2* 基因中 rs2274305 位点的变异会增加罹患阅读障碍的风险(Shao ert al. , 2015)。还有研究同样发现 rs2274305 位点与阅读障碍相关,更重要的是此研究还发现 *DCDC2* 基因上的另外两个位点 rs3765502 和 rs4599626 与阅读障碍易感性显著相关(Sun et al., 2014)。除了上述位点外,*DCDC2* 基因的 rs807724 位点也与汉语阅读流畅性、阅读相关认知技能显著相关(Zhang et al., 2016)。因此,*DCDC2* 基因与阅读障碍之间的关系还需要更多的实证数据来验证。

3. *KIAA*0319 基因

*KIAA*0319 基因属于 KIAA 基因家族(该家族可编码巨大蛋白质,目前已经发现 2037 个家族成员),位于 DYX2 位点 6p21 附近,是一种典型的细胞膜蛋白编码基因。*KIAA*0319 基因主要在中枢神经中表达,其表达的产物主要影响神经元细胞间的联系和迁移。*KIAA*0319 基因包含 21 个外显子,cDNA 全长大约 6622bp。*KIAA*0319 基因具有可变的转录剪切位点,21 个外显子完全转录的形式为变异体 A,第 19 外显子转录缺失的为变异体 B,第 19 和第 20 外显子转录同时缺失的为变异体 C。

有研究利用含有 *KIAA*0319 上游区域的荧光素酶表达结构,描述了最小启动子和附加的假定转录调节区。结果发现 *KIAA*0319 基因的 rs9461045 位点与阅读障碍密切相关,在神经元和非神经元细胞系中都降低了荧光素酶的表达。此外,*KIAA*0319 基因还可能通过将结合位点改变为转录沉默子 OCT-1 进而影响基因的表达,表明 *KIAA*0319 基因遗传多态性通过改变基因表达水平从而影响其功能(Dennis et al., 2009)。

国内研究者采用元分析方法,采用 Catmap 软件在等位基因模型中对病例—对照组和 TDT 研究的数据进行分析,考察 *KIAA*0319 基因在汉语阅读障碍中的作用(Zou et al., 2012)。结果发现 *KIAA*0319 基因中的 931C>T 多态性与汉语阅读障碍显著相关。但是,随后有研究同样采用元分析考察了 *KIAA*0319 基因的多态性与阅读障碍之间的关系,结果发现 *KIAA*0319 基因的 6 个不同位点与阅读障碍无关(Shao et al., 2016)。此外,研究者还发现 *KIAA*0319 基因的 rs4504469 位点有助于防止欧洲人罹患阅读障碍,但是会提高亚洲人群患阅读障碍的风险,表明群体差异影响 *KIAA*0319 基因多态性与阅读障碍的关系(Shao et al., 2016)。有研究对 131 个中国家庭的 393 个个体开展了 26 个单核苷酸多态性的基因分型(Lim et al., 2014)。结果发现,*KI-*

AA0319 基因与汉语阅读障碍无关,但是 *KIAA*0319 基因的 rs2760157 和 rs807507 位点组成的单倍型与语音意识显著相关,表明 *KIAA*0319 基因通过影响语音意识,进而影响阅读能力。国内研究者还选取维吾尔族阅读障碍者和正常读者各 196 名,对所有被试的 *KIAA*0319 基因的 18 个单核苷酸多态性进行了筛选,探讨了维吾尔族人 *KIAA*0319 基因多态性与阅读障碍的关系(Zhao et al. , 2016)。结果发现 *KIAA*0319 基因的 7 个单核苷酸多态性在正常读者和阅读障碍者之间存在显著差异,特别是 *KIAA*0319 基因的 rs6935076 和 rs3756821 位点在经过 BONFERRONI 校正后仍与阅读障碍显著相关,表明 *KIAA*0319 基因多态性与维吾尔族人群阅读障碍的风险增加显著相关。

总之,前人研究发现 *KIAA*0319 基因与阅读障碍存在直接或间接的相关关系,表明 *KIAA*0319 基因是阅读障碍的一个很重要的候选基因。然而,也有研究发现 *KIAA*0319 基因与阅读障碍无关,因此 *KIAA*0319 基因与阅读障碍之间的关系还需要更多的实证数据来验证。

4. *KIAA*0319*L* 基因

作为阅读障碍的一个候选易感基因,基因 *KIAA*0319*L* 是基因 *KIAA*0319 的同源物,位于 DYX8 基因座附近(1p36-p34 位点),可编码 *KIAA*0319*L* 蛋白质,该蛋白质与 *KIAA*0319 蛋白质非常相似。有研究采用一种针对人和啮齿类动物 *KIAA*0319*L* 的特异性抗体来研究 *KIAA*0319*L* 蛋白在成年小鼠中的表达,结果发现 *KIAA*0319*L* 蛋白强定位于嗅球,并且在成年小鼠的海马、小脑、间脑和大脑皮层等区域都有较强的表达,上述区域均与阅读能力有关,表明 *KIAA*0319*L* 与阅读障碍有关。对大脑皮层、海马和小脑的特殊定位模式表明, *KIAA*0319*L* 蛋白可能与这些区域内神经元亚群的其他生物过程有关,例如神经元极性的形成和维持(Poon et al. , 2011)。有研究者考察了在小鼠皮质发生过程中敲除该基因的解剖学效应,发现小鼠的 *KIAA*0319*L* 基因表达受损会导致神经元迁移障碍,表明 *KIAA*0319*L* 基因是四个可能的阅读障碍易感基因中第四个参与神经元迁移的基因,支持异常神经元迁移与阅读障碍相关(Platt et al. , 2013)。 *KIAA*0319*L* 基因 rs28366021 位点的突变与汉语阅读障碍有关 (Shao et al. , 2016)。有研究者采用病例—对照的研究方法,选取 409 名阅读障碍儿童和 410 名正常儿童，对 6 个关键基因的 16 个功能性常见变异进行基因分析。发现 *KIAA0319L* 基因的 rs28366021 位点的变异与阅读障碍的发病风险显著相关，更重要的是 *KIAA0319L* 基因的 rs28366021 位点与父母文化程度和父母阅读书籍的频率之间可能存在交互作用(邵姗姗，2016)。

5. *DOCK*4 基因

帕格纳曼塔(Pagnamenta)等(2010)选取 380 个自闭症患者，通过对 1MSNP 阵列数据的定量单核苷酸多态性标记分析和逆转录聚合酶链反应，进一步鉴定了该家族中 7q31.1 上的 *DOCK*4 基因微缺失。结果发现母系遗传微缺失会导致 DOCK4-IMMP2L 融合转录物的产生，并且 9 个微缺失的个体中有 6 个阅读能力很差，表明 *DOCK*4 基因与阅读能力密切相关。有研究发现 DOK4(即一种小的 GTPase Rac 的激活物)在调节大鼠海马神经元树突发育和分支中起作用。*DOCK*4 主要在发育中大鼠的海马神经元中有高表达。在分离培养的神经元中，当树突开始生长时，培养 3~8 天后，*DOCK*4 蛋白的表达就开始增加(Hiramoto，Negishi，and Katoh，2006)。有研究者以小鼠神经母细胞瘤(neuroblastoma，Neuro-2a)细胞为模型，发现 *DOCK*4 基因对神经轴突的分化和扩展至关重要。在培养的海马神经元中，*DOCK*4 调控轴突—树突极性的建立和树突的枝化(arborization)，这是神经分化的两个关键过程(Xiao et al.，2013)。上述结果表明，*DOCK*4 基因在早期神经元发育过程中对神经分化起着非常重要的作用。*DOCK*4 基因的 rs2074130 位点突变与汉语阅读障碍显著相关，进一步证实 *DOCK*4 基因在早期神经元发育中不可或缺(Shao et al.，2016)。

6. *ROBO*1 基因

*ROBO*1 基因是果蝇环岛基因的同源基因，阅读障碍者的 *ROBO*1 基因可能受损。研究者在一个有 21 个阅读障碍者的大家族中发现阅读障碍与 *ROBO*1 基因的风险单倍体型相关，阅读障碍者的 *ROBO*1 基因表达缺失或减弱，表明阅读障碍可能是由 *ROBO*1 基因的部分单倍功能不全引起的(Hannula-Jouppi et al.，2005)。有研究者基于多伦多和卡尔加里的两个独立样本，进行

了基于家庭的关联分析,测试了 *ROBO1* 基因的单核苷酸多态性和阅读障碍之间的关系。结果发现 *ROBO1* 基因的 rs12495133 位点与阅读障碍易感性显著相关,且其变异会降低该基因的表达。此外,该研究还发现 *ROBO1* 基因与语音短时记忆能力以及阅读障碍者的数学运算能力相关(Tran et al.,2014)。有研究者采用全基因组关联分析发现 *ROBO1* 基因的 rs331142 和 rsl2495133 位点均与阅读障碍相关(王志超等,2015)。最近研究者对两个与阅读相关的 *ROBO1* 基因多态性进行了基因分型,测量了胼胝体的纤维微结构(Sun et al.,2017)。结果支持 *ROBO1* 基因多态性显著影响阅读成绩。进一步分析发现膝状体调节 *ROBO1* 基因多态性对阅读成绩的影响,揭示可能存在一条"*ROBO1*—膝状体—阅读"的通路。

总之,阅读障碍的分子遗传学研究仍然在继续,而且越来越成为医学、语言学和心理学领域研究者关注的焦点。阅读障碍的分子遗传学研究可以使研究者更深入地了解阅读障碍的遗传机制,寻找导致阅读障碍的根本原因,进而可以通过对基因本身或基因表达进行干预,实现对阅读障碍有针对性地有效干预,提高阅读障碍者的阅读能力。然而,需要注意的是,阅读障碍的遗传机制并非某一个基因,而是受多个基因共同影响,这就引出下面一系列问题,即阅读障碍的多个候选易感基因之间存在怎样的相互关系?每个基因对阅读障碍的贡献大小是否相同?如果不同,每个基因对阅读障碍的贡献大小分别是多少?多个基因之间的关系是否受种群因素的影响?上述问题将是未来研究者重点关注的方向。此外,开展阅读障碍分子遗传学研究并不意味着阅读障碍的影响因素只有遗传,环境也是影响阅读障碍的一个重要因素。环境如何影响阅读障碍,尤其环境与基因是如何相互作用共同影响阅读障碍的?研究环境与基因的相互作用,可以有效地帮助研究者更全面地了解阅读障碍的成因,针对不同阅读障碍者的不同特点采取有针对性的干预措施,提高阅读障碍者的阅读能力,甚至可以从根本上预防阅读障碍的发生。最后,阅读障碍的分子遗传学研究更多地在拼音文字国家开展,汉语阅读障碍的分子遗传学研究还相对较少。开展汉语阅读障碍的分子遗传学研究势在必行,其不仅可以了解汉语阅读障碍的遗传机制,而且可以了解阅读障碍的遗传机制是否存在跨语言的一致性。

(四)阅读障碍的"基因—神经成像技术"结合研究

上述神经生理学和分子遗传学的研究结果,展示了神经影像学和分子遗传学研究如何大大提高了人类对异常阅读发展机制的理解。尽管目前成功找到了一些阅读障碍的候选易感基因,然而还远未全面了解阅读障碍的潜在发生途径,即阅读障碍的根本原因。阅读障碍的分子遗传学研究主要关注临床表型,使得目前的研究结果出现冲突,如一些研究发现阅读障碍候选基因的阴性结果。造成结果不一致的原因可能是以下几种:由于复杂性状基本上是多基因的,每种基因的影响都比较小,因此需要更大的样本量;从基因到表型的路径并不直接,而且从基因到表型可能受到因果变量、单核苷酸脱胎性、环境、基因对基因和基因对环境的效应之间不完全连锁不平衡的影响;一个单一的模型不太可能在分子水平上连接所有阅读障碍的候选基因及其相应的蛋白质,因此可能存在多个与阅读障碍相关的神经元迁移和突起生长的病因级联(etiological cascades)。

另一种方法假设负责阅读习得区域的个体差异可能是研究的重点,该方法主要关注反映低水平加工过程的表型(phenotypes)。这种方法能更好地反映潜在的生物学,而且比行为表型更易于处理基因定位图。此外,大脑是人类最复杂的器官,人类的行为不仅仅是发育过程中内源性和外源性环境因素之间复杂相互作用的表型输出的总和。因此,在研究神经发育障碍的生物学和遗传学成分时,有效地降低功能(以下简称中间表型,Intermediate Phenotypes,IPs)指标应该比行为"宏"更有用。中间表型的基因测定可能比相关的行为或临床表型的测定要简单,因为后者包含多个神经系统,并受多个基因和环境致病因素的影响。即使人们对如何解释中间表型和精神疾病之间的关系提出了担忧,使用中间表型仍然在如下几个方面起关键作用,即提高对其他神经发育性疾病(例如精神分裂症-SKZ、自闭症谱系障碍等)的"基因—表型"差异的认识。

神经影像学数据为复杂的神经行为障碍提供了一个可行的中间表型,降低了大脑功能的内在复杂性和这些疾病复杂的临床结果。在人类群体中开展神经影像学和分子遗传学相结合的研究,可以测量基因型和大脑表型之间的联系,这是一种将阅读障碍候选基因与大脑结构和功能联系起来的新策略。迄今为止,"基因—神经影像学"(包括结构成像和功能成像)相结合的研究,主要集中在至少一个阅读障碍候选基因和跨越这些基因的功能变异。目前,研究者已经开始将一些阅读障碍的候选基因在正常人群中开展研究,提出一种跨学科、多层次的"遗传—神经影像学"方法,进而通过关注可选择的、功能性的遗传变量和特殊的、明确的认知/感觉表型(cognitive/sensorial phenotypes),深入了解从基因到外部行为的通路。结构磁共振成像研究发现,正常读者的 *DYX1C1* 和 *KIAA*0319 基因与小脑上和下神经网络、左侧颞顶叶区的白质体积和左侧眶额区的皮层厚度显著相关(Eicher et al. , 2016)。然而一项静息状态下的功能磁共振成像研究发现,正常读者的 *DYX1C1* 标记与大脑语言相关区域的功能连接之间不存在显著相关关系(Jamadar et al. , 2013)。有研究选取两个独立的阅读障碍和正常读者样本,采用功能性磁共振成像技术发现 *KIAA*0319 基因与颞上沟功能激活的不对称性相关,在完成与阅读相关的任务时,与阅读相关的大脑区域(即左前顶叶和右前顶叶)的激活程度存在个体差异(Pinel et al. , 2012)。此外,基因 *KIAA*0319 影响正常读者和对照组的语言相关区域(即左侧布洛卡—上/下顶叶网络、左侧维尔尼克—额叶—枕叶网络和双侧维尔尼克—额叶—顶叶网络)的功能连接(Jamadar et al. , 2013)。健康成人 *DCDC*2 基因的一个等位基因变异与皮质厚度和纤维束的个体差异有关,这种个体差异在阅读和阅读障碍的神经影像学研究(即左侧颞内侧回与角回和边缘上回的连接,上纵束和胼胝体)中比较常见(Darki et al. , 2014)。健康被试和对照组被试的 *DCDC*2 基因与语言相关的上前额叶、颞叶和枕叶神经网络的分布性皮层结构异常有关,与布洛卡—内侧顶叶神经网络功能连接的个体差异有关(Jamadar et al. , 2013)。此外,健康成人的 *DCDC2d* 基因与阅读/语言相关大脑区域的灰质体积改变有关,与阅读障碍者白质纤维束的常见变异和独特变异有关(Marino et al. , 2014)。一项功能性磁共振成像研究发现在阅读任务中,*DCDC*2—*READ*1 基因与左前下顶叶和右侧枕外侧颞回的大脑激活之间存在显著的相关性,*DCDC2d* 基因与左前下顶叶的激活之间存在名义上的(nominally)显著相关性(Cope et al.,2012)。随后的"基因—神经影像学"成像结合研究考察了 *C2Orf3/MRPL*19 和 *GRIN2B* 基因对神经解剖结构的影响。有研究采用基于体素的形态测量技术,结果发现胼胝体双侧后部和扣带回的白质体积的变化取决于 *C2Orf3/MRPL*19 基因的一个位点(Scerri et al.,2012)。最后,在与工作记忆相关的任务中,正常读者的 *GRIN2B* 基因与背外侧前额叶皮层的活动呈显著负相关(Pergola et al.,2016)。*FOXP2* 和 *CNTNAP2* 基因的"基因—神经影像学"结合研究发现了跨越这些基因的共同遗传变异。对 KE 家族的多项神经影像学研究发现,语言障碍患者和 *FOXP2* 突变被试的 KE 家族的结构和功能均发生了改变(Liégeois et al.,2003)。有研究在一个 41300 人的普通人群样本中发现 *FOXP2* 基因不影响大脑结构的变化,然而阅读障碍者在完成与阅读和言语听力有关的任务时,跨越该基因的常见变异与颞顶叶和额叶下区的激活水平的变化有关(Hoogman et al.,2014)。在语言加工任务中,正常读者的 *CNTNAP2* 基因与布洛德曼区域 7(BA7)、布洛德曼区域 44(BA44)和布洛德曼区域 21(BA21)的大脑结构连接性和大脑激活强度有关。此外,*CNTNAP2* 基因与健康被试钩状束中的 FA 显著相关,与小脑、梭状回、枕叶和额叶皮层中的灰质和白质和 FA 降低有关,以及与自闭症谱系障碍患者的功能额叶连接性的调节密切相关(Clem von Hohenberg et al.,2013)。

显然,神经影像学在阐明遗传变异在阅读等复杂认知功能病因学中的作用中发挥着基础性作用。然而,由于脑磁共振研究结果的异质性,甚至有时是矛盾的结果,使得研究者还远远没有完全了解"阅读回路"的复杂性。

实验设计和数据处理方法是增加神经影像学研究复杂性和异质性的两个重要因素。由于每种阅读障碍的候选基因可能在不同的、特定的认知和感觉表型中造成个体不同的缺陷,因此将具有未知遗传信息的被试纳入研究可能会增强被试之间的异质性。虽然已经有研究采用"基因—神经影像学"结合的方法考察了阅读障碍的遗传机制,但是相关的研究数量和研究结果太少,使得研究者无法明确每个阅读障碍候选基因的具体作用。

　　此外,值得注意的是,一些技术方面的原因可能会限制将上述"基因—神经影像学"的结果整合在一起。在已有的 19 项"基因—神经影像学"结合的研究中,10 项研究采用了 1.5T 扫描仪,8 项研究使用了 3T 扫描仪,1 项研究使用了 4T 扫描仪。有两项研究采用了相似的采集协议,并利用基于体素的形态测量技术考察了大脑的灰质体积,但是两项研究只有部分结果相同(Jamadar et al., 2011;Meda et al., 2008)。上述结果不一致的原因可能是,两项研究的被试不同,而且两项研究采用了不同的数据分析方法(线性回归和独立样本分析)。基因遗传数据可以与来自核磁共振成像的每一个参数映射整合,无论是核磁共振成像的简单体积测量数据,还是微观结构相关的测量数据或者化学性质的测量数据。有研究将基因遗传数据整合到白质体积的基于体素的形态测量分析中,试图揭示与遗传相关的变化(Darki et al., 2014),弥散张量成像数据分析主要用于检测白质发生变化区域内的主要纤维束。然而,弥散张量成像分析可以提供比基于体素的形态测量更具体的白质微观结构参数,包括分数各向异性(Fractional Anisotropy, FA)和沿不同空间轴的扩散系数。这些弥散张量成像图谱可以采用和基于体素的形态测量类似的分析方式,但可以在微观结构水平上提供遗传效应的附加特征。到目前为止,只有非常少的研究使用了弥散张量成像衍生的图谱来检测与阅读障碍候选基因相关的基于体素(voxel)的白质模型。其中一项研究计算了分数各向异性图,并尝试使用基因 CNTNAP2 的单核苷酸多态性标记进行基于兴趣区的协方差回归分析。然而,经过邦费罗尼(Bonferroni)校正后,只有一个基因 CNTNAP2 的单核苷酸多态性是钩状束中分数各向异性的显著预测因子,尽管本研究中的被试样本数量相对较大($n = 125$)(Clem von Hohenberg et al., 2013)。因此,未来研究需要采用更严谨的、先进的核磁共振成像扩散协议(即高场强磁体、多方向和 b 值)和更明确的具有某种特定遗传特征的人群。此外,更复杂的基于扩散的技术,如神经轴突定向扩散和密度成像技术(Neurite Orientation Dispersion and Density Imaging, NODDI),可以提供更具体的灰质和白质指标。神经轴突定向扩散和密度成像技术或其他精细技术的应用将有助于阅读障碍的研究,有助于研究者进一步理清基因遗传变异和大脑结构变化之间的关系。

　　此外,实验刺激和分析方法的选择是功能性磁共振成像研究的基础。迄今为止,阅读障碍的功能神经影像学—基因遗传相结合的研究仅在阅读任务中调查阅读障碍候选基因的影响,不考虑每个阅读障碍候选基因可能产生的缺陷。此外,虽然基于任务的功能磁共振成像可能有助于通过相关性分析或线性回归分析研究阅读障碍候选基因对特定大脑功能的影响,但是静息功能磁共振成像可能更适合研究基因对大脑功能的影响。值得注意的是,虽然采用神经影像学与基因遗传相结合的方法研究阅读障碍尚处于起步阶段,但是该方法已经广泛地应用于其他疾病的研究。例如,阿尔茨海默病神经成像计划(Alzheimers Disease Neuroimaging Initiative，ADNI)已经对 1000 名受试者进行了核磁共振和正电子发射断层扫描采集,获得了基因图谱。随着基因图谱的建立,多中心采集协议和处理方法的标准化也有力地支持了该计划的成功,但遗憾的是,这些因素在阅读障碍的神经影像学与基因遗传相结合的研究中仍然缺乏。

第五章　阅读障碍的视觉拥挤效应

第一节　阅读障碍视觉拥挤效应研究背景

关于阅读障碍的成因,目前还存在争论。最近,越来越多的研究者认为视觉在阅读习得过程中起非常重要的作用(王翠艳,2014;Gori and Facoetti,2015)。日常生活尤其是阅读过程中,视觉目标并非总是单独出现,而是和复杂背景共同出现,这时就会产生视觉拥挤效应(view crowding effect)。视觉拥挤效应是影响个体识别目标刺激的一个重要障碍。有研究发现,阅读障碍者受视觉拥挤效应的影响显著大于正常读者(Bouma and Legein,1977;Callens et al.,2013),甚至有研究者认为过度拥挤是导致阅读障碍的一个重要原因(Franceschini et al.,2012)。因此,研究阅读障碍者的视觉拥挤效应将有助于研究者了解阅读障碍的成因,并提出有针对性的干预措施,进而提高阅读障碍者的阅读能力,最后降低阅读障碍的发生率。本章节将对视觉拥挤效应的概念及其理论基础、拼音文字和汉语阅读障碍者视觉拥挤效应的相关研究进行梳理和分析,最后展望汉语阅读障碍者视觉拥挤效应研究的新方向。

一、视觉拥挤效应及理论

(一) 视觉拥挤效应的内涵

视觉拥挤效应是指共同呈现目标和干扰刺激时,个体对目标刺激的识别率显著低于目标刺激单独呈现条件下的识别率(Whitney and Levi, 2011)。该效应的常用刺激设置如图 5-1 所示,黑点为注视点,"R"为目标刺激,"S"和"Z"为干扰刺激。目标刺激中心到注视点中心的距离为离心率,间距为目标刺激中心到干扰刺激中心的距离。研究者通常采用对目标刺激的正确识别率或辨别阈限来测量视觉拥挤效应的大小,即单独呈现条件下的正确率远远大于拥挤条件,表明被试的拥挤效应也越大。当离心率保持不变,适当增加间距会减小拥挤效应的影响,具体表现为随着间距的不断增加,拥挤效应不断减小;当间距增加到离心率的一半时,拥挤效应最小,甚至消失,此间距被称为临界间距,这一现象被称为布玛(Bouma)法则(Bouma,1970);当间距大于离心率的一半时,间距不断增加,拥挤效应反而越来越大。然而,有研究采用复杂刺激发现当间距为离心率的一半时,拥挤效应并未消失,其强度反而增加,因此布玛法则可能只适用于简单刺激,例如字母和加博(Gabor)视标等(Rosen,Chakravarthi,and Pelli,2014)。

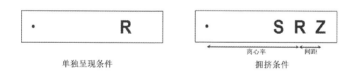

单独呈现条件　　　　　拥挤条件

图 5-1 视觉拥挤效应的常用刺激设置

作为一种普遍存在的视觉现象,视觉拥挤效应发生在许多认知任务中,尤其在阅读过程中,个体的阅读表现受视觉拥挤效应的影响。视觉拥挤效应具有以下六个基本特征:视觉拥挤效应的影响只发生在个体对目标刺激的识别层面,并未发生在检测阶段;视觉拥挤效应不影响被试对目标刺激的对比度知觉,影响的是被试能否将目标刺激和周围的干扰刺激区分开来;视觉拥挤效应的强度取决于离心率和间距的大小,即当离心率固定时,间距越大,视觉拥挤效应的强度越弱;视觉拥挤效应的强弱受目标刺激和干扰刺激的方向影响,即当目标刺激和干扰刺激以水平方向呈现时,其视觉拥挤效应的强度要强于两种刺激竖直排列时的强度;视觉拥挤效应具有内外不对称性,具体表现为,当一个干扰刺激相对于目标刺激处于离注视点更远的位置时,视觉拥挤效应的强度更强;时间影响视觉拥挤效应的强度,即当目标刺激和干扰刺激同时呈现时,视觉拥挤效应的强度最强(Whitney and Levi,2011)。研究者认为,上述六个特征也可以作为视觉拥挤效应的判断标准,即根据上述六个特征将视觉拥挤效应与其他效应(如侧向交互作用)区分开来(Whitney and Levi,2011)。然而,也有一些研究发现视觉拥挤效应发生在检测阶段(Levi and Carney,2009)。因此,目前还没有统一的标准将视觉拥挤效应与其他心理现象区分开来。

(二)视觉拥挤效应理论

目前,关于视觉拥挤效应的产生原因还没有形成一致的观点,研究者在现有数据的基础上提出一些理论,试图揭示视觉拥挤效应的认知和神经机制(范真知、方方、陈娟,2014)。然而,每种理论都有一些实证数据支持,谁都无法说服对方。

1. 视觉加工阶段假设

该理论认为,视觉拥挤效应发生在视觉加工阶段,拥挤效应干扰了个体在视觉编码阶段对目标刺激的加工或表征(Pelli,2008)。根据视觉加工阶段假设,导致视觉拥挤效应的原因是目标刺激和干扰刺激同时落入了同一个神经元的感受野。有研究者认为,视觉拥挤效应的强弱受感受野大小的影响,即随着离心率的增大,感受野也逐渐变大,导致视觉拥挤效应的范围也逐渐增大(Levi and Waugh,1994)。还有一些研究者认为,视觉拥挤效应是由初级视觉皮层神经元之间的长距离水平连接导致的,这种水平连接将一些具有相似反应特性的神经元连接在一起(Fitzpatrick,2000)。有研究发现,当干扰刺激与目标刺激越相似,视觉拥挤效应就越强,研究结果支持上述观点(Kooi et al.,

1994)。因此,间距(Pelli,2008)、刺激的大小和数量(Levi and Carney,2009)
等低水平视觉特征影响视觉拥挤效应的大小。

根据视觉加工阶段假设,视觉拥挤效应发生在视觉加工通路。有研究操
纵了目标刺激和干扰刺激的呈现条件:单眼条件(即目标刺激和干扰刺激呈
现给同一只眼睛)和双眼分视条件(即目标刺激和干扰刺激分别呈现给不同
的眼睛),结果发现两种呈现条件下的视觉拥挤效应的大小不存在显著差异。
上述研究结果表明双眼融合发生在前,视觉拥挤效应发生在后,即双眼融合早
于视觉拥挤效应发生(Tripathy and Levi,1994)。由于双眼融合最早发生于初
级视皮层,因此可以推断视觉拥挤效应发生在视皮层,但是发生在视皮层的具
体什么位置,目前还存在争论和冲突。有研究发现视觉拥挤效应发生在初级
视皮层(V1)(Ho and Cheung,2011),还有研究发现二级视觉皮层(V2)是视
觉拥挤效应的发生区域(Bi et al.,2009),然而大部分研究结果表明视觉拥挤
效应发生在四级视觉皮层(V4)(Pinon,Gattass,and Sousa,1998)。

2. 注意阶段假设

该假设认为,视觉拥挤效应不是发生在视觉加工阶段,而是发生在注意阶
段。拥挤效应由注意分辨率不足导致,而不是由视觉表征不准确所引起的。
注意分辨率是指个体能够区分视觉细节的最小距离(He,Cavanagh,and Intri-
ligator,1997)。研究者通常采用以下方法来测量注意分辨率,即在保持眼睛
不动的情况下,要求被试报告刺激的个数。当目标刺激和干扰刺激之间的距
离(即间距)小于注意分辨率时,个体会把目标刺激和干扰刺激看作是一个整
体,无法区分目标刺激和干扰刺激,此时就会发生视觉拥挤效应。有研究发
现,视觉拥挤效应受离心率影响,但与刺激的大小无关,进而推断视觉拥挤效
应并不发生在视觉加工阶段(Tripathy and Cavanagh,2002)。前人研究发现,
拥挤效应发生在运动信息(Fischer,Spotswood,and Whitney,2011)、语义信息
(Yeh,He,and Cavanagh,2012)和情绪信息(Faivre,Berthet,and Kouider,
2012)等被提取之后,即视觉拥挤效应很可能发生在注意或记忆阶段,表明上
述高水平信息影响视觉拥挤效应的大小。

根据注意阶段假设,注意分辨率不足是导致视觉拥挤效应的重要原因。

那么如果操纵被试的注意分布,是否可以增大或减小视觉拥挤效应呢? 有研究通过增加提示线索,发现增加线索不影响被试视觉拥挤效应的大小(Nazir,1992),然而随后的一些研究得到了与上述研究相反的研究结果(Strasburger,2005)。上述研究结果的不一致,可能是由于增加了提示线索,使得提示线索对随后呈现的目标刺激产生了前掩蔽效应。因此,关于增加提示线索是否影响被试的视觉拥挤效应目前还存在争论和冲突。

3. 注意调节下的视觉加工阶段假设

现有研究中,有研究支持视觉加工阶段假设,也有研究支持注意阶段假设,然而上述两种假设都很难完全反驳对方。在此基础上,国内研究者采用事件相关电位技术和功能磁共振成像技术,分别从时、空两个维度考察了视觉拥挤效应的神经机制(Chen et al. , 2012)。采用事件相关电位技术发现,早期的视觉 C1 信号受视觉拥挤效应的影响,由于视觉 C1 成分的潜伏期比较短,它可能反映的是早期的视觉加工过程,因此可以推断视觉拥挤效应发生在早期的视觉加工阶段。采用功能磁共振成像技术发现在注意条件下,径向和切向分布的目标刺激和干扰刺激之间的交互作用在初级视皮层(V1)区域存在非常显著的差异,表明视觉拥挤效应影响发生在早期视觉皮层的目标和干扰刺激之间的交互作用,并且在此过程中注意起着比较关键的作用。除上述结果,研究者还发现当被试的视觉拥挤效应越强时,其视觉 C1 和初级视皮层(V1)的信号差异也越强,结果表明拥挤效应发生在视觉加工阶段且受注意调节(Chen et al. , 2014;Zhu, He, and Fang, 2015),将上述两种观点整合在一起,根据注意调节下的视觉加工阶段假设,影响视觉拥挤效应的因素既包括刺激的低水平视觉特征,也包括高水平自上而下的信息。此外,有研究发现知觉学习可以减少拥挤效应的干扰(Fan and Fang, 2013;Zhu, Fan, and Fang, 2016)。

总之,拥挤效应发生在哪个阶段,哪些因素影响拥挤效应的大小,目前仍然存在一定的争议,未来还需要更多的研究数据来了解视觉拥挤效应的认知和神经机制。例如可以同时考察刺激的低水平视觉特征和高水平信息对视觉拥挤效应的影响,如果只有低水平视觉特征影响视觉拥挤效应,那么支持视觉加工阶段假设;反之,则支持注意阶段假设。如果两种信息都影响视觉拥挤效应,则支持注意调节下的视觉加工阶段假设。只有了解视觉拥挤效应的认知和神经机制,才能进一步明确视觉拥挤效应与阅读障碍之间的关系。

二、拼音文字阅读障碍的视觉拥挤效应

(一)视觉语言刺激的研究

由于阅读障碍者在阅读方面存在特殊困难,其阅读效率显著低于正常读者,因此前人的大部分研究采用与语言相关的刺激(例如字母、字母串和单词等)考察阅读障碍者的视觉拥挤效应,主要包括以下几方面:

1. 离心率

离心率指的是注视点中心到目标刺激中心的距离。当离心率小于 1°视角时,目标刺激落在读者视网膜的中央凹区域,该区域的视敏度最佳;当离心率大于 1°视角且小于 5°视角时,目标刺激落在副中央凹区域;当离心率大于 5°视角时,目标刺激落在视网膜的外周区域,该区域的视敏度最差。由此引出一个问题,即阅读障碍者的拥挤效应发生在视网膜的哪个区域? 或者说,阅读障碍者拥挤效应的范围有多大?

国外研究者采用拥挤效应实验的常用刺激设置,在被试的中央凹区域和副中央凹区域呈现目标字母,较早研究了阅读障碍儿童的视觉拥挤效应(Bouma and Legein,1977)。结果发现阅读障碍儿童受视觉拥挤效应的影响显著大于正常儿童,并且这种影响不仅发生在中央凹区域,而且发生在副中央凹区域。更重要的是,儿童在拥挤条件下的分数与其阅读能力之间存在显著的相关关系,表明视觉拥挤效应与阅读能力有关。随后,研究者在儿童的中央凹区域、副中央凹区域和外周区域内短暂呈现字母和字母串,发现拥挤效应阻碍阅读障碍儿童识别位于中央凹区域和副中央凹区域内的字母,但不影响外周区域内的字母识别(Geiger and Lettvin,1987)。

还有研究在实验 2 中采用拥挤效应实验常用的刺激设置,从十个备选字母(A、E、M、N、C、R、S、U、V、Z)中随机选取三个,要求意大利阅读障碍儿童和

年龄匹配组儿童识别位于中间的目标字母,考察不同离心率(4°、8°、10°和12°视角)条件下两组儿童的临界间距,发现阅读障碍儿童的拥挤效应延伸到外周区域,并且其临界间距显著大于年龄匹配组儿童的临界间距(Martelli et al.,2009)。

最近研究者将 5 个字母(k、g、t、d、z)同时水平呈现在屏幕上,通过操纵字母间距,使目标字母分别在被试的中央凹区域(1°)、副中央凹区域(2.5°)和外周(5°)区域内呈现,考察视觉拥挤效应如何影响阅读障碍成人快速自动命名的流畅性(Moll and Jones,2013)。结果发现对于正常读者来说,当目标字母落在中央凹区域时,被试对目标字母的凝视时间显著长于副中央凹和外周区域内字母的凝视时间,表明视觉拥挤效应干扰了正常读者的阅读过程;然而,当目标字母落在中央凹和副中央凹区域时,阅读障碍者对目标字母的凝视时间显著长于外周视觉区域内字母的凝视时间。上述研究结果表明,与正常读者相比,视觉拥挤效应对阅读障碍者命名速度的影响延伸到更广的视觉范围(到副中央凹区域),但是还没有延伸到外周视觉区域。

造成上述结果不一致的原因可能来自以下几方面的因素:

目标刺激的呈现时间不同。视觉拥挤效应的注意阶段假设认为拥挤是由注意分辨率不足导致的,而注意分辨率会随刺激呈现时间的变化而变化,具体表现为刺激的呈现时间越短,注意分辨率越差,视觉拥挤效应的强度就越强(Tripathy,Cavanagh,and Bedell,2014)。马尔泰利(Martelli)等(2009)控制目标字母的呈现时间为 200ms;摩尔(Moll)和琼斯(Jones)(2013)的实验中目标刺激的呈现时间没有统一的限制。因此,不同的呈现时间可能导致结果不一致。

刺激的呈现方式不同。马尔泰利(Martelli)等采用拥挤效应实验常用的刺激设置;摩尔(Moll)和琼斯(Jones)采用即时命名任务测量被试对目标字母的注视时间。在即时命名任务中,当干扰字母位于外周区域时,意味着干扰字母落在了知觉广度范围之外,因此不影响被试对目标字母的注视时间。

被试的年龄不同。马尔泰利(Martelli)等选取意大利小学六年级阅读障碍儿童(平均年龄 11.7 岁)为实验对象,摩尔和琼斯选取英国阅读障碍成人

144

(平均年龄 20.5 岁)参与实验。由于视觉拥挤效应具有发展性,即学龄儿童视觉拥挤效应的发生范围大于成年人(Gori and Facoetti,2015),因此被试的年龄差异可能导致出现不一致的结果。

总之,前人研究一致发现阅读障碍者受视觉拥挤效应的干扰显著大于正常读者,表明阅读障碍存在一定的视觉加工缺陷。关于阅读障碍者视觉拥挤效应的产生范围,即离心率如何影响阅读障碍者的视觉拥挤效应,目前研究者普遍认可阅读障碍者的拥挤效应既可发生在中央凹区域和副中央凹区域,也可发生在外周区域(范真知等,2014;Gori and Facoetti,2015)。

2. 间距

间距即干扰刺激中心到目标刺激中心的距离。较早的研究发现间距越大,阅读障碍者受视觉拥挤效应的干扰就越小;当干扰刺激与目标刺激之间的距离为临界间距时,拥挤效应最小,甚至消失(Bouma and Legein,1977)。马尔泰利(2009)发现阅读障碍儿童的临界间距显著大于年龄匹配组儿童。根据上述研究结果可以预测,增加字母间间距有可能减少拥挤效应对阅读障碍的干扰,进而提高其阅读能力。

有研究采用字距调整画布工具(Kerning Canvas tool)操纵字母间距,形成四种间距条件:0.24°视角(正常间距)、0.32°视角、0.41°视角和0.59°视角,要求阅读障碍儿童口头报告单词(Spinelli et al.,2002)。结果发现增加字母间距既没有促进正常读者的阅读,也没有干扰正常读者的阅读过程;然而间距影响阅读障碍儿童的口头报告成绩,具体表现为阅读障碍儿童在 0.32°视角下的反应时显著快于正常间距条件,0.59°视角间距下的反应时慢于正常间距条件,表明适度增加字母间距可以加快阅读障碍儿童的反应时间,即适当增加间距促进了阅读障碍儿童的阅读。随后的研究得到了与上述研究一致的研究结果(Joo et al.,2018;Perea et al.,2012;Zorzi et al.,2012)。适当增加字母间距不仅改善了西班牙阅读障碍儿童的文本可读性(Perea et al.,2012),而且显著提高了法国阅读障碍儿童的即时文本阅读能力(Zorzi et al.,2012)。当字母间距、单词间距和行距同时增加时,美国阅读障碍儿童的阅读速度更快(Joo et al.,2018)。

◆ 走近阅读障碍

最近,有研究考察了增加间距对阅读障碍儿童眼跳计划的影响(Bellocchi et al.,2018)。实验过程中,首先在屏幕中央呈现一个注视点,注视点消失后,在注视点的左侧或右侧呈现单词或"#"字符串,要求被试完成一次眼跳,眼跳目标为单词或字符串的中间位置。结果发现增加字母间距干扰了阅读障碍儿童的眼跳计划,然而其首次注视时间却显著缩短。研究者认为,首次注视时间的缩短是由于增加间距减少了视觉拥挤效应,而不是促进了儿童的眼跳目标选择。

上述研究考察的是增加字母间距对阅读障碍者拥挤效应的影响,如果缩小字母间距,那么将对阅读障碍者的拥挤效应产生何种影响呢?有研究发现当间距缩小时,正常成人的词汇判断速度显著慢于正常间距条件下的速度,从而进一步证实了近距离(过度拥挤)字母之间的相互干扰限制了阅读障碍者的视觉词汇加工过程。研究者认为减小字母间距阻碍了阅读障碍者的语音解码过程,从而对阅读障碍者的阅读习得产生了不利影响(Montani,Facoetti,and Zorzi,2015)。

随着科学技术的不断发展,电子阅读(即采用屏幕较小的电子设备,如手机进行阅读)逐渐成为一种主流阅读行为。那么,在传统纸质阅读方面存在困难的阅读障碍者,当其进行电子阅读时是否表现出相似的阅读困难?有研究邀请阅读障碍高中生完成纸质和电子(Apple iPod Touch)阅读,结果发现电子阅读提高了阅读障碍者的阅读速度和阅读理解成绩。这是由于电子设备的屏幕较小,导致一行文本的单词量也很小,因此一定程度上减少了文本之间的拥挤,减少了视觉拥挤效应对阅读障碍者的影响,进而提高了阅读障碍者的阅读能力(Schneps et al.,2013a)。在上述研究的基础上,研究者操纵了呈现在电子设备上单词的字母间距,结果发现增加字母间距提高了阅读障碍者的阅读能力(Schneps et al.,2013b),与传统纸质阅读的研究结果一致(Perea et al.,2012),进一步验证适当增加间距可以减少视觉拥挤效应对阅读障碍者的影响。研究者认为,阅读障碍者阅读能力的提高源于完成任务所需要的注意力总量减少(Schneps et al.,2013b)。

综上所述,前人研究一致发现适当增加字母间距,一定程度上可以减少视觉拥挤效应对阅读障碍者的干扰,进而提高了阅读障碍者的阅读能力;当缩小字母间距或间距过大时,阅读障碍的阅读能力反而下降。上述结果表明,刺激的低水平视觉特征(即间距)影响视觉拥挤效应的大小,为视觉加工阶段假设和注意调节下的视觉加工阶段假设提供了数据支持。根据上述结果可以推测应该存在最佳间距,在此间距条件下阅读障碍者的阅读表现最好。研究者采用微软亚清晰字体(Microsofts ClearType sub-pixel),发现正常成人的最佳间距为平均字母宽度的35%左右(Slattery, Yates, and Angele, 2016)。然而,目前还没有研究直接考察阅读障碍者的最佳间距。马尔泰利等(2009)发现阅读障碍儿童的临界间距大于正常儿童的临界间距,据此推测阅读障碍者的最佳间距可能比正常读者的大。因此,阅读障碍者的最佳间距还需要进一步的研究。更重要的是,研究者应该在上述间距研究结果的基础上,设计一套有针对性的干预方案,真正改善阅读障碍者的阅读困难。

3. 字号

字号,即字母大小。字号是否影响阅读障碍者的视觉拥挤效应呢?有研究采用快速系列视觉呈现(Rapid Serial Visual Presentation)技术,发现阅读障碍者的阅读速度随字号的增加逐渐加快,并且阅读障碍者达到最快阅读速度时的字号(即临界字号)大于正常儿童的临界字号(Martelli et al., 2009),与前人的研究结果一致(O'Brien, Mansfield, and Legge, 2005)。上述结果表明字号影响阅读障碍者的视觉拥挤效应,支持视觉加工阶段假设和注意调节下的视觉加工阶段假设。然而,有研究发现,正常读者的阅读速度受到字母间距(拥挤)而不是字号大小的限制,即拥挤效应与字号无关,结果支持注意阶段假设和注意调节下的视觉加工阶段假设(Pelli et al., 2007)。字号增大之所以提高了阅读障碍者的阅读速度,是因为随着字号的增大,字母间距和行间距也随之增大,减少了视觉拥挤效应对阅读障碍者的影响(Pelli et al., 2007)。目前,字号是否影响阅读障碍者的视觉拥挤效应还存在一定争论,今后研究者可以在控制间距的条件下,即间距保持不变考察字号对阅读障碍者视觉拥挤效应的影响。

总之,上述三种视觉拥挤效应理论都有实验证据支持,却都完全无法说服对方。前人研究大多采用语言刺激(单词或字母)考察阅读障碍者的视觉拥挤效应,语言刺激具有一些高水平语言信息(如词频和可预测性等),那么高水平语言信息是否影响阅读障碍者的视觉拥挤效应呢?目前还没有研究直接考察高水平语言信息是否影响阅读障碍者的视觉拥挤效应。如果上述问题的答案是肯定的,那么将为注意阶段假设和注意调节下的视觉加工阶段假设提供实证数据。此外,现有研究大多考察的是阅读障碍者视觉拥挤效应的认知机制,较少有研究考察阅读障碍者视觉拥挤效应的神经机制,而神经机制的研究结果可以很好地为上述三种理论之争提供更直接的证据。因此,今后可以从高水平信息和神经机制角度考察阅读障碍者的视觉拥挤效应。

(二)非视觉语言刺激的研究

拥挤是一种普遍存在的感知现象,并不局限于视觉和文本阅读。上述研究均采用的是语言刺激,使得研究结果可能与刺激的语言特点有关。如果采用非语言或非视觉刺激,那么是否会得到与上述研究一致的结果呢?研究者给阅读障碍成人和年龄匹配组成人呈现目标刺激——向左或向右倾斜2°视角或5°视角的线段,目标刺激周围有一系列干扰刺激,干扰刺激是一组数量不等、间距不等的垂直线段,要求被试搜索并辨别目标刺激的方向。结果发现阅读障碍成人受拥挤效应的影响显著大于正常成人,并且阅读障碍成人的视觉拥挤效应随干扰刺激数量的增加、间距的缩短而逐渐增大,与采用语言刺激的研究结果一致,支持视觉加工阶段假设和注意调节下的视觉加工阶段假设(Moores, Cassim, and Talcott, 2011)。在上述研究的基础上,研究者发现即使不需要进行目标搜索,拥挤效应更干扰阅读障碍者的表现,重要的是阅读障碍者更难抑制左视野的干扰刺激,阅读障碍者在干扰刺激抑制测验与语义测验(literacy measures)上的成绩显著相关。研究者认为,对干扰刺激的抑制缺陷可能导致阅读障碍者的视觉注意障碍,也可能是导致阅读障碍的一个重要原因(Cassim, Talcott, and Moores, 2014)。

最近,研究者设计了一种新的刺激呈现设置,如图5-2所示。首先在屏幕中央呈现一个目标刺激3秒,接着在目标刺激的四个外周区域(左、右、上、下)各呈现一个目标副本 5 秒,其中一个目标副本与目标刺激完全相同。目标副本有两种呈现条件:单独呈现和拥挤呈现。实验过程中要求被试尽快执行一次眼跳,眼跳落点为与目标刺激相同的目标副本。结果发现阅读障碍成人和正常成人在单独呈现条件下的眼跳反应时间差异不显著;但是阅读障碍成人在拥挤条件下的眼跳反应时间比正常成人长 13%。研究者认为,阅读障碍者似乎需要更多的时间识别拥挤情景中的目标刺激,这可能与他们通常遇到的阅读困难有关(Pel, Boer, and van der Steen,2019)。

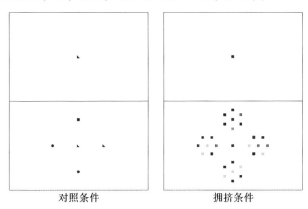

对照条件　　　　　　拥挤条件

图 5-2　刺激呈现设置(Pel, Boer, and van der Steen,2019)

　　目前,前人研究主要关注视觉通道的拥挤效应,然而其他感觉通道可能也存在拥挤效应。例如,研究者发现在没有外周干扰刺激的情况下,阅读障碍儿童能很好地识别中心言语刺激,但是在拥挤条件下,阅读障碍儿童识别言语刺激的成绩却显著低于正常儿童的成绩,表明阅读障碍儿童的听觉通道可能存在拥挤效应(Geiger et al. , 2008)。此外,有研究发现阅读障碍者在触觉感知方面可能也存在拥挤效应(Grant et al. , 1999)。

　　总之,越来越多的研究者认为,阅读障碍的成因可能不是语音解码缺陷,而是更基础的由视觉大细胞通路异常引起的视觉加工受损和(或)听觉异常等(Gori and Facoetti, 2015)。上述研究将阅读障碍者拥挤效应的研究结果从语言刺激扩展到非语言刺激,进一步证实阅读障碍者的拥挤效应不只表现在阅读方面,可能是其视觉大细胞通路功能异常引起其视觉加工受损,为阅读障碍的视觉和听觉加工缺陷提供了证据。然而,以非视觉语言刺激为实验材料考察阅读障碍者拥挤效应的研究结果还比较少,还需要更多研究数据的支持和验证。

(三)干预研究

研究者开展阅读障碍研究的目的是提升阅读障碍者的阅读能力,进而在未来降低阅读障碍的发生率。因此,摆在阅读障碍研究者面前的一个最主要的任务是,根据上述拥挤效应的研究结果,设计一套旨在提高阅读障碍者阅读能力的干预方案,并将其推广应用,真正意义上改善阅读障碍者的阅读困难问题,提高其阅读效率。

迄今为止,基于阅读障碍者视觉拥挤效应的研究结果,对阅读障碍进行有针对性训练的研究数量比较少。阅读障碍者的临界间距大于正常读者的临界间距(Martelli et al. , 2009),在此基础上,有研究者认为较大的临界间距使得阅读障碍者每次注视时可识别的字符数减少,即知觉广度缩小,从而影响了阅读过程(Aleci, Cafasso, and Canavese, 2014)。如果缩小阅读障碍者的临界间距,提高其知觉广度,可能就会提高其阅读效率。因此,研究者邀请阅读障碍儿童参与一项为期两周的视觉训练,训练过程中给被试呈现三个字母,操纵三字母间的间距:第一天间距是离心率的 1.32 倍,随后每天逐渐减小间距,最后一天间距为离心率的 1.05 倍。对照组儿童则完成一项对比敏感度测试。结果发现视觉训练提高了阅读障碍儿童的阅读速度,而对比敏感度测试未提高阅读障碍儿童的表现(Aleci et al. , 2014)。上述结果再次验证了间距影响阅读障碍儿童的拥挤效应,为视觉加工阶段假设和注意调节下的视觉加工阶段假设提供了数据支持。

动作视频游戏(Action Video Game, AVG)可以有效减少个体的拥挤效应(Green and Bavelier, 2007)。基于此结果,研究者邀请阅读障碍者完成 12 小时的动作视频游戏(即雷曼疯狂兔子游戏)训练。每次训练 80 分钟,共训练 9 次。结果发现,动作视频游戏训练显著提高了阅读障碍者的阅读速度,且提高的效果超过或等于传统阅读训练的提高效果(Franceschini et al. , 2013)。动作视频游戏训练减少了阅读障碍者的拥挤效应,进而改善了其注意能力,最终提高了其阅读速度(Franceschini et al.，2013)。上述结果支持注意阶段假设和注意调节下的视觉加工阶段假设。

　　总之,现有干预研究一致发现减少拥挤效应一定程度上可以提高阅读障碍者的阅读能力。然而,目前还没有一套标准的干预方案,研究者大多根据自己的研究目的来设计训练方案。更重要的是,旨在减少拥挤效应的干预训练方案,其提高阅读障碍者阅读能力的效果可以持续多长时间,目前还没有相关的研究结果。今后,研究者应该考虑设计一套标准的干预方案,同时结合纵向研究的结果,来回答上述问题。

三、汉语阅读障碍的视觉拥挤效应研究

　　作为一种表意文字,汉语不同于拼音文字。首先,拼音文字有明确的形音对应规则,通过语音可以直接通达语义,语音在词汇识别过程中起着关键作用;与拼音文字不同,汉字缺乏明确的形音对应规则,读者可以直接从字形通达语义,语音在汉字识别过程中的作用不如其在拼音文字中的作用重要。其次,拼音文字是一种平面组合的线形字母串,汉字是一种全方位立体组合的方块结构(孙海丽,2000),汉字的笔画数从一笔(如汉字"乙")到三十三笔(如汉字"䲜")不等,汉字的视觉复杂性高于拼音文字的复杂性。最后,拼音文字文本有明显的词边界信息(即词间空格),中文没有明显的词边界信息,即中文没有词间空格,每个汉字之间的空格比较固定,而且比较小。因此,从视觉上看,汉语比拼音文字更"拥挤",这使得汉语读者阅读时受视觉拥挤效应的影响更大。

　　汉语和拼音文字的上述文本差异,使得两种文字的阅读障碍者在认知和神经机制方面表现出不同的特点。认知方面,拼音文字阅读障碍的核心缺陷为语音意识缺陷(Goswami et al.，2016),语音意识缺陷是导致拼音文字阅读障碍的重要原因,汉语阅读障碍者主要存在正字法意识缺陷、快速命名缺陷和语素意识缺陷等(Chung，Tong，and McBride－Chang，2012；Shu et al.，2006)。神经机制方面,汉语阅读障碍者存在左侧小脑缺陷,不同于拼音文字

阅读障碍者的右侧小脑缺陷(Yang et al., 2016)。基于上述差异,不能直接将拼音文字阅读障碍的研究结果直接推论到汉语阅读障碍。因此,为了了解汉语阅读障碍的成因,有必要开展汉语阅读障碍的视觉拥挤效应研究。目前,汉语阅读障碍视觉拥挤效应的研究尚处于起步阶段,主要包括以下几个方面:

第一,汉语阅读障碍者是否受视觉拥挤效应的影响?受影响的程度是否大于正常读者?郭志英(2016)采用视觉拥挤效应实验的常用刺激设置,邀请汉语阅读障碍儿童以及与其年龄和阅读水平相匹配的正常儿童完成汉字识别任务,结果发现阅读障碍儿童在两种条件(单独呈现和拥挤条件)下正确率的差异量显著大于正常儿童的差异量,表明阅读障碍儿童受视觉拥挤效应的影响显著大于正常儿童受视觉拥挤效应的影响,与拼音文字的研究结果一致(Bouma and Legein, 1977)。随后的研究得到了与郭志英(2016)一致的研究结果(宋星,2016)。

第二,离心率如何影响汉语阅读障碍者的视觉拥挤效应呢?也就是说,汉语阅读障碍者的视觉拥挤效应发生在视网膜的哪个区域呢?郭志英(2016)在实验6中设置了两种离心率条件,分别是4°视角和6°视角,要求阅读障碍儿童识别不同离心率条件下的目标汉字。结果发现阅读障碍者的视觉拥挤效应同时发生在副中央凹区域(离心率为4°视角)和外周区域(离心率为6°视角),与拼音文字的研究结果一致(Martelli et al., 2009)。然而,目前还没有研究直接考察阅读障碍者的拥挤效应是否发生在中央凹区域,还需要进一步的研究。

第三,间距是否影响汉语阅读障碍者的视觉拥挤效应?如果有影响,那么间距如何影响阅读障碍者的视觉拥挤效应?以拼音文字阅读障碍者为实验对象的研究一致发现,适当增加间距可以减小视觉拥挤效应对阅读障碍儿童的影响;当间距增加到离心率的一半时,拼音文字阅读障碍者的视觉拥挤效应最小,甚至消失;当间距大于离心率的一半时,间距如果继续增大,那么阅读障碍者的视觉拥挤效应反而增大(Martelli et al., 2009)。前人研究发现间距影响阅读障碍儿童的视觉拥挤效应,并且间距越大,阅读障碍儿童的视觉拥挤效应越小。然而,当间距为离心率的一半时,汉语阅读障碍儿童的视觉拥挤效应并未消失,也不是最小的,视觉拥挤效应仍然干扰阅读障碍儿童的汉字识别任务,即布玛(Bouma)法则不适用于汉语阅读障碍者(郭志英,2016)。可能的原因是,由于布玛法则只适用于简单刺激,例如字母和加博(Gabor)视标等(Rosen et al. , 2014),而上述研究采用的实验材料是汉字,汉字比字母有更高的视觉复杂性,因此使得布玛(Bouma)法则不适用于汉字识别任务。

　　拼音文字研究发现,适当增加间距可以减少阅读障碍者的视觉拥挤效应,进而提高阅读障碍者的阅读效率(Joo et al. , 2018)。有研究者操纵了一行文本中汉字之间的间距,发现汉语阅读障碍儿童在正常间距条件下的阅读速度显著快于其他间距条件(1/4 字间距、1/2 字间距),与拼音文字的研究结果不一致(Joo et al. , 2018)。研究者认为增大间距的确减少了阅读障碍儿童的拥挤效应,然而由于被试不熟悉间距增大的文本呈现形式,因此对文本呈现形式的不熟悉抵消了拥挤效应减少带来的促进作用,使得被试在正常间距条件下的阅读速度最快(宋星,2016)。除了上述原因,造成上述结果不一致的原因可能与两种文字的知觉广度不同有关:拼音文字读者的知觉广度为注视点左侧 3~4 个字母,右侧 14~15 个字母(Rayner, 2009);汉语读者的知觉广度为左侧 1 个汉字,右侧 2~3 个汉字(闫国利、熊建萍、白学军,2008)。当增加相同的间距时,两种文字知觉广度范围内的信息都有所减少,然而中文文本减少的信息大于拼音文字减少的信息,进而大大减少了汉语阅读障碍儿童的副中央凹预视效应,因此增加 1/4 字间距并未提高汉语阅读障碍儿童的阅读速度。如果增加的间距小于 1/4 字间距,那么会对汉语阅读障碍者的视觉拥挤效应产生怎样的影响,这还需要更进一步的研究。

　　第四,字号是否影响汉语阅读障碍者的视觉拥挤效应呢? 研究者通过操纵汉字的字号,发现字号过小(0.6°视角)或过大(1°视角)均会干扰汉语阅读障碍儿童的阅读,结果支持视觉加工阶段假设(宋星,2016)。研究者认为当字号过大时,虽然一定程度上减少了阅读障碍儿童的视觉拥挤效应,但同时也使得汉语阅读障碍组儿童知觉广度范围内的信息变少,因此阻碍了阅读障碍儿童的阅读。然而,在得出字号是否影响阅读障碍者的视觉拥挤效应的结论时一定要谨慎,因为当字号变大时,字间距也随之增大,字号对汉语阅读障碍者视觉拥挤效应的影响可能包含字间距的影响。因此,关于字号是否影响汉语阅读障碍者的视觉拥挤效应,还需要进一步的研究。

第五,汉字的其他特征是否影响阅读障碍者的视觉拥挤效应呢? 有研究设置了三种条件:单独呈现、干扰字与目标字的视觉复杂性一致、干扰字与目标字的视觉复杂性不一致,考察了汉字的视觉复杂性(即笔画数) 对阅读障碍儿童视觉拥挤效应的影响。结果发现低视觉复杂性文本降低了阅读障碍儿童的视觉拥挤效应;当目标字为少笔画汉字、干扰字为多笔画汉字时,一定程度上减弱了阅读障碍儿童的视觉拥挤效应,结果支持视觉加工阶段假设和注意调节下的视觉加工阶段假设(郭志英等,2018)。此外,汉字结构不影响阅读障碍儿童的视觉拥挤效应(郭志英,2016)。

四、小结与展望

现有研究一致发现,阅读障碍者受视觉拥挤效应的影响显著大于正常读者受视觉拥挤效应的影响,表明阅读障碍者存在一定的视觉加工缺陷,甚至有研究者认为过度拥挤可能是导致阅读障碍的一个重要原因(Franceschini et al., 2012)。然而,视觉拥挤效应可能是阅读障碍者视觉加工缺陷的一种表现,也可能反映的是阅读障碍者的注意缺陷。因此,视觉拥挤效应与阅读障碍之间是否存在因果关系,即视觉拥挤效应是否是导致阅读障碍的一个重要原因,还需要更多的实证数据。目前,汉语阅读障碍视觉拥挤效应的研究刚刚起步,还有许多重要问题亟待解决。未来汉语阅读障碍的视觉拥挤效应研究可以从以下几个方向开展:

第一,前人研究发现间距越大,阅读障碍儿童受视觉拥挤效应的影响就越小(郭志英,2016)。然而间距增加到何值时,阅读障碍儿童受视觉拥挤效应的干扰最小,目前还没有一致的结论。今后的研究可以通过系统操纵间距,考察间距与阅读障碍者视觉拥挤效应之间的关系,以及当间距为何值时,阅读障碍儿童受视觉拥挤效应的影响最小。此外,拼音文字的研究发现正常读者的最佳间距为平均字母宽度的 35%(Slattery et al., 2016)。那么汉语阅读障碍者阅读汉字时是否也存在最佳间距呢? 如果存在最佳间距,那么具体是多少?

阅读障碍者与正常读者的最佳间距是否存在差异？这些都需要进一步的研究。

第二，由于汉语与拼音文字存在很大差异，未来研究应该侧重探讨汉语自身的特性与阅读障碍者视觉拥挤效应之间的关系。例如，汉语中90%以上的汉字为形声字（马志强，1985），读者通过字形，即可获得部分声音和语义信息。相较于其他汉字，形声字的上述特点是否影响阅读障碍者的视觉拥挤效应呢？此外，汉语中还存在一些三字词（如"双胞胎"），以三字词为实验材料，干扰汉字（"双"和"胎"）与目标汉字（"胞"）之间的语义联系是否影响阅读障碍者的视觉拥挤效应呢？

第三，有研究采用加博（Gabor）视标刺激发现干扰刺激数量越多，正常读者受拥挤效应的影响就越大（Shin and Tjan，2013）。然而，目前还没有研究直接考察干扰刺激的数量对阅读障碍者视觉拥挤效应的影响。前人研究主要采用经典研究范式（即目标刺激两侧各有一个干扰刺激）考察阅读障碍者的视觉拥挤效应，如果增加干扰刺激的数量，即增加信息负荷，那么阅读障碍者的视觉拥挤效应会产生怎样的变化？这需要更进一步的研究。

第四，前人研究侧重考察阅读障碍者视觉拥挤效应的认知机制，较少有研究探讨其神经机制，而神经机制研究可以帮助研究者更好地了解阅读障碍与视觉拥挤效应之间的关系，即视觉拥挤效应是否是导致阅读障碍的一个重要原因。未来研究应该综合采用事件相关电位和功能磁共振成像技术，更具体、深入地探讨阅读障碍者视觉拥挤效应的神经机制。此外，研究者还应该开展纵向（如可以开展从婴儿阶段开始、持续到小学毕业的纵向研究）和干预研究，全面了解视觉拥挤效应与阅读障碍之间是否存在因果关系。

第二节　间距和语义对阅读障碍儿童
视觉拥挤效应的影响

阅读障碍儿童不仅字词识别的流畅性和准确性差于正常儿童，而且还存在一定的书写困难(Lyon, Shaywitz, and Shaywitz, 2003)。关于阅读障碍的成因,目前还没有一致的结论。由于阅读起始于视觉加工阶段,最近越来越多的研究者开始关注阅读障碍者的视觉加工能力(黄晨、赵婧,2018),甚至有研究者提出语音意识缺陷只是阅读障碍的一种表现,导致阅读障碍的是更基础的一般感知觉缺陷——视觉加工缺陷(Gori and Facoetti, 2015)。阅读时视觉目标通常和复杂背景共同出现,这时就会产生拥挤效应。有研究发现阅读障碍儿童受拥挤效应的影响显著大于正常儿童(Hakvoort et al., 2017),甚至过度拥挤是导致阅读障碍的一个重要原因(Franceschini et al., 2012)。汉语与拼音文字存在很大差异,例如,汉字缺乏明确的形音对应规则,汉字的视觉字形信息可能比语音信息具有更重要的作用;每个汉字占据相同的空间大小,汉字之间的空格又非常小,使得中文从视觉上看起来比拼音文字更"拥挤"。因此,研究汉语阅读障碍者的拥挤效应非常有必要,这将有助于了解汉语阅读障碍的成因,为后期制定有效干预措施做准备。

　　研究者通常采用正确率来衡量拥挤效应的大小,即如果单独呈现条件下目标刺激的识别率显著高于拥挤条件下的正确率,表明存在拥挤效应;如果两种条件下正确率的差异量越大,表明被试受拥挤效应的影响也越大。那么,哪些因素影响拥挤效应的大小呢? 目前存在以下几种观点:首先,拥挤效应主要受刺激的低水平视觉特征影响,如间距(Bernard and Chung, 2011; Nandy and Tjan, 2012)。具体表现为离心率不变,适当增加间距,一定程度上可以减少拥挤效应对拼音文字阅读障碍儿童的干扰(Joo et al., 2018)。然而间距与拥挤效应之间不是一种直线型关系,而是 U 型,即随着间距的增加,拥挤效应不断减小,当间距增加到离心率的一半时(即间距是离心率的 0.5 倍),拥挤效应最小,甚至消失(Martelli et al., 2009)。其次,语义等高水平语言信息是拥挤效应的主要影响因素(Chicherov, Plomp, and Herzog, 2014)。研究者采用高密度脑电图(high-density EEG),发现正常成人的拥挤效应发生在视觉皮层的高水平加工区域——枕外侧皮质(Chicherov et al., 2014)。再次,有研究者综合上述两种观点,认为拥挤效应的影响因素既包括间距等低水平视觉特征,也包括语义等高水平语言信息(Gori and Facoetti, 2015)。因此,关于拥挤效应的影响因素,目前还没有一致的结论。

如上所述,汉语与拼音文字存在很大差异,因此不能直接将拼音文字的结果推论到汉语。那么影响汉语阅读拥挤效应的因素有哪些呢? 有研究选取正常成人,要求被试识别目标汉字,考察间距对汉语读者拥挤效应的影响(Zhang et al., 2009)。结果发现间距影响被试的拥挤效应,与拼音文字的结果一致(Martelli et al., 2009)。上述研究还发现,当间距是离心率的 0.23~0.37 倍时,拥挤效应最小,即间距与拥挤效应之间是一种 U 型关系(Zhang et al., 2009)。此外,有研究选取 16 名台湾大学生,考察拥挤条件下汉字的语义启动效应。结果发现,拥挤条件下的汉字仍可以引起语义启动效应,表明语义可能影响拥挤效应(Yeh et al.,2012)。随后,有研究给被试呈现一个四字词(如"骑虎难下"),每次只呈现一个汉字,共呈现四次。前三个汉字有两种呈现条件:单独呈现和拥挤条件,要求被试判断最后一个单独呈现的汉字(即"下")真字。结果发现拥挤条件下被试无法整合汉字之间的语义(Zhou et al., 2016)。

上述研究的实验对象均为正常成人,鉴于拥挤效应具有发展性,即学龄儿童和成人拥挤效应的发生范围不同(Gori and Facoetti, 2015),因此不能直接将成人的研究结果推论到阅读障碍儿童。那么间距和语义信息是否影响阅读障碍儿童的拥挤效应呢? 有研究在实验 5 中使离心率保持不变(5°视角),设置三种间距条件(分别是离心率的 0.4、0.5 和 0.6 倍),考察间距对阅读障碍儿童拥挤效应的影响(郭志英,2016)。结果发现间距影响阅读障碍儿童的拥挤效应,但间距与阅读障碍儿童拥挤效应之间的关系不是 U 型,而是直线型,具体表现为随着间距的增加,阅读障碍儿童的正确率不断提高,当间距为离心率的 0.6 倍时,阅读障碍儿童的拥挤效应显著小于间距为离心率的 0.5 倍时的拥挤效应,与前人的研究结果不同(Martelli et al., 2009; Zhang et al., 2009)。然而,当间距大于离心率的 0.5 倍时,靠近注视点的干扰字落在视网膜中央凹区域的概率将会大大增加,导致被试自动识别落在中央凹区域的干扰字,进而降低被试识别目标字的正确率。此外,有研究操纵了一个句子中每个汉字之间的间距,要求阅读障碍儿童阅读不同间距条件下的句子,结果发现字间距过小和过大均干扰了阅读障碍儿童的阅读过程（宋星，2016）。总之，前人研究发现间距影响阅读障碍儿童的拥挤效应，但是间距如何影响阅读障碍儿童的拥挤效应还存在一定争论，需要进一步的研究。

目前还没有研究直接考察语义信息对阅读障碍儿童拥挤效应的影响。前人研究发现语义信息影响正常成人读者的拥挤效应（Yeh et al.，2012），但是也有研究发现，拥挤效应干扰正常成人由字到词的语义整合过程（Zhou et al.，2016）。分析前人的研究发现：首先，前人研究中刺激的呈现方式与拥挤效应实验常用的呈现方式不同，并且研究者还采用了启动范式（Zhou et al.，2016）；其次，前人实验中的干扰字为非字，正常阅读情境中干扰字均为真字（Zhou et al.，2016），并且干扰字为真字条件下的拥挤效应显著大于非字条件下的（Zhang et al.，2009）。正常阅读时除了干扰字为真字，某种情况下目标字和两个干扰字可以组成一个三字词（如"双胞胎"，"胞"为目标字，"双"和"胎"为干扰字），而拥挤效应实验常用的刺激设置中目标字与干扰字不能组成任何有意义的词（即语义无关条件）。与语义无关条件相比，三字词条件下目标字与干扰字之间存在一种语义联系，那么这种语义联系是否影响阅读障碍儿童的拥挤效应？

为了考察汉语阅读障碍儿童拥挤效应的影响因素，本研究设计两个实验：实验 1，离心率保持不变，设置三种间距，与离心率的比值分别为 0.46、0.5 和 0.54，考察间距是否影响阅读障碍儿童的拥挤效应，以及间距如何影响阅读障碍儿童的拥挤效应；实验 2，选择汉语中的三字词，设置目标字单独呈现、三字词和无关三字三种条件，考察语义信息对阅读障碍儿童拥挤效应的影响。在前人研究结果的基础上（郭志英，2016；Yeh et al.，2012），我们预测间距和语义信息都对阅读障碍儿童的拥挤效应产生影响，表明刺激的低水平视觉特征和高水平语言信息均为阅读障碍儿童拥挤效应的影响因素。此外，根据前人的研究结果（宋星，2016；Zhang et al.，2009），我们预测间距与阅读障碍儿童的拥挤效应之间是一种 U 型关系。

一、实验 1:间距对阅读障碍儿童拥挤效应的影响

(一) 实验方法

1. 实验被试

本实验选取天津市两所普通小学的学生,请两所小学所有三年级(共 410 人)和五年级(共 336 人)小学生完成《小学生识字量测试题库及评价量表》(王孝玲、陶保平,1996)和《联合瑞文推理测验修订版》。小学生识字量测验是目前国内研究者普遍采用的汉语阅读障碍筛选测验(Qian and Bi,2015)。根据上述两个测验的结果对儿童进行分组:五年级阅读障碍组,识字量成绩低于同年级平均成绩 1.5 个标准差以上,智商高于 90,且排除患有或曾患精神疾病、自闭症、注意缺陷多动障碍、脑损伤和严重眼疾等疾病的儿童;五年级年龄匹配组:与阅读障碍组同龄且智力水平相当,识字量成绩位于同年级平均成绩上下 0.5 个标准差之内;三年级阅读能力匹配组:与阅读障碍组的识字量和智力水平均相当,年龄显著低于阅读障碍组。

为了进一步保证阅读障碍儿童筛选的有效性,请三组儿童完成阅读流畅性测验(包括一分钟读字和三分钟句子阅读)(王晓辰、李其维、李清,2011;Li and Wu,2015)以及一系列个体认知能力测验(包括语音意识测验、快速自动命名测验和言语工作记忆测验)(薛锦等,2008;Denckla and Rudel,1974;Shu et al.,2005)。参照前人的研究(梁菲菲等,2019),根据测验成绩保留阅读障碍组中阅读流畅性测验成绩低于年龄匹配组平均成绩 1 个标准差以上,且至少有一项个体认知能力测验成绩低于年龄匹配组 1 个标准差以上的被试。最终筛选出 14 名五年级阅读障碍儿童(3 名女生),15 名五年级年龄匹配组儿童(5 名女生)和 17 名三年级阅读能力匹配组儿童(8 名女生)。三组儿童的年龄和各项测验成绩见表 5-1。从表 5-1 可以看出,年龄匹配组和阅读障碍组的年龄显著高于能力匹配组,$ps < 0.001$;年龄匹配组的识字量成绩显著高于阅读障碍组和能力匹配组,$ps < 0.001$;阅读障碍组在首音删除、末音删除、数字快速命名、字母快速命名、数字广度(倒背)、一分钟读字和三分钟句子阅

读测验上的成绩均显著低于年龄匹配组,$ps < 0.05$,表明本实验选取的阅读障碍儿童存在语音意识缺陷、快速自动命名缺陷、言语工作记忆缺陷和阅读流畅性缺陷。

表 5-1　每组儿童的年龄及各项测验成绩($M \pm SD$)

	DD($n = 14$)	CA($n = 15$)	RL($n = 17$)	F	η_p^2
年龄(月)	126.07±5.33	127.47±4.94	105.18±6.61	76.63***	0.78
智力(标准分)	98.21±5.04	102.67±6.45	103.24±6.83	2.57	
识字量(字)	2065.10±320.64	2866.30±63.94	2071.9±270.81	53.84***	0.71
语音意识测验					
首音删除	5.00±1.88	7.13±1.60	6.71±1.96	5.53**	0.20
中音删除	3.79±2.55	5.00±1.60	5.35±2.03	2.32	
末音删除	2.79±2.26	4.53±1.41	4.82±2.60	3.81*	0.15
快速自动命名测验					
数字反应时(s)	26.27±6.81	21.02±4.07	24.47±4.56	3.84*	0.15
字母反应时(s)	28.57±10.87	22.82±3.43	30.00±7.08	3.83*	0.15
言语工作记忆测验					
数字广度(顺背)(位)	8.93±2.13	9.93±1.87	9.18±1.74	1.11	
数字广度(倒背)(位)	4.79±1.48	6.67±2.06	5.41±1.94	3.91*	0.15
汉字广度(个)	7.79±1.63	8.13±1.73	8.06±1.43	0.19	
阅读流畅性测验					
一分钟读字(个)	57.29±19.52	95.93±16.19	81.76±13.59	20.49***	0.49
三分钟句子阅读总字数(个)	326.29±76.23	511.13±94.62	407.29±102.23	14.59***	0.40

注:***表示 $p<0.001$,**表示 $p<0.01$,*表示 $p<0.05$;DD 为阅读障碍组,CA 为年龄匹配组,RL 为能力匹配组,以下同。

2. 实验设计

本实验采用 3(被试类型:阅读障碍组、年龄匹配组和能力匹配组)×4(呈现条件:单独呈现、2.3°视角间距、2.5°视角间距、2.7°视角间距)的混合实验设计。本实验的离心率固定为 5°视角,因此三种间距与离心率的比值分别为 0.46、0.5 和 0.54。

3. 实验材料

从小学一至三年级语文课本(人教版)的生字表中选出 200 个目标汉字和 16 个练习汉字,均为左右结构,笔画数在 8~12 画之间。基于 SUBTLEX-CH 语料库(Cai and Brysbaert,2010),所有汉字的字频范围为 20~120 次/百万。邀请 15 名不参加正式实验的小学三年级学生对 216 个汉字进行熟悉性评定,"1"代表非常不熟悉,"5"代表非常熟悉,最终评定结果为 $M = 4.07$,$SD = 0.63$。根据目标字选取干扰字,所有干扰字的结构、笔画数和字频均与目标字相匹配,确保目标字与两个干扰字不能组成有意义的词。所有目标字按拉丁方顺序进行轮组,形成四组实验材料,每组 200 个目标字,每种条件下各 50 个汉字。

4. 实验仪器

为了保证被试始终注视屏幕中心的黑色注视点(大小为 12×12 像素),确保离心率始终为 5°视角,本实验采用加拿大 SR 公司生产的 EyeLink 眼动仪。只有被试盯住注视点时,实验才能顺利进行。EyeLink 眼动仪的采样率为 500Hz,显示器大小为 19 英寸,分辨率为 1024×768 像素。所有目标字和干扰字均以白背景黑色黑体字的形式呈现在屏幕上。

5. 实验程序

(1)实验在被试所在学校的一间安静房间内进行,单独施测。

(2)被试进入房间后,首先请被试熟悉环境,然后请被试坐在一把椅子上,被试眼睛到显示器的距离为 70cm,告知被试实验过程中尽量保持头部不动。

(3)采用三点对被试的眼睛进行校准。

（4）呈现指导语："请你一直盯住屏幕中心的黑点,黑点的左边或右边将随机出现 1 个或 3 个汉字,当黑点消失、红点出现时,请你报告刚才看到的 1 个字或 3 个汉字中间的汉字。如果不能报告,请报告'没看清'或'不知道'。"实验材料呈现流程如图 5-3 所示,开始呈现黑色注视点 1000 毫秒,接着呈现目标字 250 毫秒,最后呈现红色注视点,请被试口头报告目标字。每个汉字大小为 32×32 像素,约成 1° 视角。

（5）请所有被试完成 16 个练习汉字的识别任务。

（6）正式实验,所有目标汉字随机呈现,实验过程中请被试进行一次短暂的闭目休息。整个实验大约持续 30 分钟。

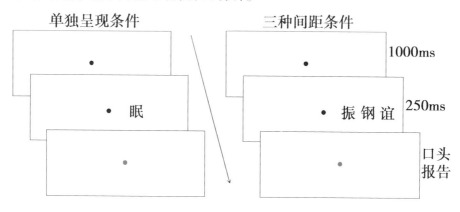

图 5-3　实验材料流程图

(二)结果与分析

统计三组儿童在四种条件下识别目标汉字的准确率,具体见表 5-2 和图 5-4。

表 5-2　三组儿童在四种呈现条件下的正确率(%)($M \pm SD$)

	呈现条件			
	单独呈现	2.3°视角	2.5°视角	2.7°视角
DD	78.43±16.38	63.14±26.19	64.21±25.64	61.00±25.99
CA	93.20±3.53	88.53±3.42	89.33±3.98	85.33±7.36
RL	87.18±12.53	80.35±10.49	82.47±13.08	80.00±11.42

首先,为了验证三组儿童识别目标字时是否表现出拥挤效应,将每组儿童三种间距条件下的平均正确率作为呈现条件的一个新水平(拥挤条件)引入,进行 3(被试类型)×2(单独呈现和拥挤条件)的重复测量方差分析。结果发现呈现条件主效应显著,$F(1, 43) = 51.59, p < 0.001, \eta_p^2 = 0.55$,被试类型的主效应显著,$F(2, 43) = 8.58, p < 0.01, \eta_p^2 = 0.29$,被试类型和呈现条件的交互作用显著,$F(2, 43) = 6.42, p < 0.01, \eta_p^2 = 0.23$。进一步分析发现,三组儿童在两种条件下的正确率均存在显著差异,$ts > 3.02, ps < 0.05$,表明三组儿童在识别目标字时均受拥挤效应的影响。单独呈现条件与拥挤条件之间正确率的差异量越大,表明被试受拥挤效应的影响就越大(Whitney and Levi, 2011)。本实验中阅读障碍儿童两种条件下正确率的差异量为 15.31%,年龄匹配组和能力匹配组的差异量分别为 5.16% 和 6.24%,表明阅读障碍儿童受视觉拥挤效应的影响大于正常儿童,与前人的研究结果一致(郭志英,2016;Bouma and Legein, 1977)。

对所有被试的正确率进行 3×4 的重复测量方差分析,发现被试类型的主效应显著,$F(2, 43) = 9.52, p < 0.001, \eta_p^2 = 0.31$,表明总体变异中约有 31% 来自被试类型的实验处理。事后检验进一步分析发现,阅读障碍组儿童的正确率显著低于年龄匹配组和能力匹配组,$ps < 0.01$,年龄匹配组与能力

匹配组的差异不显著,$p > 0.05$,与前人研究结果一致(郭志英,2016)。呈现条件主效应显著,$F(3,129) = 25.70$,$p < 0.001$,$\eta_p^2 = 0.37$,表明总体变异中约有37%来自呈现条件的实验处理。被试类型和呈现条件的交互作用显著,$F(6,129) = 3.08$,$p < 0.01$,$\eta_p^2 = 0.13$。

简单效应分析发现,阅读障碍组、年龄匹配组和能力匹配组儿童在四种呈现条件下的正确率均存在显著差异,$ps < 0.05$。进一步分析发现,阅读障碍组儿童在单独呈现条件下的正确率显著高于三种间距条件下的正确率,$ts(14) > 4.18$,$ps < 0.01$;年龄匹配组表现出相似的趋势,$ts(13) > 4.36$,$ps < 0.01$,表明两组儿童在三种间距条件下均受拥挤效应影响;能力匹配组儿童在单独呈现下的正确率与2.5°视角间距条件差异不显著,$t(16) = 1.75$,$p > 0.05$,但显著高于其他两种间距条件,$ts(16) > 2.79$,$ps < 0.05$,表明能力匹配组儿童在2.5°视角间距下的拥挤效应最小。

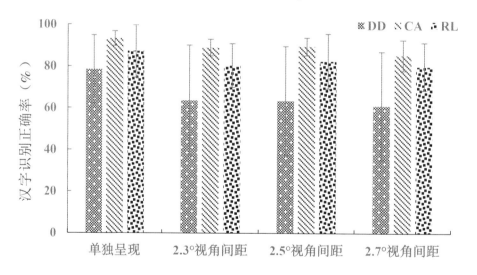

图5-4 三组儿童四种呈现条件下的汉字识别正确率

关于间距对拥挤效应的影响,进行3(被试类型)×3(三种间距条件)的重复测量方差分析发现,被试类型主效应显著,$F(1,43) = 10.07$,$p < 0.001$,

$\eta_p^2 = 0.32$;事后检验分析发现,阅读障碍组儿童的正确率显著低于年龄匹配组和能力匹配组,$ps < 0.01$,年龄匹配组与能力匹配组的差异不显著,$p > 0.05$,与前人研究结果一致(郭志英,2016)。间距条件主效应显著,$F (2, 86) = 3.88, p < 0.05, \eta_p^2 = 0.08$,进一步 t 检验发现,2.5°视角间距下的正确率(79.15%)显著高于2.7°视角间距下的正确率(75.87%),$p < 0.01$,2.5°视角和2.3°视角下的正确率(77.78%)差异不显著,表明间距影响三组儿童的拥挤效应,并且阅读障碍儿童的拥挤效应不是一直随着间距的增加而不断减少,或者说间距与儿童的拥挤效应之间是一种 U 型关系。被试类型和间距条件的交互作用不显著,$F (4, 86) = 0.27, p > 0.05$。

总之,从上述结果可以看出,阅读障碍儿童受拥挤效应的影响显著大于正常儿童,表明阅读障碍儿童在视觉加工方面存在一定困难,为阅读障碍的视觉加工缺陷提供了更多数据支持。实验1还发现间距的确影响阅读障碍儿童的拥挤效应,然而阅读障碍儿童的拥挤效应不是一直随着间距的增加而不断减小,而是当间距超过一定程度(即离心率的一半)时,拥挤效应反而增加,即间距与阅读障碍儿童的拥挤效应之间是一种 U 型关系,与前人的研究结果一致(宋星,2016;Zhang et al., 2009)。然而,这并不代表拥挤效应的影响因素只有低水平视觉特征。为了探讨高水平语言信息是否影响阅读障碍儿童的拥挤效应,实验2选取三字词考察语义信息对阅读障碍儿童拥挤效应的影响。

二、实验2:语义信息对阅读障碍儿童拥挤效应的影响

(一)实验方法

1. 实验对象

本实验阅读障碍组和年龄匹配组儿童同实验1。由于被试个人原因,实验1的2名能力匹配组儿童未参加实验2,最终实验2有15名能力匹配组儿童(7名女生)。三组儿童在识字量、智商和一系列认知测验上的统计结果与实验1一致。

2. 实验设计

本实验采用3(被试类型:阅读障碍组、年龄匹配组和能力匹配组)×3(呈现条件:单独呈现、三字词和无关三字)的混合实验设计。本实验的离心率固定为5°视角,间距保持2°视角。

3. 实验材料

(1)根据《现代汉语词典》选取三字词,保证三字词的中间汉字(即目标汉字)出现在小学一至三年级语文课本(人教版)的生字表中,且为左右结构,共选出184个三字词。

(2)请不参加正式实验的15名三年级小学生评定184个三字词的熟悉性,"1"代表非常不熟悉,"5"代表非常熟悉。删除平均分在3.0以下的三字词,剩下129个三字词(其中15个用于练习),评定结果为$M = 4.45, SD = 0.55$。基于SUBTLEX-CH语料库(Cai and Brysbaert, 2010),三字词的平均词频为6.82次/百万,目标汉字的笔画数在7~13画之间,平均字频为357.39次/百万。

(3)根据三字词的首字和尾字,选取无关三字条件下的干扰字,干扰字和目标字不能构成有意义的词。两个干扰字的结构分别与三字词的首字和尾字相匹配。两种条件下首字和尾字的笔画数和字频信息见表5-3。汉字大小和呈现方式同实验1。

表5-3 三字词和无关三字条件下首字和尾字的笔画数和字频信息

	首字		尾字	
	三字词	无关三字	三字词	无关三字
笔画数	7.64±3.13	7.64±3.13	7.82±3.09	7.83±3.08
字频(次/百万)	802.63±2139.07	789.50±1504.53	449.21±630.55	463.91±641.56

注:对两种条件下首字与尾字的笔画数和字频进行配对t检验,结果发现$|t|s < 1.49, ps > 0.05$。

4. 实验仪器

同实验1。

5. 实验程序

同实验1,整个实验大约持续20分钟。

（二）结果与分析

统计三组儿童三种呈现条件下的汉字识别率,具体见表5-4和图5-5。

表5-4　三组儿童三种呈现条件下的正确率(%)(M±SD)

	单独呈现	三字词	无关三字
DD	72.27±27.68	74.37±25.63	63.45±22.15
CA	94.90±3.23	93.53±4.19	87.26±3.96
RL	88.83±10.08	91.76±5.91	84.67±9.09

对三组儿童三种呈现条件下的正确率进行3×3的重复测量方差分析,结果发现被试类型主效应显著,$F(2, 41) = 9.36$, $p < 0.001$, $\eta_p^2 = 0.31$。多重比较事后(Tukey HSD)检验表明,阅读障碍儿童的正确率显著低于年龄匹配组和能力匹配组,$ps < 0.01$,年龄匹配组与能力匹配组之间的差异不显著,$p > 0.05$,与实验1结果一致。呈现条件主效应显著,$F(2, 82) = 30.05$, $p < 0.001$, $\eta_p^2 = 0.42$。被试类型和呈现条件的交互作用显著,$F(4, 82) = 2.88$, $p < 0.05$, $\eta_p^2 = 0.12$。

简单效应分析发现,三组儿童在三种呈现条件下的正确率均存在显著差异,$ps < 0.05$。进一步分析发现,阅读障碍儿童无关三字条件下的正确率显著低于单独呈现条件,$t(13) = 3.82$, $p < 0.01$,表明阅读障碍儿童在汉字识别过程中受拥挤效应的影响,与实验1的结果一致;阅读障碍儿童无关三字条件下的正确率显著低于三字词条件,$t(13) = 7.68$, $p < 0.001$,并且三字词条件和单独呈现条件间的差异不显著,$t(13) = 1.02$, $p > 0.05$,表明语义信息一定程度上减少了拥挤效应对阅读障碍儿童的影响;年龄匹配组儿童表现出与阅读障碍组相似的趋势。能力匹配组三字词条件下的正确率显著高于无关三字条件,$t(14) = 3.59,p < 0.01$,其余两种条件之间的差异不显著,$p > 0.05$。此外,语义信息对阅读障碍儿童拥挤效应的减少量(10.92%)大于年龄匹配组(6.27%)和能力匹配组儿童(5.09%)。

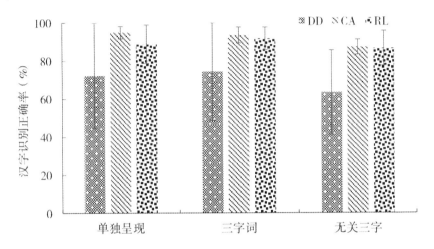

图 5-5　三组儿童在三种呈现条件下汉字识别的正确率

三、讨论

目前,关于拥挤效应的影响因素主要有以下几种观点:拥挤效应主要受刺激的低水平视觉特征(如间距)影响;除此之外,刺激的高水平语言信息(如语义)是影响拥挤效应的主要因素;刺激的低水平视觉特征和高水平语言信息均影响拥挤效应。上述观点分别有不同的实证数据支持,但每种观点都不能完全反驳另外两种观点。因此,哪些因素影响汉语阅读障碍儿童的拥挤效应,目前还没有一致结论。本研究采用拥挤效应实验常用的刺激设置,考察了低水平视觉特征(即间距)和高水平语言信息(即语义)对阅读障碍儿童拥挤效应的影响,以及间距与阅读障碍儿童拥挤效应之间的关系,为汉语阅读障碍的理论和实践研究提供了实证数据。

(一)间距对汉语阅读障碍儿童拥挤效应的影响

首先,实验 1 发现阅读障碍儿童单独呈现条件下的正确率与三种间距条件的平均正确率之间的差异量最大,能力匹配组和年龄匹配组之间的差异量次之,表明阅读障碍儿童受拥挤效应的影响显著大于正常儿童,与前人的研究结果一致(郭志英,2016;Bouma and Legein,1977)。实验 2 发现了与实验 1 相似的结果。拥挤效应对汉语阅读障碍儿童的影响显著大于正常儿童,表明汉语阅读障碍儿童存在一定的视觉加工缺陷,即当视觉目标出现在一个拥挤背景下,拥挤更干扰阅读障碍儿童识别视觉目标。研究阅读障碍儿童的拥挤效应,有利于我们更深入、全面地了解汉语阅读障碍的成因,可以在未来减少阅读障碍的发生。根据上述研究结果,为了提高阅读障碍者的阅读效率,教育者应该给阅读障碍儿童提供"不拥挤"的阅读材料。

其次,实验 1 发现间距影响阅读障碍儿童的拥挤效应,与前人的研究结果一致(郭志英,2016;宋星,2016;Zhang et al.,2009)。那么间距如何影响阅读障碍儿童的拥挤效应呢? 实验 1 发现三组儿童在 2.5°视角间距下的正确率显著高于 2.7°视角间距下的正确率,表明儿童的拥挤效应不是一直随着间距的增大而减小,间距与儿童的拥挤效应之间存在一种 U 型关系,即当间距增大到一定程度(本实验条件下是离心率的 0.5 倍)时,再继续增大会更干扰儿童识别目标汉字,与前人的研究结果一致(宋星,2016;Zhang et al.,2009),而与郭志英(2016)的研究结果不一致。可能的原因是:(1)当间距超过一定程度时,靠近注视点的干扰刺激落在中央凹的概率将增大,儿童可能会对位于中央凹区域内的汉字进行自动加工,因此更干扰读者识别位于副中央凹区域内的目标字,使得拥挤效应有所增加(Zhang et al.,2009)。(2)被试的筛选标准不同。郭志英(2016)根据以下标准筛选阅读障碍:识字量成绩低于其所在年级 1.5 个年级,智力测验等级位于 25%以上。本实验的筛选标准为识字量成绩低于同年级平均成绩 1.5 个标准差以上,智商高于 90。因此,关于间距如何影响阅读障碍儿童的拥挤效应,还需要更进一步研究。

再次,前人研究发现当间距为离心率的 0.23~0.37 倍时,拥挤效应最小

(Zhang et al., 2009);本实验则发现当间距为离心率的 0.5 倍时,拥挤效应最小。造成结果不一致的原因可能是两项研究选取的被试不同,前人研究选取的是正常成人(Zhang et al., 2009),实验 1 选取的是阅读障碍儿童及与其年龄和阅读能力匹配的儿童。由于拥挤效应具有发展性(Gori and Facoetti, 2015),而且成人的阅读能力和阅读经验明显高于儿童,因此儿童可能比成人需要更大的间距才能使其所受拥挤效应的影响降到最小。根据上述研究结果,干扰字和目标字之间应该存在一个最佳间距(在此间距下,拥挤效应对读者的影响最小,读者的阅读效率最高)。国外研究者采用微软亚清晰字体(Microsofts ClearType sub-pixel),发现正常成人的最佳间距为平均字母宽度的 35%左右(Slattery et al., 2016)。然而,目前还没有研究直接考察汉语读者,尤其是汉语阅读障碍者的最佳间距。未来研究应该系统地考察汉语阅读障碍者的最佳间距,为阅读障碍儿童提供"最佳间距"的阅读材料,进而一定程度上提高阅读障碍者的阅读效率。

最后,实验 1 还发现被试类型和间距条件的交互作用不显著,表明本实验条件下间距对三组儿童产生了相似的影响,即无论是阅读障碍儿童还是正常儿童,其对汉字识别的正确率都不是随着间距的不断增大而不断减小。然而,我们在得出上述结论时应该要谨慎,因为实验 1 只设置了三种间距条件:2.3°视角、2.5°视角和 2.7°视角,每种条件只相差 0.2°视角,这可能使间距对三组儿童的影响未能完全表现出来。因此,关于间距对三组儿童拥挤效应的影响还需要进一步的研究。结合前人的研究结果(宋星,2016;Zhang et al., 2009),我们认为间距影响阅读障碍儿童的拥挤效应,而且间距与阅读障碍儿童的拥挤效应之间存在一种 U 型关系。然而,我们不能直接推论阅读障碍儿童拥挤效应的影响因素只有低水平视觉特征。因此,实验 2 进一步考察语义信息对阅读障碍儿童拥挤效应的影响。

(二)语义对汉语阅读障碍儿童拥挤效应的影响

前人研究考察拥挤效应时,通常设置两种呈现条件:单独呈现和拥挤条件,在拥挤条件下,干扰字和目标字不能组成任何有意义的词,即实验 2 的无关三字条件(Martelli et al.，2009；Zhang et al.，2009)。在拥挤条件下,被试识别目标字的正确率显著低于单独呈现条件下的,表明存在拥挤效应。实验2发现被试在无关三字条件下的正确率显著低于单独呈现条件,表明三组儿童的确受拥挤效应的影响,与实验1的结果一致。然而,实验2还发现三组儿童在三字词条件下的正确率均显著高于无关三字条件,表明干扰字和目标字之间的语义信息一定程度上减少了拥挤效应对三组儿童的影响,这与前人的研究结果不一致(Zhou et al.，2016)。分析可能的原因是,前人研究考察的是当目标字依次呈现时,被试能否整合汉字之间的语义(Zhou et al.，2016)。然而本研究考察的是目标字和干扰字同时呈现,干扰字和目标字可以构成一个三字词,阅读障碍儿童能否整合干扰字和目标字之间的语义。此外,前人研究已经发现读者可以整合同时呈现的几个单词的语义(Sklar et al.，2012)。除了上述原因,可能还存在以下原因:首先,本研究中的干扰字为真字,干扰字与目标字存在语义联系,前人研究中的为非字(Zhou et al.，2016),干扰字为真字和非字两种条件下的拥挤效应存在差异(Zhang et al.，2009);其次,本研究的被试为阅读障碍和与其年龄和阅读能力相匹配的儿童,而前人以正常成人为研究对象(Zhou et al.，2016);最后,本研究采用拥挤效应常用的刺激设置,更符合正常的阅读情境,而前人实验中还采用了启动范式(Zhou et al.，2016)。因此,上述差异可能导致实验结果出现不一致。总之,关于语义信息对拥挤效应的影响还需要进一步研究。

阅读障碍儿童三字词与无关三字条件之间的差异量(10.92%)最大,其次为年龄匹配组(6.27%)和能力匹配组(5.09%),表明语义信息可能更多地减少了拥挤效应对阅读障碍儿童的影响。这可能是由于阅读障碍儿童受拥挤效应的影响显著大于正常儿童,使得其在无关三字条件下的正确率(63.45%)显著低于正常儿童;在三字词条件下,由于两侧干扰字与目标字之间存在语义联系,这种语义联系更多地减少了拥挤效应对阅读障碍儿童的影响。对正常儿童来说,其受拥挤效应的影响较小,即在无关三字条件下的正确率比较高(年龄匹配组和能力匹配组的正确率分别为87.26%和84.67%),因此在三字词条件下,干扰字和目标字的语义联系对正常儿童拥挤效应的减少量就比较小。

(三) 研究不足与展望

本研究考察了间距对阅读障碍儿童拥挤效应的影响,但是只设置了三种间距条件,而且每两个相邻的间距之间只相差 0.2° 视角,使得研究结果不能全面反映间距对阅读障碍儿童拥挤效应的影响。因此,今后研究可以系统操纵间距,考察间距与阅读障碍者视觉拥挤效应之间的关系。此外,现有的阅读障碍拥挤效应研究更多的是行为和认知机制研究。今后应该开展关于汉语阅读障碍拥挤效应的神经机制研究,神经机制的研究结果有助于解决这一问题——阅读障碍是由局部脑区的功能或结构异常导致,还是由脑区与脑区之间的结构或功能连接异常导致的(冯小霞、李乐、丁国盛,2016)？ 最后,视觉拥挤效应与阅读障碍之间是否存在因果关系？研究者可以通过纵向研究和干预研究来回答此问题。有研究发现,知觉学习可以减少拥挤效应对正常成人的干扰(Zhu et al. , 2016)。如果旨在减少拥挤效应的训练可以提高阅读障碍者的阅读能力,将进一步验证过度拥挤是导致汉语阅读障碍的一个重要原因。

四、结论

本研究得出以下结论:首先,阅读障碍儿童受拥挤效应的影响显著大于正常儿童;其次,低水平视觉特征(即间距)和高水平语言信息(即语义)均影响阅读障碍儿童的拥挤效应;再次,间距与汉语阅读障碍儿童的拥挤效应之间的关系呈 U 型。

第六章　阅读障碍的语言学研究

第一节　拼音文字阅读障碍的语音加工技能

国外阅读障碍的语言学研究主要集中于考察拼音文字阅读障碍者的语音加工技能,语音加工技能一直是国外阅读障碍研究者关注的焦点。在研究初期,研究者主要通过编制一些语音测验,测量阅读障碍者的各项语音加工技能。随着研究技术的不断发展,研究者逐渐开始关注阅读障碍者语音加工技能的内部神经机制。拼音文字读者的语音加工技能主要包括语音意识、语音解码和言语工作记忆。其中,语音意识是阅读障碍者研究的重点,因为在拼音文字研究中,研究者就"语音意识缺陷是阅读障碍的核心缺陷"已普遍达成共识。"语音意识"的个体差异与阅读和拼写的发展水平有关,并且这一结论具有跨语言的一致性(Ziegler and Goswami,2005)。

一、语音意识水平及相应测验

(一)语音意识水平的内涵

语音即人类说话的声音,是人类语言的物质外壳,是人类的发音器官产生的能够表达一定意义的声音(冯至纯,2001)。语音区别于其他杂乱声音的标准是:语音必须由人类的发音器官产生;语音必须具有一定的意义(许曦明、杨成虎,2011)。语音包括音素、音位、首音、韵脚和音节以及汉语中特有的声调。

语音意识(phonological awareness)是指对单词声音结构的意识(Goswami,2019)。语音意识是自然语言习得的一部分,有助于阅读习得过程,并随着阅读和拼写的学习而得到进一步发展。语音意识的发展水平受多种影响因素制约(具体见图6-1),其中一些因素,如词汇获得年龄和词汇量大小,可能具有跨语言的一致性,而另外一些因素,如语音邻居大小(即由于发音相同而成为目标单词"邻居"的单词数量)则可能具有语言特异性。语音意识的影响因素在阅读障碍儿童和正常儿童中可能以相似的方式发挥作用(Thomson, Richardson, and Goswami, 2005)。重要的是学习阅读和拼写会促进语音意识的发展,尤其是对音素意识的发展尤为重要。例如,当要求被试选择和"truck"发音相同的图片时,开始学习阅读的儿童会选择像"turkey"这样的图片,而未识字的儿童通常会选择像"chair"这样的图片(Read, 1986)。研究者认为这是因为"truck"中的"t"音带有塞擦音,在发音上更接近"ch",这种语音区别能被未开始识字的儿童识别出来(Read, 1986)。事实上,准读者(即未正式开始学习阅读和拼写的儿童)会把"truck"拼成"chrac",把"ashtray"拼成"aschray",这些错误在儿童学习常规拼写模式后就会消失(Read, 1986)。因此,学习拼写和阅读会提高语音意识的发展水平。

研究者普遍认为儿童在正式学习阅读之前已经具备了部分语音意识,表明儿童在学习阅读前,大脑已经发展出了一定的感觉或神经表征(即"语音表征")用以加工口语,使得儿童能够识别较大的语音单位,例如音节和韵母。相比之下,单个语音意识(音素,大致相当于字母所代表的声音元素)的发展则主要是阅读指导的结果(Ziegler et al., 2010)。在识字教学之前,阅读前的儿童(还有不识字的成年人)在音素水平任务(如回答"train"这个词的第二个音是什么)上的表现很差。然而,阅读前的儿童和不识字的成年人却表现出对单词中较大语音单位(如音节和押韵)的良好意识。

对拼音文字读者来说,语音意识主要包括以下三个语言层级:音节意识(syllable awareness)、"首音—韵脚"意识(onset-rime awareness)和音位意识

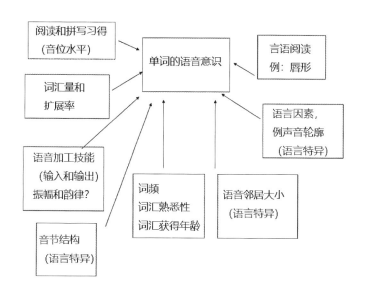

图 6-1　语音意识发展的影响因素

(phoneme awareness)（白丽茹、王丽娣，2007）。其中属于较大单位的是音节意识，最小单位的是音位意识，"首音—韵脚"意识则介于音节意识和音位意识之间。

音节意识指的是在音节这一语言层级上，个体的一种将单词切分成音节的意识。音节是拼音文字中单个元音音素和一个或多个辅音音素组合发音的最小语音单位。音节的核心是元音，因此单个元音可自成一个音节，而单个辅音一般不能自成音节。但是，以/m/、/n/和/l/音位结尾的音节可以不包含元音。音节是最小的自然发音单位，受语言的语义和结构影响。从生理发音的角度来看，音节是发音器官肌肉完成一个张弛周期的结果；从物理音响的角度来看，它主要表现为声音的音强和响度从强到弱的递进过程。

"首音—韵脚"意识是指在音节内部这一语言层级上，个体的一种将音节或单词进行切分的意识。"首音—韵脚"意识包括首音意识和韵脚意识。首音指的是一个音节的起始音位或音丛；韵脚的是一个音节内押韵的最后的音位，包含元音和元音后的一个或多个辅音。韵脚意识可以很好地预测词汇发展水平，同样也可以很好地预测早期阅读能力（Goswami，2019）。先前韵脚意

175

识的研究主要包含视觉韵脚意识和听觉韵脚意识两方面(唐浩、隋雪,2007)。

音位意识是指一种能够切分单词中的元音和辅音,然后根据这些音位语段对单词进行归类的能力。音位是指某种语言中有区别词的形式并能够区别语义作用的最小语音单位,按照语音的辩义作用归纳出来的音类,是从社会属性的角度划分出的最小语音单位(张亚军,2013)。例如,在中国的某些方言中,"n"和"l"发音相同,因此不具有区别意义的作用。音位是一组语音特征的集合体,在语流中融合成音节,因此阅读初学者必须学会识别语言中的音位。

语音意识的发展主要遵循以下顺序,即较大单位的语音意识发展得最早,随着年龄的增长,较小单位的语音意识开始发展,简言之,最早开始发展的是音节意识,最后发展的是音位意识,"首音—韵脚"意识的发展介于音节意识和音位意识之间。更重要的是语音意识的发展过程表现出跨语言的一致性。对拼音文字儿童来说,4岁时已经具备了音节意识,5岁时获得了"首音—韵脚"意识,音位意识在6岁时才开始发展(Castle and Coltheart,2004)。三种语音意识中,音位意识是发展得最晚、最困难的,需要经过一段时间的阅读和拼写训练才能得到充分发展。

(二)语音意识测验任务

目前应用比较广泛的语音意识测验大多是纸笔测验任务,施测过程中要求被试根据指导语完成相应的测验任务,并做出相应的行为反应,根据被试行为反应的结果推测语音意识的发展水平。现有的语音意识测验主要包含以下几种类型(毛荣建、刘翔平,2009):

根据语言意识的层级,分为音节意识测验、"首音—韵脚"意识测验和音位意识测验。首先,音节意识测验包含音节切分(即要求被试划分单词的音节)、音节补全(即根据给出的部分音节补全单词的音节)、音节识别(即识别单词的音节)和音节删除(即读出删除部分音节后的单词)等任务。其次,"首音—韵脚"意识测验主要通过押韵任务进行测量,包含押韵识别(即判断两个或两个以上单词的开始或结尾部分发音是否相同)、押韵奇特(即从备选项中选择一个与其他几个单词在开始或结尾部分发音不同的单词)、押韵生成(即根据目标词的开始或结尾部分的发音写出一个与之发音相同的单词)和"首音—韵脚"融合任务等。最后,音位意识测验包含音位鉴别或音位归类、音位切分、音位补全、音位互换任务等。

根据研究范式将语音意识测验分为:综合任务(synthesis task)和分割任务(segmentation task)。综合任务要求被试将一系列音素(phoneme)组合成有意义的单词;与综合任务相反,分割任务则要求被试将一个单词分割成不同的音节或音素。

国外研究者常用的综合任务方法主要有音素综合、词汇判断和单词拼读等。音素综合即呈现一系列音素,要求将音素组合成一个有意义的单词。如给被试呈现"g-d-o",被试回答"dog"这个单词。词汇判断即在呈现完一系列音素后,要求判断这些音素是否可以构成一个单词,例如呈现"g-o-d",要求被试判断是不是一个单词。单词拼读任务即根据拼音文字的拼读规则拼读单词。

分割任务主要包含音素辨认、音素删除、音节辨认和音位辨认等。音素辨认任务的实验流程:首先呈现一个目标单词(如"coat"),然后呈现四个备选单词(如"goat""cake""cross"和"yolk"),从四个备选项中选择一个与目标单词的首音发音相同的单词;或者是直接呈现四个选项(如"crust""cross""brush"和"cold"),要求被试从四个选项中选择一个与其他三个单词首音发音不同的单词。音素删除任务即呈现一个目标单词(如"coat"),要求读出去掉某个音(如"c")后的单词(即"oat")。音素删除任务有几种变式,分别是省略发音、删除发音和发音相似性判断等。音节辨认任务实施过程中,给被试呈现一张图片(如"rabbit"的图片),研究者说出"ra"的音节,要求被试说出"bit"的音节。音位辨认任务要求被试判断音素或音节在单词中出现的位置,例如,在单词"coat"中要求被试判断"t"出现的位置,是在单词的起始还是结尾部分。

总之,前人编制的语音意识测验基本包含以下两个维度:语音单位水平,即测验测量的是音节意识、首音意识、韵脚意识还是音位意识;研究范式,包含综合和分割。现有的语音意识测验将上述两个维度结合在一起。然而由于目前的语音意识测验都是纸笔测验,需要被试做出反应,因此测验结果可能受其他无关因素的干扰。今后研究者应该致力于开发更精准、实时、有效的测验任务,以便了解语音意识的本质和发展轨迹。

二、拼音文字阅读障碍的语音意识研究

前人研究一致发现拼音文字阅读障碍者在各个语言层级上的发展水平都有所下降,甚至包括音节重音模式(Goswami et al., 2013)。由于语音意识任务测量的是儿童对语言声音结构的意识,因此语音意识任务的表现被认为是语音表征质量的一个很好的指标。语音表征缺陷是拼音文字阅读障碍的基础,即语音意识缺陷是导致阅读障碍的重要原因(Liberman, Shankweiler, and Liberman, 1989)。对阅读初学者而言,要学会阅读首先要习得"字母—音素"对应,如果初学者的语音表征质量不高,那么将会妨碍建立稳定和自动的"字母—音素"对应能力。语音意识缺陷不仅存在于阅读障碍儿童中(Carroll and Snowling, 2004),而且阅读障碍成人也存在语音意识缺陷(Nergard-Nilssen and Hulme, 2014)。更重要的是在接受正式的阅读和拼写教育之前,邀请儿童参与语音意识技能训练,发现经过训练的儿童在随后的阅读和拼写教育中将发展出更高的阅读技能(Bus and van IJzendoorn, 1999),表明语音意识在读写能力的发展中起重要作用。

国外研究者一致认为语音意识缺陷为阅读障碍的核心缺陷,根据这一理论,阅读障碍儿童之所以存在阅读和单词拼写困难,主要是因为对构成单词的抽象的语音或者音位加工存在一定的缺陷。阅读障碍儿童难以对音位进行存储、调用和有意识的控制,这些是阅读障碍者语音意识缺陷的主要表现形式,而且存储、调用和控制音位对学习阅读是非常必要的。一个音位可以与其他音位进行组合,某个特定的音位在不同的情况下会具备不同的声学属性。因此音位是一种需要学习的抽象概念,不是心理物理学定义的某种声学物质。阅读障碍儿童对构成单词的音位和音位顺序的表征很模糊,因此他们可以听懂话,但是难以有意识地对言语单位进行加工和操作。

根据语音意识缺陷理论,大多数阅读能力较差的读者都存在一定的语音

意识缺陷,这种缺陷存在于任何一种阅读困难中。但是,语音意识缺陷理论最能说明大多数阅读能力较差的读者为什么难以对听到单词的语音进行分割、混合和处理。这种困难在语音意识任务中表现得最为明显,因为语音意识任务要求被试出声反应。语音意识缺陷使阅读困难者更难辨别单个语音,也阻碍了字音匹配学习。另外,该模型还认为语音意识缺陷有不同的表现形式和严重程度。语音意识缺陷理论为广泛的研究奠定了基础(Hoskyn and Swanson, 2000)。很多研究已经表明阅读失败的风险会持续出现(Gayan and Olson, 2001)。

语音意识包含三个语言层级,那么拼音文字阅读障碍者的语音意识缺陷发生在哪个语言层级呢?或者三个语言层级上都存在一定的缺陷?关于此问题,目前还没有一致的结论。有研究者认为,语音意识缺陷可能发生在较低的音素水平上,音素主要表征单个语音片段,语音意识缺陷主要表现为阅读障碍者的音素表征能力不足(Boada and Pennington, 2006)。然而,也有研究发现阅读障碍儿童不能有效利用押韵线索,因此语音意识缺陷可能发生在较高的水平上,如音韵(Desroches, Joanisse, and Robertson, 2006)。综合上述研究发现,拼音文字阅读障碍的语音意识缺陷发生在语音精细加工水平(如音位、音素或音韵)上,而不是更高的语音意识水平上。

语音意识缺陷通过何种方式阻碍阅读能力的发展呢?目前尚无定论。但是现有证据发现阅读障碍儿童在语音意识任务中不能区分单个音位,表明阅读障碍儿童存在语音表征困难,且影响了阅读能力的发展。语音缺陷可以通过多种方式扭曲潜在的语音表征,使得语音表征变弱、不稳定或者不明显(Blomert and Mitterer, 2004;Boada and Pennington, 2006)。因为这些表征要支持个体完成一系列任务(如阅读、写作和命名任务),所以低质量的语音表征会使很多方面出现缺陷。语音表征存在缺陷会阻碍字音翻译,影响单词识别的效率(Griffiths and Snowling, 2002),还会影响语言的短时记忆和命名任务(Wolf and Bowers, 1999)。因此,表征较弱、不稳定或者不明显是阅读障碍者加工机制的核心问题(Snowling and Hulme, 1994)。

值得注意的是,虽然语音意识缺陷对单词识别困难有直接影响,但是并不意味语音意识缺陷出现在所有阅读障碍者中,即语音意识缺陷是导致阅读障碍的必要不充分条件。越来越多的证据表明,大多数存在阅读障碍的儿童通常都会有语音解码上的困难。尽管一小部分阅读吃力的人被诊断为阅读障碍,但是阅读障碍和其影响早期阅读过程的问题不存在明显的区别。对于一些非阅读障碍的儿童,环境因素,如不恰当的阅读指导或者第二语言问题,可能也会导致他们出现语音解码困难,但是如果给予恰当的、强调编码的指导,他们就可以在阅读方面有快速的进步。对于阅读障碍儿童,语音方面的缺陷是根植于认知系统的,而且在词汇识别和拼写方面的劣势会一直延续到成年。换言之,被正式诊断为阅读障碍的读者,其阅读问题出现的时间和持续时间很可能会更长。然而,一个儿童是否能接受阅读障碍诊断取决于很多因素,包括家庭收入和受教育水平等环境因素。

当前没有实验证据能够表明阅读障碍儿童的阅读问题不同于特殊语言障碍儿童的阅读问题。一项纵向研究考察了基于环境的阅读困难和基于认知的阅读困难有何不同(Vellution et al. , 1996)。字母命名和字音识别技巧低于平均水平的幼儿园儿童,在随后的一年级中期几乎都被认定为较差的阅读者。其中70%的儿童经过一年级一个学期的训练之后,可以达到平均阅读水平,并维持到四年级。但是其余30%的儿童的字音测试成绩依然差强人意,并持续到三年级。上述研究完善了其他干预性研究,并认为如果及早发现并接受适当的治疗,大多数阅读困难儿童的阅读能力都可以发展到平均水平(Scanlon et al. , 2003)。因此,大部分早期有阅读困难的儿童,不论是否被诊断为阅读障碍,都能够从辅助的语言解码指导中获益。

假使儿童没有接受适当的指导,他们的阅读困难也不会随着时间的流逝而消失。研究者对445名儿童开展了一项从幼儿园到高中的追踪研究。研究者依据被试在九年级时的阅读水平,对一组存在持续阅读问题的儿童,一组无缺陷的、平均阅读水平的儿童以及一组优秀阅读水平的儿童进行对照分析,结果发现在这段时间内被试的阅读水平与同龄人相比变化很小。换言之,最初有阅读困难的儿童,阅读缺陷会一直持续到高中,且很少有人能赶上同龄人。该研究与其纵向研究结果都表明阅读问题是一个长期存在的问题(Snowling et al. , 1997）。因此,儿童在阅读方面的落后,很少是因为在认知发展方面的暂时落后导致的,如果没有有效的干预,他们几乎不可能赶得上同龄人。

三、小结

快速而准确的阅读能力是取得学业和事业成功的一项最基本的认知能力。阅读是一种比较复杂的认知加工过程,建立在言语运动和语音技能的基础之上。需要注意的是,人类的阅读能力不是天生的。学习说话是自动进行的,而学习阅读是一种"非自然行为",需要接受明确的阅读指导和训练。阅读习得过程中,儿童首先需要学会字母与语音之间的对应规则。拼音文字阅读研究的一个重要假设是语音表征的质量与阅读能力显著相关,而语音表征质量较差往往与阅读障碍有关。该假设的基本思想是,学习阅读需要学习者将字母与其发音结合起来,而不明确的发音会妨碍儿童形成准确、快速和稳定的"字母—发音"对应关系。研究者通常采用语音意识作为语音表征质量的指标,并将其作为阅读能力的预测指标。另一种常用的测量语音表征质量的方法是语音感知,即在嘈杂环境中呈现两个类似发音的单词,要求被试指出感知到了哪个单词。语音表征包含两条路径,分别是前馈路径和反馈路径。前馈路径即声音表征被映射到声音的运动效应器上,反馈路径则监控所产生的声音是否与该声音的听觉目标相对应。

总之,语音意识在拼音文字阅读习得过程中发挥着重要作用,语音意识可以显著预测阅读能力的高低,并且语音意识缺陷是导致拼音文字阅读障碍的重要原因。国外研究者就语音意识的作用已经形成了比较一致的观点,然而还有一些问题有待探讨:首先,语音意识缺陷是导致阅读障碍的原因,还是阅读障碍的结果? 有研究者认为阅读障碍的原因是视觉加工缺陷,语音意识缺陷只是阅读障碍者的一种表现（Gori and Facoetti, 2015）。其次,拼音文字阅读障碍者的语音意识缺陷表现在哪个语言层级上? 是表现在较大单位的音节层级上,还是较小单位的音位层级上,每个语言层级上都存在一定的语音意识缺陷? 再次,语音意识缺陷如何影响阅读能力的发展? 其影响的模式是怎样的? 未来还需要更深入地研究语音意识与阅读能力和阅读障碍之间的关系。

第二节 汉语发展性阅读障碍的语言学研究

一、汉语的语音特点

汉语是世界上使用人口最多的一种语言,其与拼音文字无论在文字还是在语音方面都存在很大的差异。因此,研究者不能直接将拼音文字的研究结果推论到汉语。那么作为拼音文字阅读障碍的核心缺陷,语音意识在汉语阅读能力的发展和汉语阅读障碍的发生方面发挥着怎样的作用? 是否与拼音文字的结果类似,语音意识缺陷是汉语阅读障碍的核心缺陷? 国内阅读障碍研究者应该针对汉语的独特特点开展研究,才能更好地回答上述问题,进一步验证语音意识的作用是否具有跨语言的一致性。

汉字作为中文文本的基本书写单位,与拼音文字的字母存在诸多差异。例如,汉字是一种方块结构的汉字,由笔画和部件构成,尤其是字的形旁具有非常强的表意功能,因此汉字是一种表意文字,其表音功能较弱;相反拼音文字的单词主要由不同字母以线性组合的形式构成,具有很强的表音功能,但其表意功能很差。因此,语音在汉语阅读中所起的作用可能不如在拼音文字中的作用更重要。此外,汉字是一种音节文字,汉字的字形和语言的音素之间不是一一对应关系,即汉字不存在明确的"形—音"对应规则。每个汉字字形所记录的语音单位是音节,汉字的字形和字音的联系发生在音节水平上,即汉字是一种不透明文字。拼音文字具有明确的"形—音"对应规则,字母和字音的联系发生在音素水平上。例如,英语单词的每个字母都对应相应的音素,整个单词的发音由构成该词的字母或字母组合的读音构成。

除了上述差异,汉语比拼音文字包含较少的音节类型,包含声调在内,汉语大约有1200个音节,如果不统计声调,则只有大约400个左右的音节。汉语的每个音节一般包括声母、韵母和声调三部分,声母和韵母由音段音位构成,声调是指全字声音的高低升降,是一种超音段信息,由超音段音位中的调

位构成。因此,汉语是一种声调语言。在声调语言中,声调的区别主要体现在
词汇水平上。例如,在汉语普通话中,八(ba1,eight),拔(ba2,pluck),靶(ba3,
target),爸(ba4,father),四个汉字具有相同的音节,但是声调不同,导致每个
汉字代表不同的含义。因此,根据汉语中声调的上述特点,国内语言学家一般
将声调看成是音素(phoneme)。

正是由于汉语语音呈现出与拼音文字语音不同的特点,因此汉语语音意
识的研究不仅可以丰富语音意识的研究结果,而且可以为语音意识研究提供
一个独特的视角,进一步验证语音意识的作用是否具有跨语言的一致性。有
研究者认为,拼音文字存在音素信息,相反汉字则不存在音素信息,汉字所携
带的语音信息是更高水平的音节信息,是整体的(Bartleson, Chen, and De
Gelder, 1997)。音节在汉语语言的产生中具有明确的表征,并且汉语口语产
生中的很多错误属于音节交换错误(Stemberger, 1990)。音节在汉语阅读过
程中起重要作用,例如,有研究采用启动范式发现,当目标词与启动词具有相
同的起始音节、不同的声调时,儿童对目标词的命名时间显著缩短,表明存在
音节启动效应(Chen, Chen, and Dell, 2002)。之所以存在音节启动效应,是
由于音节以组块的形式存储在儿童的心理词典中,音节是词汇命名的计划单
元。随后有研究采用音节掩蔽任务得到了与上述研究一致的结果,进一步验
证音节在汉语的词汇命名过程中是一个被存储或者被计划的音韵单位
(Chen, Lin, and Ferand, 2003)。研究者以汉字为实验材料,采用"图画—词
汇"干扰实验范式,设置了10种条件,分别是语义相关字、字形相关字、首音
相关字、韵母相关字、声调相关字、音节相关字、首音和声调相关字、韵母和声
调相关字、同音字和无关干扰字,探讨了汉语单音节词汇产生中的音韵编码单
元。结果发现在同音字和音节相关字两种条件下的反应时显著短于无关干扰
字条件,表明存在音节促进效应和同音促进效应,其他几种条件与无关干扰字
条件之间的反应时差异不显著,表明汉语的音韵编码单元很可能是"音节"和
"音节+声调"(张清芳、杨玉芳,2005)。有研究还发现汉语音节辨认与汉语词
汇认读存在中等程度的相关,且汉语音节辨认是预测汉语词汇认读成绩的一
个重要指标(闫嵘、俞国良、张磊,2005)。

总之,作为一种表意文字,汉字不存在明确的"形—音"对应规则,汉字的字形与音节对应。基于汉字的上述语音特点,国内研究者应该重点采用音节意识测验探讨汉语阅读障碍儿童的语音意识水平。当然,并不是说完全放弃语音意识的其他水平(如音位意识和"首音—韵脚"意识)的研究。音位意识和"首音—韵脚"意识均可以反映儿童学习汉语拼音的结果如何,还可以反映儿童对汉语音节的编码和区分能力。

二、汉语发展性阅读障碍与语音意识

汉语作为一种表意文字,不同于拼音文字。汉字还是一种不透明文字,字形和字音之间没有一一对应的关系。与拼音文字相比,汉语包含较少的音节类型,而且汉语是声调语言。因此,汉语阅读障碍儿童是否也存在类似的语音意识缺陷? 为回答这一问题,研究者开展了一系列研究。

研究者采用真假字判断和同音判断任务发现,在同音判断任务中,汉语阅读障碍儿童的成绩显著低于正常儿童,表明汉语阅读障碍儿童存在语音表征缺陷(徐世勇、彭聃龄、薛贵、谭力海,2001)。这一研究结果得到了后续研究的验证和支持(卢珊、吴汉荣,2009;孟祥芝,2000;孟祥芝、沙淑颖、周晓林,2004;周晓林、孟祥芝,2001)。

此外,语音的保持(即语音短时记忆)和提取(即快速命名)对阅读同样具有很重要的作用。汉语阅读障碍儿童在完成与汉字字形加工任务相关的语音转录任务时出现加工困难(刘翔平、丁玎、杨双,2004),在提取语音时,丢失的信息率显著多于正常儿童,并且汉语阅读障碍儿童单纯的语音保持能力正常,但不擅长利用语义编码来促进短时记忆的效果(刘翔平、丁玎、杨双,2005)。

研究者以香港双语儿童为被试,采用音节检测、短时言语记忆、快速命名等语音加工任务发现,语音加工能力是跨语言的比较稳定的因素,是预测汉语和英语阅读的一个较好指标(钟毅平、McBride-Chang、Ho,2002)。研究者采用识字量测验、语素意识测验和语音意识测验,探讨语音意识和语义损伤程度与阅读之间的关系。结果发现,阅读障碍儿童表现出声旁错误、类推错误和语义错误等,而且语音和词的阅读正确率的相关系数很高,为0.80,表明语音意识缺陷是汉语阅读障碍儿童的一种主要缺陷(薛锦等,2008)。

有研究采用三种干预方式:语音意识干预、正字法意识干预和双干预,考察了正字法意识干预和语音意识干预对阅读障碍儿童的影响。结果发现,无论接受哪种干预方式,阅读障碍儿童的阅读能力都有所提高,尤其是接受双干预的阅读障碍儿童,其声旁意识显著提高,表明语音意识干预有效促进了阅读障碍儿童声旁意识中语音表征的存储和提取。更重要的是,接受语音意识干预的阅读障碍儿童阅读精确性能力的发展显著高于接受其他两种干预方式的阅读障碍儿童,这可能是由于实验中的阅读精确性任务没有时间限制,使得儿童有足够的时间减少字形加工错误,凸显了语音意识的作用(周湾,2018)。

上述研究一致发现,汉语阅读障碍儿童存在语音意识缺陷,语音意识在汉语儿童阅读能力的发展中起重要作用。然而,也有研究发现,阅读障碍儿童的语音意识缺陷可能只是一种发展迟滞性现象,其语素意识(尤其是同音语素意识)表现出一种异常的增长趋势,表明语素意识缺陷可能是导致汉语阅读障碍的一个重要原因(王沐石、刘涵隆、赵婧,2019)。

总之,大量研究发现汉语阅读障碍儿童存在语音意识缺陷。拼音文字中的语音障碍通常表现为儿童不能有效使用形音转换规则,但汉字不存在形、音一一对应规则,因此汉语阅读障碍儿童的语音意识缺陷是否具有与拼音文字相似的表现形式和特点以及语音意识缺陷是否是汉语阅读障碍的核心缺陷,还需要进一步的研究。此外,汉语阅读障碍儿童的语音意识研究还可能存在以下问题:汉语阅读障碍儿童的筛选标准存在差异,被试的不同质可能使得研究结果出现不一致;语音意识测验内容存在差异,有研究采用辨声母、辨韵母和辨声调 3 个分测验,有研究采用汉字命名和词汇判断任务,有研究采用从由 2 个或 3 个音节构成的复合词或短语中检测某个字,测验内容的不统一可能使得研究结果出现冲突。因此阅读障碍儿童的筛选标准和语音意识测验的研究范式需要进一步规范,只有这样才有可能深入探讨语音意识与阅读能力之间的关系,也才有可能探讨不同汉语阅读障碍亚类型儿童的语音意识差异(毛荣建、刘翔平,2009)。

三、汉语发展性阅读障碍与语素意识

(一)汉语语素意识的内涵和结构

语素意识是对汉字最小意义单位的理解,是元语言意识的一种。语素意识指的是个体具有的一种通达词义的关于语素结构的意识。阅读能力发展水平通常与语素意识的发展紧密相关,只有获得了良好的语素意识,才能习得词汇的内在结构。良好的语素意识有助于儿童的口语词汇习得过程,促进儿童阅读理解能力的发展。

关于汉语语素意识的结构,主要存在以下几种观点:首先,语素意识包含区分同音语素的能力、对语素和整词意义之间关系的理解能力(Wang,1999)。其次,语素意识主要包括以下三个构成成分:词素意识(morpheme awareness)、同音和同形词素意识(homograph awareness)、形旁意识(radical awareness),其中词素意识是最大的单位(Li,Gaffney,and Packard,2002)。在第二种观点的基础上,研究者对同音和同形词素意识进行进一步划分,分为同音词素意识和同形词素意识,认为词素意识、同音词素意识、同形词素意识和形旁意识可以很好地概括语素意识的内涵和结构(李虹等,2009A)。

(二)汉语语素意识测验任务

根据李虹等(2009A)的观点,汉语语素意识测验主要分为以下四种:

1. 语素意识测验

语素意识测验主要包含以下几种实验任务,分别是语素类比、语素理解和词素结构判断等。语素类比任务施测过程中,首先口头呈现一个熟悉的动物或物体的概念或定义,实验任务是为一个与之相似的虚构的动物或物体创造一个名字。该任务要求儿童从呈现的动物或物体的概念中提取出一个语素,并将其与描述想象中的动物或物体的一个或两个语素结合,创造出一个包含两个或三个语素的新颖的复合词。例如,"斑马是身上有斑纹的一种马,那么身上有斑纹的牛叫什么?"(Chen et al.,2009)。语素理解任务考察对词语语素意义的理解,如呈现一个复合词(如"板书"),要求从备选项("片状的较硬的物体""表情严肃""不灵活""黑板")中选择一个最能代表该词中"板"字的意义的选项(即"黑板")。词素结构判断任务,即呈现一个目标词,要求从备选项中选择一个与目标词结构(例如主谓、动宾、偏正、并列、动补结构等)相同的一个词语。例如,给被试呈现如下句子:"我实在是受不了了,只好让他闭嘴。"目标词是"闭嘴",为主谓结构。要求被试从"玩球""记录"两个选项中选出与目标词结构相同的选项,即"玩球")。

2. 同形语素意识测验

同形语素意识测验主要包含语素产生任务和多音字语素判断等任务。语素产生任务,即要求被试根据目标语素写出新的包含目标语素的复合词(常云,2011),又叫语素构词能力测验(张妍等,2011)。例如呈现一个复合词(如"古代"),该词的目标语素是"代",要求被试写出一个与该语素在原词中意义相同的一个复合词(如"近代")和一个不同的复合词(如"替代")。多音字语素判断任务,即要求被试判断同一个语素在不同词语中的意思是否相同,此任务可以很好地反映儿童对该语素不同含义的理解(常云,2011)。例如要求被试判断"书记"和"标记"两个词语中"记"的意义是否相同。

3. 同音语素意识测验

该测验主要包含语素匹配任务和语素判断任务。语素匹配任务在施测过程中呈现两个同音字,声调也完全相同,要求被试根据句子的语境,选择一个合适的汉字填入句子中。例如,给被试呈现如下句子:"不能随地乱扔 lā jī。"要求被试从"拉"和"垃"中选择合适的字。语素判断任务,即以听觉形式呈现一对词语(例如"复习"和"付出"),该对词语包含一个发音相同的语素,即"fù",要求被试判断两个词语中同音语素的含义是否相同(张树东、张文秀,2018)。

4. 形旁意识测验

国内研究者通常采用语义相关判断任务和选字组词任务测量形旁意识。语义相关判断任务,即以视觉形式呈现一个目标字,如"抬",然后从备选项

("治""但""提")中选择一个与目标字语义相关的汉字,即"提"。语义相关判断任务可以很好地反映形旁意识的发展水平,即儿童能否根据形旁信息推测汉字的语义(李蕊,2005)。选字组词任务,即呈现一个双字词,双字词中的目标字以拼音形式出现,如"liàn 习",要求被试从备选项(如"炼""练""栋")中选择正确的汉字(即"练")。形旁意识的发展水平将有助于汉字习得过程,进而提高儿童的阅读能力。

(三)汉语儿童的语素意识发展

汉语儿童的语素意识是从何时开始发展的呢? 其发展轨迹是怎样的? 研究者采用自编语素意识测验,考察了小学二、四和六年级学生的语素意识发展水平。结果发现,随着年龄的增长,学生的语素意识发展水平不断提高,尤其是二年级到四年级可能是语素意识发展的关键阶段(范国新,2010)。随后有研究者选取小学三、四、五、六年级的学生为实验对象,采用语素识别测验、同音语素辨别测验、同形语素辨别测验和解释语素测验,发现语素识别意识发展得最早,小学三年级儿童已经具备了较高的语素识别水平,发展最晚的是解释语素意识;小学四年级是同音语素意识发展的关键阶段;同形语素意识在小学中、高年级发展比较迅速(陈泊蓉,2011)。

关于汉语儿童语素意识的发展模式,目前还没有形成比较一致的结论,可能的原因是:语素意识测验不一致,前人多是根据自己的研究目的自行编制测验,使得测验的内容不一致,进而导致结果出现差异;被试的年龄不同,前人选取的被试年龄范围存在较大差异。因此,汉语儿童语素意识的发展模式,还需要更进一步的研究,尤其是亟需开展一些纵向研究,结合横断研究的结果,深入了解汉语儿童语素意识的发展轨迹。

(四)汉语阅读障碍与语素意识

由于汉字不存在形音一一对应规则,因此汉语儿童对语义的敏感性可能在阅读发展过程中发挥着更为重要的作用。大量研究发现语素意识对汉语儿童的阅读发展具有重要的作用,且其作用已经远远超过了语音意识的作用

（McBride-Chang，Shu，and Zhou，2003）。吴思娜、舒华和刘艳茹（2005）采用认知能力和阅读测验，发现在每种阅读测验任务中语素意识均有显著贡献。有研究发现76%的儿童存在语素意识缺陷，语音意识缺陷和快速命名速度缺陷分别占43%和41%，表明语素意识缺陷有可能是导致儿童阅读困难的一个主要原因（吴思娜，2005）。研究者采用九项认知变量测验，通过回归和路径分析法发现，语素意识是一系列言语技能中最有力的一致性预测因素，语素意识缺陷可能是汉语阅读障碍的核心缺陷（Shu et al.，2006）。随后有研究也证实汉语阅读障碍儿童存在语素意识缺陷（刘文理、刘翔平、张婧乔，2006）。李虹和舒华（2009a）发现汉语阅读障碍儿童的认知能力缺陷主要集中在语言认知领域，而且51%的汉语阅读障碍儿童存在语素意识缺陷，支持语素意识缺陷是汉语阅读障碍的核心缺陷的观点。上述研究结果得到了后续研究的支持（隋雪、刘雯、翁旭初，2012；Chen et al.，2009；Liu and McBride-Chang，2010；Tong et al.，2009）。

有研究以正常儿童为研究对象，考察了语素意识与阅读能力之间的关系。研究者邀请小学二年级和四年级的学生完成语音意识、语素意识和阅读理解测验。结果发现语音意识与阅读成绩的相关系数为0.35，语素意识与阅读成绩的相关系数则高达0.97（李玲，2010）。上述研究结果同样得到了后续研究的支持（董琼等，2012；李虹等，2011）。有研究对学前儿童进行为期一年半的追踪研究发现，同形语素意识对口语词汇成绩有显著的预测作用，词素意识能预测汉字识别成绩，词素意识和形旁意识是解释阅读理解成绩的重要变量（董琼、李虹、伍新春、饶夏溦、朱瑾，2013）。还有研究以留学生为实验对象，采用纸笔测验的方式和多重回归的统计方法，发现对留学生的汉字学习成绩来说，语素意识具有独特的预测作用（郝美玲、张伟，2006）。

上述研究一致发现汉语阅读障碍者普遍存在语素意识缺陷，尤其是存在词素构词规则缺陷（Zhang et al.，2014）。那么汉语阅读障碍的词素构词规则缺陷到底是怎样的一种缺陷？是汉语阅读障碍儿童没有形成词素构词规则，还是他们知道什么是词素构词规则但是不能灵活运用呢？为了了解汉语阅读障碍词素构词规则缺陷的实质，研究者采用启动范式，选取不同透明度的汉语词汇为实验材料。结果发现,阅读障碍儿童与阅读能力匹配组儿童透明词的启动效应之间差异不显著,但是阅读障碍儿童不透明词的启动效应显著大于阅读能力匹配组儿童的启动效应。研究者认为,汉语阅读障碍儿童的词素构词规则缺陷不是没有形成词素构词规则,而是阅读障碍儿童不能灵活运用词素构词规则(余雪等,2015)。

研究者采用自编测验考察了小学三年级和四年级汉语阅读障碍儿童的语素意识发展过程,结果发现阅读障碍儿童较早掌握同音(同形)字,但其语素理解和语素组合的发展水平显著落后于同音(同形)字的发展水平,尤其是语素组合的发展水平最低(范晓玲、王珺、周路平、卢谢峰,2017)。上述结果进一步验证了前人的研究结果,即汉语阅读障碍儿童不能很好地利用词素构词规则(余雪等,2015)。

最近,有研究对一年级小学生开展了为期两年的追踪研究,考察默读流畅性在语素意识与阅读理解关系中的作用。研究者采用交叉滞后模型分析发现,一年级下学期的默读流畅性在一年级上学期的语素意识影响二年级上学期的阅读理解的中介作用显著,即一年级上学期的语素意识影响一年级下学期的默读流畅性,进而影响二年级上学期的阅读理解。结果表明,默读流畅性在早期语素意识与之后的阅读理解中发挥跨时间点的中介作用,并且这种中介作用随儿童认知技能的发展而有所变化(赵英、伍新春、陈红君,2019)。

然而,也有一项纵向研究发现,语素意识可以预测汉字识别的起始水平和发展速度,但是不能预测汉字拼写的起始水平和发展速度。研究者认为,之所以语素意识不能预测汉字拼写的发展水平,可能与儿童的年级发展有关。被试为小学一年级儿童,汉字听写主要依赖机械提取,随着年级的增长,儿童的语言经验越来越丰富,此时语素意识对听写的影响可能更大(李利平、伍新春、程亚华,2020)。

汉语阅读障碍的核心缺陷到底是语音意识缺陷,还是语素意识缺陷呢?最近越来越多的研究发现汉语阅读障碍者存在的是一种综合性缺陷,即不仅存在语音意识缺陷,而且存在语素意识缺陷。前人研究发现汉语阅读障碍儿童不仅存在语音意识缺陷,而且其语义功能也受损(林敏、刘翔平、张婧乔、康雪,2009)。阅读障碍儿童的语音意识和语素意识测验与汉字识别及阅读理解均存在中等程度的相关关系,但语音意识和语素意识的预测率均低于50%(张妍等,2011)。研究者以193名学前儿童和291名小学一年级、二年级和三年级的学生为研究对象,发现学前儿童的汉字识别成绩与语音意识中的音节删除任务、语素任务中的语素建构任务存在高相关,小学生的识字量与所有的语音任务和语素任务均存在显著相关关系(李虹、舒华,2009b)。前人采用纵向研究发现,语音意识对学前儿童一年半后的口语词汇有独特的解释作用,语素意识是解释学前儿童一年半后汉字识别和阅读理解能力发展的重要变量(董琼、李虹、伍新春、饶夏微、朱瑾,2014)。因此,语音意识和语素意识在汉语阅读障碍儿童中的作用,还需要更多的研究数据和研究结果。

四、汉语阅读障碍与正字法意识

(一) 正字法意识的内涵

汉语作为表意文字,是一种典型的部件化语言。汉字是一种平面图形,该图形随着构成汉字的笔画和部件在空间上的组合方式和位置的不同而有所不同(王娟等,2011)。汉字不存在明确的"形—音"对应规则,相反汉字的形旁却能为整字提供相关的语义信息。因此,许多研究者非常重视正字法加工在阅读能力发展中的重要性。

正字法规则指的是使文字的拼写符合标准的一种方法,每种语言都有自己独特的正字法规则(李虹、彭虹、舒华,2006)。笔画是汉字的基本书写单元,前人研究发现,由笔画或笔画的组合构成的部件是汉字加工的基本正字法单元(钱怡、赵婧、毕鸿燕,2013)。正字法意识是指对汉字部件的位置规则以及其作为形旁或声旁的功能的认识,反映了儿童的字形加工能力以及对汉字书写规则的掌握(钱怡等,2013)。正字法意识主要包括三个成分,分别是单部件意识、部件位置意识以及部件组合规律和功能意识(舒华,1997)。

单部件意识是指对某个特定部件的认识,即能否判断某一部件是否是真实存在的。例如,字符"2 水"中的"2"不是真实存在的部件,而"水"是真实存在的部件。此外,研究者还通过部件缺失和部件旋转任务考察单部件意识的发展水平(钱怡等,2013)。

部件位置意识指的是对部件位置规则的认识。一些部件在汉字中的位置比较固定,例如"氵"部件通常在汉字的左边(如"河""泪""江"等字);相反,另外一些部件在汉字中的位置就比较灵活,例如部件"口",它既可以在一个汉字的上边,如"呈",也可以在汉字的下边,如"召",还可以在汉字的左边,如"叽",同样也可以在汉字的右边,如"加"。部件所在的位置不同,使得其构成了不同的汉字。

部件组合规律和功能意识主要包括部件组合规律意识、声旁意识和形旁意识。部件组合规律意识是指对构成汉字的部件组合方式或规律的认识,部件的组合方式主要有上下、左右、包围和半包围等。声旁意识即部件具有提示汉字读音的功能,通常位于一个汉字的右边或下边。形旁意识指的是部件具有提示汉字语义的功能,一般位于一个汉字的左边或上边。

(二)正字法意识的发展以及与阅读的关系

汉语儿童从何时开始具备正字法意识呢? 早期的研究多以学龄儿童为实验对象,发现小学低年级儿童的正字法意识已经开始发展,小学高年级学生的正字法意识水平已经趋于接近成人(李娟、傅小兰、林仲贤,2000;舒华、刘宝霞,1994)。随后国内研究者开始研究学龄前儿童,即未接受正式读写教育的儿童具有怎样的正字法意识。有研究发现,学龄前儿童能够区分汉字和线条图,但是在单部件意识和部件位置意识测验上的表现却很差,表明学前儿童的单部件和部件位置意识还未完全开始发展(李虹等,2006;2009)。然而,也有研究发现,学龄前儿童的正字法意识已经开始萌芽(钱怡等,2013;王娟等,2017),且6岁儿童的正字法意识已经比较清晰(周兢、刘宝根,2010),但学龄前儿童的正字法意识发展水平还比较低。总之,前人研究一致发现,学龄前儿童的正字法意识已经开始萌芽,但具体的萌芽时间还没有形成一致的观点。这可能与前人研究采用的实验任务存在差异有关,因此摆在国内研究者面前的一个急需解决的问题是,尽快形成一套统一、标准的正字法意识测验。

正字法意识在汉语阅读和书写能力的发展中起着关键作用。在经过一段时间的正字法结构教学后,儿童的书写能力有了显著提高(Loh et al.,2011),且一年级的正字法意识水平能够显著预测二年级和四年级的听写成绩(Yeung et al.,2013)。然而,还有研究发现正字法意识只在低年级学生的汉字听写中发挥重要作用,到了中、高年级对汉字听写的影响就大大降低(李利平、伍新春、熊翠燕、程亚华、阮氏芳,2016)。这可能与两项研究的被试不同有关,内地小学二年级学生已经具备了较高的正字法意识水平,到中、高年级时正字法意识的作用逐渐被语素意识替代。除此之外,正字法意识对汉字识别、新词习得和阅读能力的发展也具有重要作用(舒华,1997),而且正字法意识可以显著预测阅读流畅性(董琼等,2012)。

(三)汉语阅读障碍与正字法意识

研究者采用字形相似的汉字为实验材料,发现汉语阅读障碍儿童没有表现出语音障碍(孟祥芝、舒华、周晓林、罗晓辉,2000),相反阅读障碍可能与字形识别有关(Perfetti,Tan,and Siok,2006)。汉语阅读障碍儿童在识别汉字时经常犯形似错误(丁丁等,2002),字形学习显著落后于对照组的正常儿童。汉语阅读障碍儿童在同音字字义辨别能力、形旁推理能力和声旁推理能力等方面都存在一定的缺陷(刘翔平等,2004)。汉语阅读障碍儿童存在语音意识和正字法加工缺陷,这两种缺陷可能是汉语阅读障碍儿童面临的最主要的缺陷(王晓辰、李清、邓赐平,2014)。然而,也有研究发现汉语阅读障碍儿童不存在正字法加工缺陷,即汉语阅读障碍儿童能够很好地判断假字和非字(赵婧、毕鸿燕、杨炀,2012)。因此,汉语阅读障碍是否存在正字法加工缺陷,还需要更多的研究数据。

尽管大多数研究发现汉语阅读障碍存在正字法加工缺陷,但依然存在一定的争论。研究者普遍认为,汉语阅读障碍儿童在字的细节加工方面存在缺陷,但是在汉字的整体表征上却颇有争议。有研究者认为,阅读障碍儿童在汉字整体字形表征方面是正常的,汉字识别困难主要在于对细小的语音单元分析和字形的细节加工方面。但有研究者发现,初中三年级阅读障碍学生主要的缺陷体现在对假字的判断和字形细节加工上,而小学三年级阅读障碍学生的汉字整体知觉水平以及汉字字形的细节加工方面都存在明显的困难(邹艳春,2003)。

五、小结

总之,上述语音、语素和正字法的研究表明,汉语阅读障碍的阅读困难大多发生在汉字水平,表现为音、形、义某个或几个方面存在缺陷,或者是三者之间的联结存在问题,这与汉字的书写特征和汉语阅读障碍儿童心理词典的发展有很大关系。阅读早期,儿童普遍利用语音线索进行汉字识别。但汉字不存在形、音一一对应原则,这给汉语初学者建立形、音之间的对应关系带来了很大困难。另外,汉语是声调系统,声调具有非常细微的区分作用,需要学习者有很强的语音分析能力,对于低年级的儿童来说非常困难。这些因素共同导致儿童语音加工出现困难。

阅读能力发展最重要的问题是:初学者如何从初级的学习状态发展到高级阶段?阅读能力发展的中心问题是词汇表征的发展,包括词典中词条数量的增加和词典表征质量的提高。因此儿童词汇量少可能也是造成其阅读障碍的一个重要原因。舒华和孟祥芝(2000)通过调查发现,80%的语文教师认为阅读困难儿童的词汇量较小。但也有研究发现,阅读障碍儿童的生字量大大多于阅读正常儿童(喻红梅、魏华忠,2003)。

汉语阅读障碍儿童常在音同、形似、近义的词条上产生混淆;容易犯同音代替错误;识字过程中表现出过度规则化现象等,这些都与其心理词典的词汇表征和加工存在缺陷有关。汉字的识别,产生依赖于音、形、义表征之间的联结强度,只有各种表征的联结达到一定的强度,才会实现相互激活和扩散,也才会顺利实现汉字识别过程。汉语阅读障碍儿童没有发展起音、形、义之间丰富的网络连接,形音、形义联结较弱,在语音或字形的刺激下,不能实现字形和语音的正确输出,因此才导致其阅读能力显著落后。

第七章　阅读障碍的非语言学研究

第一节　阅读障碍的认知心理学研究

一、拼音文字阅读障碍的认知心理学研究

研究者认为阅读障碍者之所以表现出阅读困难问题，可能不是语言加工方面存在缺陷，而是非语言加工存在问题，进而导致其表现出阅读困难。因此，阅读障碍的非语言加工逐渐成为研究者关注的焦点。拼音文字阅读障碍的认知心理学研究主要集中在感觉运动缺陷、注意缺陷和工作记忆缺陷三个方面。

（一）感觉运动缺陷

大量有关拼音文字阅读障碍的研究都发现阅读障碍儿童存在语音意识缺陷。然而，部分研究者认为语音意识缺陷只是阅读障碍的一种表现，导致阅读障碍者表现出语音意识缺陷的可能是更为一般的低水平的感觉运动缺陷，其中包含视觉缺陷、听觉缺陷和运动缺陷等（Stein，2001）。阅读障碍儿童中，视觉缺陷的发生率约为 29%，听觉缺陷的发生率约为 39%，运动缺陷的发生率大约在 30%~50%之间。

有研究发现，阅读障碍儿童存在双眼定位不稳定缺陷和交叉的趋异控制

缺陷(Stein, 2001)。拼音文字阅读障碍儿童存在定向运动对比敏感性的视觉缺陷(Slaghuis and Ryan, 2006),而且阅读障碍者受视觉拥挤效应的影响显著大于正常读者(Gori and Facoetti, 2015)。

语音意识缺陷是拼音文字阅读障碍的核心缺陷,那么是不是听觉加工缺陷就是语音意识缺陷的核心缺陷呢?有研究发现,部分发展性阅读障碍儿童确实存在快速、瞬时的听觉加工缺陷(Tallal, 1980)。然而这种快速听觉加工缺陷与语音意识缺陷之间的关系并不明确。有研究发现,快速听觉加工任务和语音分类、辨别任务并不存在相关关系,同样与语音加工技巧和阅读能力也没有显著的相关关系(Kronbichler, Hutzler, and Wimmer, 2002)。

运动系统缺陷主要表现为平衡控制缺陷。研究者通过控制身体姿势的平衡实验发现,无论是在双腿站立或是单脚站立的情况下,阅读障碍儿童控制身体平衡的能力均显著差于正常儿童,这种运动系统的缺陷也会间接地影响儿童的阅读能力发展水平。

(二) 注意缺陷

拼音文字阅读障碍与注意缺陷密切相关,且拼音文字阅读障碍儿童在注意选择、注意转移和注意分配上均存在不同程度的缺陷。

注意选择缺陷的证据主要是阅读障碍儿童空间定位的研究。有研究者认为,阅读障碍儿童在听觉和视觉加工过程中所表现出来的空间定位缺陷源于一般的刺激的知觉选择缺陷,亦注意缺陷,它扰乱了阅读障碍儿童语音和正字法加工能力的正常发展。这种说法也得到了拼音文字阅读障碍儿童存在空间线索缺陷的支持,空间线索缺陷反映了阅读障碍儿童注意选择方面的缺陷(Roach and Hogben, 2008)。

另外,阅读过程中需要读者的注意力持续地在刺激间进行空间和时间的转移,因此注意的转移能力与阅读能力和阅读成绩密切相关。这种观点得到了视觉注意转移和阅读成绩之间存在较高相关关系的研究证实(Asbjornsen and Bryden, 1998)。注意转移的缺陷不仅存在于视觉加工过程中,也存在于听觉加工过程中。有研究者发现,阅读障碍儿童正是在加工快速系列呈现的声音刺激对时表现出了听觉注意转移的缺陷,所以认为注意转移缺陷可能是快速听觉加工缺陷的原因。

阅读过程还需要读者快速分配注意到系列的文字输入信息中,因此对系列刺激的注意分配能力与阅读能力也紧密相关。拼音文字阅读障碍儿童对快速呈现系列刺激的注意分配能力明显差于正常儿童(Visser, Boden, and Giaschi, 2004)。

(三) 工作记忆缺陷

阅读障碍儿童阅读时经常表现出如下现象,即读到后面的内容时,已经忘了前面的内容,甚至是读了后半句忘了前半句。如果不能很好地整合文章或句子的内容,也就不能理解所阅读内容的含义。因此,工作记忆能力与阅读能力的发展紧密相关。

根据巴德利(Baddeley,2003)的观点,口头工作记忆包含三个子系统:语音回路系统,即注意的控制系统;中央执行系统,它涉及语言的产生;初步加工系统,它保持和处理视觉和空间的表象。语音回路系统负责暂时保存语素串;中央执行系统负责当加工和存储过程同时发生时,对工作记忆进行注意控制;初步加工系统能将从长时记忆系统和语音回路系统中所得到的信息进行整合。

有研究发现,阅读障碍儿童的工作记忆能力发展速度缓慢,严重影响了阅读能力的发展(Gathercole et al. , 2006)。另外,阅读障碍儿童的工作记忆容量及其随年级增长的幅度也显著低于正常儿童。一项持续三年的纵向研究考察了阅读障碍儿童和正常儿童在工作记忆的增长上是否存在差异(Swanson and Jerman, 2007)。一系列记忆和阅读测验显示,正常儿童比阅读障碍儿童有更高的工作记忆增长幅度,阅读障碍儿童的缺陷主要表现为工作记忆的执行成分能力的增长速度较慢。拼音文字阅读障碍儿童的工作记忆成绩明显低于正常儿童,特别是中央执行任务上的表现更低,表明阅读障碍儿童的工作记忆缺陷的症结在于中央执行成分(Cohen-Mimran and Sapir, 2007)。以上研究结果均支持阅读障碍儿童存在工作记忆缺陷的假设。

二、汉语阅读障碍的认知心理学研究

(一)汉语阅读障碍与视觉空间认知能力

有研究发现,尽管语音加工技能与阅读成绩有很高的相关性,但仍然有很大一部分阅读能力差异不能由语言加工技能缺陷来解释(李红文,2000),如辨认字母和数字出现困难,经常混淆相似的汉字等(孟祥芝等,2002)。汉字是图形文字,视觉空间认知能力在汉字的阅读和拼写中有不可忽视的作用。阅读过程需要一系列视觉认知加工的参与,包括视觉空间辨认、视觉空间分析、视觉空间扫描、视觉空间记忆等。目前大多数研究发现汉语阅读障碍儿童存在视觉加工能力缺陷。

研究者采用本顿视觉保持测验发现,汉语阅读障碍儿童的视觉空间短时记忆能力、视觉结构和视觉运动整合能力均存在不同程度的缺陷(黄旭、吴汉荣、静进、王梦龙、陈一鸣,2007)。还有研究采用简单搜索任务、复杂搜索任务和限制时间的复杂搜索任务发现,汉语阅读障碍儿童存在复杂搜索的知觉学习缺陷,这种缺陷可能在某种程度上与阅读能力的发展有关(林欧、王正科、孟祥芝,2013)。研究者分别比较了汉语阅读障碍青少年与年龄匹配组、阅读水平匹配组青少年的读写能力和认知能力(Chung, Ho, and Chan, 2010)。结果发现,阅读障碍青少年的得分显著低于年龄匹配组,尤其在快速命名、"视觉—正字法"知识、形态感知等几个测验任务上,但是阅读障碍组的得分与阅读水平匹配组的得分相似。有研究者认为,视觉空间认知障碍是汉语阅读困难认知加工的凸显特征(赵微,2004)。有研究发现,识字能力较低者在图形心理旋转和视空间工作记忆测验上的成绩均显著低于识字,而且识字能力较低者更多地依赖视觉线索(邹金利,2005)。有研究以小学五年级正常儿童为研究对象,发现阅读过程受基本知觉技能影响,动态视觉加工作用于汉语阅读的特定过程(孟祥芝、周晓林、曾飚、孔瑞芬、庄捷,2002)。上述阅读障碍儿童的视觉加工缺陷可能与其双眼视功能异常有关,主要表现为阅读障碍儿童存在近距离较大外隐斜、近距离融像性聚散储备不足等问题(谭军伟等,2017)。

但也有研究发现不一致的结果。例如有研究发现在不可能图形材料辨识任务中,阅读障碍儿童的得分与对照组之间不存在显著差异;在以彭罗斯三角原理构成的不可能图形材料辨识任务中,阅读障碍儿童的得分显著高于对照组。结果表明,汉语阅读障碍可能与一种特殊形式的视觉空间能力的增强有关,而不是存在视觉加工缺陷(何莹,2005)。另有研究者从台湾和香港两地分别选取了 30 名阅读障碍儿童,采用 Autodesk 3ds Max 制作的三维模型,要求被试学习三维模型,学完之后尽快判断目标球的位置。结果发现阅读障碍儿童和正常儿童在正确率上的差异不显著,但是阅读障碍儿童所用的时间显著少于正常儿童,表明阅读障碍儿童的视空间能力可能存在一定优势(Wang and Yang, 2011)。

汉语阅读障碍儿童视觉空间认知特点的研究已取得一定的成果,但仍有很多不成熟的地方,主要表现为研究结果不一致,实验材料选择无统一标准和研究不够系统全面等。汉字属于表意文字,字形复杂,结构密集,阅读过程中需要更为精细的视空间分析,探讨汉语阅读障碍的视空间加工能力有着特殊意义。汉语阅读障碍的视觉空间认知能力研究起步较晚,仍需要更多和更深入的研究(张红坡、邓铸、陈庆荣,2012)。

(二)汉语阅读障碍与记忆

汉语阅读障碍儿童记忆能力的研究主要集中在短时记忆、工作记忆和长时记忆三个方面。下面将分别从这三个方面对汉语阅读障碍儿童的记忆特点进行概述。

短时记忆是能力有限的记忆系统,保持信息的时间大约在 3 秒~1 分钟之内,主要反映了读者阅读信息时的被动保持能力。大多数研究表明当实验材料为言语材料时,汉语阅读障碍儿童存在明显的短时记忆缺陷(周韦华,2005);而当实验材料与言语无关时,研究结果却不一致。

前人采用 on-line 的实验方法,区分了简单材料和复杂材料,发现在视觉短时记忆能力方面,小学三年级的汉语阅读障碍儿童和正常儿童之间的差异不显著(刘翔平、刘希庆、徐先金,2004b)。在上述研究的基础上,研究者做了进一步完善:一是采用更复杂的图形记忆材料;二是刺激的呈现时间从 2 秒扩展到 0.5 秒~2 秒;三是考虑到不同亚类型阅读障碍儿童的记忆能力。结果发现汉语阅读障碍儿童与正常儿童在短时记忆任务上的成绩存在显著差异,且随着材料复杂性的提高,阅读障碍儿童的缺陷表现得越明显;记忆障碍组(解码障碍组和双差组)和记忆无障碍组(理解障碍组和正常儿童)之间的视觉短时记忆成绩也存在一定的差别(刘翔平等,2005)。随后的研究得到了与上述研究一致的研究结果(王艳碧,2008)。汉语阅读障碍儿童短时记忆的缺陷表现在记忆容量和提取效率上,且受阅读能力的影响(薛锦,2010)。

工作记忆为复杂的认知加工任务,如言语理解、学习和推理等提供临时的储存空间和加工所必需的信息等。研究者普遍认为,汉语阅读障碍儿童的工作记忆显著落后于正常儿童(吴汉荣、姚彬、余毅震,2004),存在广泛的工作记忆缺陷(周韦华,2005)。这种缺陷不仅表现在句子记忆、声音符号等语音环路上(程灶火、龚耀先,1998;骆艳,2012),同时也表现在图片记忆、视觉学习等视觉空间模板(骆艳、王晶、吴汉荣,2011)和中央执行系统上(蒋春蓉,2014)。与正常儿童相比,汉语阅读障碍儿童存在更多的注意问题,如注意力不集中、易分心、不能很好地抑制无关刺激的干扰等(朱浏烈、许政援、瑞芳,2000),存在听觉注意转换延迟缺损(刘议泽等,2014);提取短时记忆系统中的语音信息时,信息易丢失,回忆量会下降等(刘翔平等,2005);言语工作记忆的语音复述子系统存在缺陷(骆艳等,2012);认知灵活性的水平显著低于正常儿童(闫嵘、俞国良,2006);转换功能也存在一定缺陷(朱冬梅、王晶、吴汉荣,2011)。

汉语阅读障碍儿童长时记忆的研究起步较晚,而且研究结果也相对较少。有研究发现阅读障碍儿童记忆日文平假名的成绩显著低于正常儿童,然而在图形记忆任务则不存在显著差异(李红文,2000)。上述研究结果遭到一些质疑,主要是记忆材料过于简单,为儿童常见的物体,儿童可能更多运用语义进行记忆;记忆与再认之间的时间间隔过于短暂,只有几分钟,不能很好地考察汉语阅读障碍儿童长时记忆的特点。

前人采用不再使用的古汉字为实验材料,研究阅读障碍儿童的识字认知特点。结果发现阅读障碍儿童字形长时记忆、形音和形义联结长时记忆都存在不同程度的落后(刘翔平等,2004a)。研究者发现在短时间(10分钟)内,阅读障碍儿童与正常儿童对简单和复杂材料的再认能力之间的差异不显著;当间隔时间为1天时,阅读障碍儿童只在复杂材料上表现出落后(王斌、刘翔平、刘希庆、林敏,2006)。

对于阅读障碍儿童长时记忆能力落后的原因,研究者普遍支持"是由编码和储存等基本记忆过程的缺陷所致"。阅读障碍儿童在认知图形刺激的编码和存储过程中存在某种缺陷,使得阅读障碍儿童在完成间隔时间较长的再认任务时,存储的信息受到其他刺激的干扰,无法将信息有效地提取到工作记忆中,从而导致提取失败。

(三)汉语阅读障碍与其他:元认知、智力、注意和创造力等

研究者采用自编的阅读元认知问卷,该问卷包含评价、调节和计划三部分,考察不同阅读能力学生的阅读元认知。结果发现阅读能力为优、中、差的学生在阅读理解元认知总分及其各部分的得分之间存在显著差异,具体表现为阅读能力高的学生得分显著高于阅读能力中、低的学生。更重要的是,学生的阅读理解元认知和语文成绩存在显著的正相关关系(龚少英、刘华山,2003)。有研究发现阅读障碍儿童在理解监控和阅读概念上存在不足。但这种不足背后的机制以及元认知缺陷与理解加工落后的关系,都需要进一步研究。

研究者以智力的PASS认知模型为基础,采用达斯—纳格利里(Das-Naglieri)认知评估系统,考察了汉语阅读障碍儿童的PASS认知缺陷模式。结果发现,汉语阅读障碍儿童可能在计划、注意、同时性和继时性加工的一个或几个方面出现了困难,继时性加工缺陷是汉语阅读障碍儿童的主要特征(王晓辰、李其维、李清,2011)。汉语阅读障碍儿童在表达性注意、言语—空间关系和继时性加工上的成绩显著差于年龄匹配组儿童,仅达到阅读水平匹配组儿童的水平,这种不足可能是由发展迟滞所导致的(王晓辰等,2011)。研究者

以存在单独汉语阅读障碍的维吾尔族儿童、维语和汉语都存在阅读障碍的维吾尔族儿童和正常对照组儿童为研究对象,考察维汉双语阅读障碍儿童的继时性和同时性认知加工特点。结果发现汉语阅读障碍的维吾尔族儿童的同时性和继时性加工都存在缺陷,而且相比维语,汉语加工过程中更依赖同时性加工(韩娟、买和甫来提·坎吉,2012)。

在鉴别阅读障碍儿童时,一条很重要的标准是智力正常。但是有研究发现,汉语阅读障碍儿童的智力结构异常,主要表现为存在操作智商与言语智商分离的现象,操作智商的分数显著高于言语智商的分数(陈洪波、王大斌、杨志伟,2004;李秀红等,2011;姚斌、吴汉荣,2003)。

阅读障碍儿童存在明显的注意缺陷,主要体现在注意转移、注意分配及注意的范围方面。与正常儿童相比,阅读障碍儿童存在选择性注意缺陷。在持续性注意测试任务中,阅读障碍儿童虚报错误数显著多于正常儿童;在斯特鲁普(Stroop)色字测验任务中,阅读障碍儿童的完成时间更长,而且错误更多(周韦华,2005)。

有研究者对汉语阅读障碍儿童的创造性进行研究,发现其创造力总分与正常学生无显著差异,但独特性和抽象性成绩显著高于正常学生;老师对阅读障碍儿童创造力的评价与测验成绩呈显著负相关(孙天威,2003;张向葵、孙天威、缴润凯,2004)。表明汉语阅读障碍儿童的创造力水平不低于正常儿童,甚至在某些方面可能高于正常儿童,提示家长和教育工作者不应该对汉语阅读障碍儿童产生愚笨的刻板印象,应该多角度评价汉语阅读障碍儿童。

目前,汉语阅读障碍儿童认知特点的研究还不成熟。分析可能的原因是研究者依据的理论不同,对被试的选择、测验任务和对照组的匹配等方面的标准存在很大差异,对汉语阅读障碍的表现形式、亚类型和发展水平等方面的研究还未达成共识。

第二节　阅读障碍的眼动研究

一、拼音文字阅读障碍的眼动研究

由于阅读起始于视觉加工阶段,视觉的生理器官是眼睛,因此双眼视功能与阅读能力的关系一直备受视觉研究者、教育工作者和心理学研究者的关注。视觉加工过程可以由眼球运动反映,此外眼球运动还可以反映注意、记忆、推理,尤其是阅读认知加工过程。阅读时读者的眼睛运动主要有以下三种运动形式:眼跳(saccade)、注视(fixation)和回视(regression)运动。眼跳是一种快速的眼睛运动,平均速度约为每秒500度。阅读过程中,读者完成一次眼跳大约需要多长时间? 一般来说,完成一次眼跳所需要的时间由眼跳距离决定,即眼跳距离越长,眼跳时间也越长。注视运动通常由注视时间这一指标来表示,指的是从第一次注视一个词到离开这个词的总的注视时间,注视时间反映的是词汇通达过程。注视时间的长短受一系列与语义加工有关的变量的影响。回视(即在文本阅读过程中眼睛往回跳)是阅读过程中眼睛运动的另外一个重要组成部分。对于熟练读者而言,阅读过程中大约有10% ~ 15%的时间在回视。大部分回视主要发生在以下情况,例如读者不能很好地理解文本内容或者阅读内容难度很大。

阅读能力与双眼视功能密切相关,那么双眼视功能异常是导致阅读障碍的一个重要原因吗? 虽然目前还没有确切的答案,但是考察阅读障碍者的双眼视功能(即阅读障碍者的眼动模式)可以深入了解阅读障碍的成因。阅读障碍者的眼动控制能力显著弱于正常读者,眼动模式存在异常,具体表现在阅读障碍读者需要更多的注视次数,更长的注视时间,更短的眼跳距离,更高的回视频率(Rayner,2009)。

相较于正常儿童,阅读障碍儿童的边缘视觉广度较小,很难有效利用位于副中央凹区域和边缘视觉系统范围内的信息,因此注视时间更长。词长显著影响阅读障碍儿童的注视频率:对于正常儿童,每增加 5 个字母,注视次数会增加 1 次,但是阅读障碍儿童则是每增加 2 个字母,注视次数就会增加 1 次(De Luca et al., 1999)。词长还会显著影响阅读障碍儿童的首次注视时间和凝视时间(Hyönä and Olson, 1995)。

国外研究者系统考察了词长对拼音文字阅读障碍儿童阅读文本和假词时的注视次数和注视时间的影响(Hutzler and Wimmer, 2004)。结果发现,阅读障碍儿童需要更长的注视时间和更多的注视次数;随着单词长度不断增加,阅读障碍儿童的注视次数和凝视时间显著增加,且平均注视时间几乎是正常儿童的两倍。还有研究发现,当阅读 1~8 个字母的单词时,正常读者的注视次数大约在 1.3~1.75 之间,而阅读障碍者在 1.5~8.5 之间,呈显著地线性增加(Behrman et al., 2001)。另外,低频长词使阅读障碍者的平均注视次数增加 3.5 次,而低频短词只增加了 0.5 次(Behrman et al., 2001)。总之,阅读障碍者的注视时间显著长于正常读者,注视次数显著多于正常读者,进一步验证了阅读障碍者的阅读困难。

阅读障碍者的眼跳模式也存在异常,表现为词内和词间的眼跳频率更高,回视眼跳次数增加,眼跳的反应时间和眼跳潜伏期均显著延长(Rayner, 2009)。阅读障碍者很难对知觉对象及其具体位置进行准确定位(Breitmeyer, 1980),阅读障碍儿童不能有效控制眼球运动,对较小目标出现大量的位置错误。

前人详细考察了阅读障碍者默读真词和假词时的右向眼跳次数及眼跳广度(De Luca et al., 2002)。结果发现,在短假词条件下,阅读障碍者的眼跳次数显著增加;眼跳幅度显著缩小,且比较稳定。研究者采用图片命名任务发现,阅读障碍者的命名速度显著慢于正常读者,且回跳次数显著增多(Trauzettel-Klosinski et al., 2002)。

由于阅读障碍者缺乏有效的眼跳控制能力,因此很难有效处理整体空间信息。拼音文字阅读障碍者在注视 5° 和 10° 视角距离下配对呈现的目标时,眼跳偏离中间位置,而正常读者的眼跳则接近两个目标的中间位置(Crawford and Higham, 2001)。拼音文字阅读障碍者在视觉扫描过程中,晚期眼跳次数显著增加(Bitschnau，1997)。在前进式眼球运动和回视中,阅读障碍者很少出现单词间的跳读现象,即便是一些很短的功能词。一些阅读障碍者单词内跳读频率高,正字法测验成绩差,语音拼写成绩高,而另一些阅读障碍者单词内和单词间前进式平稳眼动少,正字法测验成绩高,语音拼写成绩差。

　　总之,拼音文字阅读障碍者阅读时表现出异常的眼动模式,表明阅读障碍与眼球运动异常密切相关,为阅读障碍的大细胞系统缺陷理论提供了数据。然而,阅读障碍者异常的眼动模式并不能说明眼球运动异常是导致阅读障碍的原因,两者之间是否存在因果关系还需要更进一步的研究和验证。

二、汉语阅读障碍的眼动研究

　　由于眼动追踪技术能够对读者的阅读过程进行实时记录,能提供与大脑加工过程时时对应的外在指标,具有较高的生态学效度,因此越来越多的研究者尝试采用眼动追踪技术考察汉语阅读障碍儿童的阅读和认知加工特点。汉语阅读障碍的眼动研究起步较晚,而且研究数量和研究结果都比较少。

　　前人采用眼动追踪技术,发现汉语阅读障碍儿童图画知觉过程的眼动特征与正常儿童不存在显著差异(李秀红等,2007),但是在阅读文章时,汉语阅读障碍儿童的平均注视时间更长,平均眼跳幅度更小,眼跳轨迹紊乱,缺乏计划性、策略性和组织性(静进等,2007)。汉语阅读障碍儿童在完成字母快速命名任务时表现出异常的眼动模式,主要为快速命名时间和平均注视时间显著延长,注视次数和眼跳次数明显增多(黄旭等,2007)。研究者采用回归分析方法发现,汉语阅读障碍儿童阅读时的异常眼动模式,可能与其知识面和词语知识广度较窄密切相关(李秀红等,2011)。前人研究发现,多项眼动指标都支持汉语阅读障碍儿童存在语素理解、语音意识和正字法意识缺陷(隋雪、姜娜、钱丽,2010)。

　　虽然汉语阅读障碍儿童表现出了异常的眼动模式,但是其与正常儿童一样表现出了显著的笔画数效应,汉语阅读障碍儿童的阅读问题只是一般性发展落后(王敬欣、杨洪艳、田静,2010)。汉语阅读障碍儿童表现出与正常儿童相似的注视位置效应,表明汉语阅读障碍儿童阅读时的眼睛注视位置正常

(白学军等,2011)。然而,阅读障碍儿童在外源线索条件下的正确眼跳潜伏期显著长于正常儿童,眼跳方向错误率显著高于正常儿童(王敬欣等,2013)。汉语阅读障碍儿童的知觉广度和预视效应显著小于正常儿童,信息提取速度显著慢于正常儿童,且"语音—正字法"混合缺陷型儿童的眼动控制特征明显差于阅读水平匹配组儿童(熊建萍,2014)。

上述研究结果表明,汉语阅读障碍者同样表现出异常的眼动模式,与拼音文字的研究结果一致。然而,汉语阅读障碍者与拼音文字阅读障碍者的异常眼动模式也存在一定的差异,这种差异可能来源于两种文字本身的差异。此外,分析汉语阅读障碍者的眼动研究发现,研究者在选用控制组时标准不统一,有研究只选用了年龄匹配组,有研究只选用了阅读水平匹配组,有研究选用了年龄匹配组和阅读水平匹配组。今后研究应该同时选用年龄匹配组和阅读水平匹配组,这样可以分别控制年龄和阅读经验的作用。

总之,汉语阅读障碍儿童的眼动特征与正常儿童既有相似的特征,也有区别。目前的研究主要集中对汉语阅读障碍儿童的眼动特征进行描述分析,而对机制的研究较少,今后应进一步加强开展汉语阅读障碍儿童眼动的内在机制研究,以揭示其内在的发展规律。

第三节　阅读障碍的神经机制研究

一、拼音文字阅读障碍的神经机制研究

现代认知神经科学采用多种方法,如正电子发射断层扫描(PET)、功能核磁共振(fMRI)、事件相关电位(ERP)和脑磁图(MEG)等技术对阅读障碍的神经机制开展了较深入的研究。大量研究发现,阅读障碍者在执行感觉运动或阅读任务时,相应脑区的激活和神经活动模式存在异常。

既然阅读障碍是一种具有高遗传可能性的认知学习障碍,那么它在逻辑上就一定有神经生理学根源。对阅读障碍读者和普通读者的大脑进行死后解

剖发现两者有所不同,这种证据引发了此后几十年的争论(Galaburda and Kemper,1979;Leonard et al.,2001;Rumsey et al.,1986;Schultz,et al.,1994)。几种神经上的差异导致阅读障碍者的大脑异于常人,其中包括大脑半球的体积不同,皮层功能区(如颞叶)的不对称,还有脑岛、大脑皮层的前部和顶部以及布洛卡区的大小不同。解剖学的研究并不总能得到一致的研究结果,这是因为很多研究只有非常少的被试数量,而且选取阅读障碍被试的标准也并不相同。研究者认为,人的阅读能力较低是大脑左半球发育不足造成的,正是这种发育不足让大脑右半球有活力获取知觉信号(Orton,1928)。最近的研究已经证实,不完善的言语功能单侧优势会造成词汇识别和拼写上的困难。单侧优势就是一系列的认知功能集中在大脑一侧或另一侧半球的过程,大脑功能区在两个半球的大小是不对称的,这更好地证明了单侧优势。阅读和言语加工主要激活了正常读者的大脑左半球。混合优势反映了言语加工不完善的单侧化,目前观察到大脑两半球脑结构相对对称,恰好证明了上述观点。研究者对大脑每个半球皮层结构的相对大小和言语加工单侧化程度之间的关系提出了质疑,发现65%的正常成年人大脑中,位于颞叶上一个称作颞平面的区域出现在大脑左侧的部分要比右侧的长(Geschwind and Levitsky,1968)。根据现代观点,90%的人的言语优势都在左半球(Knecht et al.,2000),这说明颞平面不对称性和言语功能单侧优势之间存在联系的说法是不准确的。

前人研究发现大脑结构的容量存在差异,这一发现使得识别阅读障碍读者和普通读者大脑中是否存在一致性差异变得更困难了(Phinney et al.,2007)。例如,性别和偏利手性影响大脑两个半球功能区域的相对大小(Preis et al.,1999)。很显然,女性比男性的左半球优势更明显,左利手的人比右利手的人表现出更强的对称性或反不对称性。因此,性别和偏利手性等因素会模糊阅读障碍者和正常读者之间的差异,这种情况在小样本研究中尤为突出。前人研究采用的不同阅读障碍选择标准以及不同的脑功能区(如颞平面)边界定位也会进一步混淆这种差异。例如,在对包含了缘上回表面的颞平面的研究中,阅读障碍者和正常读者身上都没有发现显著的不对称性。还有一些研究考察了其他可能存在的解剖学差异,如阅读障碍者的胼胝体是否比正常人的大,研究结果也是不相同的(Duara et al., 1991; Robichon and Habib, 1998)。

虽然对于特定脑结构的大小和不对称性的研究结果之间存在争论,但是可以明确的是,阅读障碍者和正常读者之间至少存在两处神经生理性的差异,即总脑体积的大小预测存在差异,阅读神经网络激活方式存在差异。前人采用磁共振成像技术扫描了 167 个阅读障碍者和 92 个正常读者的大脑,调查两组被试的总脑体积是否存在差异(Phinney et al., 2007)。所有被试完成了一些测验,包括智商测验、词汇识别测验、阅读理解测验、语音识别测验、字形选择测验和快速命名测验。研究者采用回归分析方法考察以上测验成绩和整体脑容量、新大脑皮层容量以及皮层下容量之间的关系,结果发现语音意识与阅读能力有交互作用(尽管交互作用的效应量很小),只有正常读者的语音意识成绩和总体脑容量呈显著正相关,在阅读障碍者身上没有发现这种相关关系。但是,语音意识成绩与预测的较差读者和较好读者的总脑容量不一致,可能的原因是较差读者只占到有连续阅读能力总人口的一部分。上述研究结果支持阅读能力持续分布观点(Shaywitz et al., 1992),该观点认为较差读者患有阅读障碍基因的风险更高,因此这些人群更可能存在严重的阅读障碍。

脑成像研究已经证明了阅读障碍者和正常读者的大脑在阅读过程中表现出不同的神经激活模式(Gabrieli, 2009)。正常读者利用多块脑区构成一个词汇认知网络:前回路激活下级的额回,后回路激活腹侧区域(包含枕颞沟区域和威尔尼克区)和背侧区域(颞顶联合区)。和普通读者相比,阅读障碍者在前回路和后回路上都表现出了不同的激活模式,后回路内的连通性也是不同的。后阅读网络的脑成像研究发现,当阅读障碍者阅读不熟悉的词汇和需要解码的假字时,脑部的激活会减少(Brunswick et al., 1999; Rumsey et al., 1992; Shaywitz, 1998)。拼音文字阅读障碍者右角回的活动和其他阅读区域的联系显著少于正常读者较少,表明阅读障碍者在形成阅读网络的大脑后回各区之间的功能性联系更少(Rumsey et al., 1997)。阅读障碍者在单词和假词阅读过程中,额下回和背外侧前额叶皮层的激活程度强于正常读者的激活程度。前回激活反映了阅读障碍者的语音加工机制效率不高,并不是过度依赖语音加工技能。有功能性磁共振成像研究发现,对阅读障碍者进行有效的阅读干预,阅读障碍者的大脑激活模式已经发生了变化,并趋向于正常读者的大脑激活模式(Shaywitz and Shaywitz, 2004)。

总之,许多针对阅读障碍者和正常读者的神经解剖研究很少达成一致意见。阅读水平较高读者的语音意识似乎和整体的脑容量正相关,但是阅读水平较差的读者不存在这种正相关关系。同时,越来越多的证据显示阅读障碍者在阅读回路中表现出了与正常读者不同的激活模式,提高阅读水平的同时,大脑激活模式也发生了变化。

二、汉语阅读障碍的神经机制研究

目前,国内一些研究者在认知神经基础上采用近红外光学成像技术(fNIRI)、单光子发射计算机断层扫描技术(SPECT)、事件相关电位技术(ERP)和功能磁共振成像技术(fMRI)等探讨汉语阅读障碍儿童局部功能缺陷涉及的脑区,普遍认为阅读障碍者存在局部脑血流量代谢异常和脑功能缺陷,特定的脑区功能异常可能是阅读障碍发生的生物学基础(周晓林、孟祥芝、陈宜张,2002;孟祥芝、周晓林,2002)。因此,考察阅读障碍者的神经机制,有助于深入了解阅读障碍的成因,开展有针对性的干预训练,进而提高阅读障碍者的阅读效率。

近红外光学成像技术应用于大脑功能检测,不仅可以测量大脑血液浓度的变化,还可测量含血氧红、去氧血红蛋白等含量的变化。研究者采用功能性近红外光学成像技术(fNIRI),考察汉语阅读障碍儿童在系列数字加法测验任务中,不同波长下左前额皮层区局部血流量和血氧的变化。结果发现汉语阅读障碍儿童血流量的增加量明显低于正常儿童(吴汉荣等,2004)。还有研究者发现视觉编码加工时,汉语阅读障碍儿童左前额叶的血流量增加,加工词语时,汉语阅读障碍儿童的脑区域激活强度和激活范围较弱(吴汉荣和姚彬,2004)。随后有研究采用近红外光谱术(NIRS)考察了汉语阅读障碍儿童在斯特鲁普(Stroop)任务中前额叶的激活。结果发现汉语阅读障碍儿童前额叶的整体激活水平较低(翟家欢,2009)。总之,前人采用近红外光学成像技术一致发现汉语阅读障碍者的血流量和血氧变化均不同于正常读者。

单光子发射计算机断层扫描技术(SPECT)是一种功能性成像技术,可以测量被检查者的局部脑血流量(rCBF),局部脑血流量与脑功能密切相关,是反映局部脑功能、代谢的间接指标。阅读障碍儿童的额叶、颞叶、枕叶、顶部、顶枕交界区、小脑、丘脑等脑区局部脑代谢异常,且不局限于左半球(吴永刚、苏见知、何建军、杨志伟、刘国锋,2002)。阅读障碍儿童左、右半球的额叶、枕叶、颞叶、顶叶等脑区的局部脑血流量均下降,以左额叶和右枕叶多见(陈洪波、王大斌、杨志伟,2003)。表明汉字与拼音文字不同,汉字是左、右半球并用的文字,汉语阅读障碍儿童脑功能缺陷也都证明了这一点。

事件相关电位(ERP)是一种特殊的脑诱发电位,具有高时间分辨率的特点,使其在揭示认知的时间过程方面极具优势。研究者采用 32 导脑电仪,分析汉语阅读障碍儿童识别汉字时的 P1 和 N170 成分。结果发现汉语阅读障碍儿童左脑枕区的 P1 波幅明显小于正常儿童的波幅,左枕颞区的 N170 波幅显著大于正常儿童的波幅,汉语阅读障碍儿童的左—右枕颞区差异显著,表明阅读障碍儿童存在明显的早期感知觉加工问题(周路平、李海燕,2011)。相较于正常儿童,汉语阅读障碍儿童在听觉加工的事件相关电位波形上表现出较长的潜伏期和较小的波幅(何胜昔、尹文刚、杨志伟,2006)。有研究考察了阅读技能训练对汉语阅读障碍儿童治疗前后听觉事件相关电位的影响。结果发现训练前后,阅读障碍儿童的 P3 波潜伏期显著缩短,波幅显著增高(李红辉、陈晨、林墨菊、全琰、乔桂香、肖莉娜,2011)。在汉字实验中,汉语阅读障碍儿童的 P1 波幅下降、枕颞区的 N170/VPP 波幅增加,晚期偏侧预备电位(LRP)波幅偏小(颜小聪,2013)。因此,前人的研究一致发现阅读障碍者的事件相关电位波形异常,不同于正常读者的波形。

国内研究者采用功能磁共振成像技术(fMRI),发现汉语大脑语言区与拼音文字相比,在空间位置上有明显不同(Tang, Peng, and Li, 1983)。研究采用单词产生、同义判断、同音判断、韵律判断、汉字命名等认知加工的方法,发现在默读与加工中文时,左半球额中回第 9 区和第 46 区活动最强。而国外研究者发现,以英语和其拼音文字为母语的人的大脑语言区位置是在左半球额下回前侧(第45、47区,主管语义分析)和后侧(第44区,主管语音分析),以及左半球颞上回后侧(第22、42区,主管"字母—声音"转换)和颞枕叶联合区(第37区,主管形音的联合)。据此,研究者提出左半球额中回在加工中文时的"协调和整合作用"假设,认为左额中回这一主管对物体视觉空间属性进行精细加工脑区,之所以支配中文加工,显然与汉字方块形状以及汉字读音单音节性质有关。这一区域既参与字形处理,负责语义和语音分析,集中文形、音、义加工于一体。研究还发现,中文朗读是一个较大神经网络协同活动,其中,大脑右半球颞上回参与声调加工,而左半球额中回和扣带回在语音代码的激活和协调过程中起着特殊重要作用。研究者报告了一个14岁书写困难儿童ZL就诊时的核磁共振扫描(MRI)结果,显示其双侧脑室体后部和枕角周围白质以及小脑发育异常(孟祥芝、周晓林、吴佳音,2003)。

　　总之,无论采用哪种脑电技术,前人研究均发现汉语阅读障碍者的脑区功能存在异常,进一步验证汉语阅读障碍者的各种认知缺陷存在一定的生物学基础。下面从大脑的功能和结构两方面探讨汉语阅读障碍者与正常读者到底存在怎样的差异。

(一) 汉语阅读障碍的脑功能异常

1. "视觉—正字法"加工的脑功能异常

　　鉴于阅读起始于视觉加工阶段,且汉字不存在明确的形音对应规则,越来越多的研究发现汉语阅读障碍者存在"视觉—正字法"加工缺陷。那么,汉语阅读障碍的"视觉—正字法"加工缺陷是否存在一定的神经生物学基础呢,即是否存在神经功能异常?前人研究发现,汉语阅读障碍儿童的"视觉—正字法"加工缺陷的确存在神经功能异常。前人采用ERP脑电技术,发现当句子末尾的某个目标字被与其正字法相似的另一个汉字替换时,正常儿童的P200(与早期视觉特征的编码和匹配有关)和N400(反映的是语音加工中的失匹配程度)成分的波幅发生了变化,而汉语阅读障碍儿童则未表现出上述变化(Meng et al.,2007)。研究者认为汉语阅读障碍儿童存在正字法加工缺陷,他们更多地依赖语音信息通达语义（Meng et al.，2007）。随后，有研究者同样采用事件相关电位技术，要求汉语阅读障碍儿童和正常儿童完成词汇判断任务（Chung，Tong，and McBride-Chang，2012）。结果发现正常儿童在加工假字时比加工真字时表现出更加负性的 N400 成分，相反汉语阅读障碍儿童则没有表现出相似的变化，表明汉语阅读障碍儿童在完成视觉正字法加工任务时，他们的大脑没有充分捕捉到真字和假字之间的差异。

此外，"视觉—正字法"加工的脑功能异常还会影响汉语阅读障碍儿童的语义通达过程。研究者采用功能核磁共振成像技术，邀请汉语阅读障碍儿童和对照组儿童完成语义判断任务，发现汉语阅读障碍儿童的双侧额中回、双侧前额下回和左侧梭状回的激活程度都显著弱于正常儿童，相反其右侧枕下回的激活强度显著强于正常儿童。汉语阅读障碍儿童在双侧额中回、双侧前额下回和左侧梭状回较弱的激活程度，反映了阅读障碍儿童的"正字法—语义"通路功能异常；而右侧枕下回的激活程度过强则可能是对左侧脑区激活程度较弱的一种补偿（Siok et al.，2004）。因此，研究者认为汉语阅读障碍儿童存在"视觉—正字法"加工缺陷，其"正字法—语义"加工通路功能异常（Siok et al.，2004）。

汉语阅读障碍儿童之所以在"视觉—正字法"加工方面存在功能异常，一定程度上是由于阅读障碍儿童的视觉大细胞通路存在功能异常（Lovegrove et al.，1980）。视觉大细胞通路是人类最主要的一种视觉传导通路，该通路起始于 M 型神经节细胞，此类细胞主要分布于人类的视网膜外周。当 M 型神经节细胞接收到视觉信息后，该细胞会通过视神经束，将视觉信息传导至外侧膝状体的大细胞层，随后这些视觉信息又被投射到大脑的初级视皮层，并沿着视觉背侧通路进一步投射到大脑皮层的视觉运动区（MT/V5 区）和后顶叶皮层等。视觉大细胞通路主要对以下信息更为敏感：高时间频率信息、低空间频率信息和低对比度的信息（McLean et al.，2013）。

基于前人的研究结果，国内研究者选取 26 名汉语阅读障碍儿童和 27 名年龄匹配组儿童，要求所有儿童完成一致性运动觉察任务（主要考察视觉大细胞通路的功能）和正字法意识测验，发现汉语阅读障碍儿童在一致性运动觉察任务中的阈限显著高于年龄匹配组儿童,且他们的正字法意识成绩显著低于年龄匹配组儿童,更重要的是通过相关分析发现汉语阅读障碍儿童的反应阈限与正字法意识测验成绩存在显著正相关关系,表明汉语阅读障碍儿童的确存在视觉大细胞通路缺陷,且这种缺陷与"视觉—正字法"加工过程密切相关(Qian and Bi, 2014)。随后研究者对汉语阅读障碍儿童开展了一项基于视觉大细胞通路的视动干预研究,以深入探讨视觉大细胞通路与汉语阅读障碍之间的关系,发现经过一段时间的训练后,汉语阅读障碍儿童的视觉大细胞通路功能提高到正常儿童水平(Qian and Bi, 2015)。研究者认为,视觉大细胞通路功能异常可能是汉语阅读障碍的核心缺陷(Qian and Bi, 2015)。还有研究者采用事件相关电位技术,收集汉语阅读障碍儿童、年龄匹配组和阅读能力匹配组儿童在完成视觉 oddball 任务时的失匹配负波,发现汉语阅读障碍儿童在加工视觉大细胞通路条件刺激(如低对比度和低空间分辨率的刺激)时,比控制条件刺激(如高对比度和高空间分辨率的刺激)表现出更低的视觉失匹配负波,而年龄匹配组和阅读能力匹配组儿童则没有表现出上述变化(Wang et al. , 2010)。研究者认为,视觉大细胞通路功能异常与阅读障碍密切相关,且视觉大细胞通路功能异常是导致阅读障碍的原因,而不是汉语阅读障碍儿童阅读困难的结果(Wang et al. , 2010)。

越早鉴别阅读障碍,越能够及早对阅读障碍儿童采取有针对性的干预和训练方案,进而减少阅读障碍儿童的阅读困难,提高其阅读效率。然而,儿童的正字法意识能力评估需要在识字后才能开展,因此增加了早期识别阅读障碍的难度。但是,上述研究结果均一致表明,视觉大细胞通路功能异常可能是正字法意识缺陷的神经生物学基础,因此可以通过评估学龄前儿童的视觉大细胞通路功能,推断儿童是否存在正字法意识缺陷,将视觉大细胞通路功能作为正字法意识缺陷的早期风险指标。

2. 语素加工的脑功能异常

与拼音文字阅读障碍不同,越来越多的研究发现,汉语阅读障碍者存在语素意识缺陷,语素意识缺陷是导致汉语阅读障碍的一个重要原因。那么,汉语阅读障碍语素意识缺陷的神经基础是怎样的呢？前人采用功能核磁共振成像技术,考察了汉语阅读障碍儿童和年龄匹配组儿童在完成语素加工任务时的脑活动(Liu et al. , 2013)。实验过程中,两组儿童需要完成一项语义判断任务。在此任务中,研究者设置了语义相关但不共享相同的语素、语义相关且共享语素、语义无关但共享相同语素以及语义无关且不共享相同语素四种实验材料,收集儿童的脑激活情况,进而获得语义相关性和语素共享性之间的不一致效应(该效应反映的是儿童语素加工的敏感性)。此外,研究者还设置了一个押韵判断任务作为控制条件,以确保不一致效应的确只来源于语素加工。结果发现,汉语阅读障碍儿童的左侧额下回的不一致效应显著小于年龄匹配组儿童,且上述差异并未出现在语音押韵判断任务中,进一步验证汉语阅读障碍儿童的确存在语素加工意识缺陷,这种缺陷主要表现为左侧额下回区域的激活异常,且不依赖语音加工过程。此外,上述研究还发现在阅读障碍组中,阅读水平越高的孩子其语素加工的不一致效应就越低,表明汉语阅读障碍儿童在阅读时可能使用整词加工来代偿语素分解和整合加工的神经机制(Liu et al. , 2013)。香港研究者采用事件相关电位技术,以香港阅读障碍青少年和正常青少年为研究对象,要求两组被试完成一项涉及中文复合词的启动词汇决策任务,考察汉语阅读障碍者在完成语素结构加工任务时的激活情况(Lo et al. , 2014)。结果发现正常青少年在启动词和目标词的语素结构一致条件下的N400波形显著小于语素结构不一致条件,相反汉语阅读障碍青少年没有表现出上述变化,表明汉语阅读障碍青少年存在语素信息加工缺陷。

上述研究结果表明汉语阅读障碍存在语素意识缺陷,而且在完成语素加工任务时其脑功能也存在异常。语素意识作为元语言的一种,在阅读习得过程中发挥着重要作用,甚至语素意识的作用已经超过了语音意识和正字法意识对汉语阅读习得的作用,为教育工作者针对汉语阅读障碍者的阅读教学策略提供了一种新思路。

3. 语音加工的脑功能异常

在视觉语音加工方面,有研究发现汉语阅读障碍儿童可能存在"视觉—语音"通路的功能异常。研究者邀请汉语阅读障碍儿童和正常儿童完成同音字判断任务,结果发现汉语阅读障碍儿童的左侧额中回的激活程度显著弱于正常儿童,相反其左侧前额下回的激活程度则显著强于正常儿童。研究者认为,汉语阅读障碍儿童左侧额中回的激活较弱可能反映了其在进行"视觉—语音"加工时,不能很好地表征和整合工作记忆中的"视觉—空间"信息,因此阅读障碍儿童会更多使用左侧前额下回的代偿作用(Courtney et al.,1998)。

除此之外,在听觉语音加工方面,前人采用功能核磁共振成像技术,要求汉语阅读障碍儿童和年龄匹配组以及阅读能力匹配组儿童完成语音意识任务(即听觉押韵判断任务)(Cao et al.,2016)。结果发现汉语阅读障碍儿童的脑区功能激活和脑区间功能连接均存在异常。脑区功能激活方面,汉语阅读障碍儿童的左半球背侧额下回的激活程度显著弱于年龄匹配组和阅读能力匹配组,表明左半球背侧额下回的语音加工缺陷可能是汉语阅读障碍的一个主要缺陷;而其右侧中央前回的激活则显著增强,表明汉语阅读障碍儿童会通过发音运动来补偿语音加工的不足。汉语阅读障碍儿童大脑左半球的活动与阅读能力呈正相关,表明语音缺陷与阅读障碍的严重程度密切相关。脑区功能连接方面,汉语阅读障碍儿童在左侧颞上回到梭状回之间的连接显著弱于年龄匹配组和阅读能力匹配组儿童,表明汉语阅读障碍儿童语音和正字法之间的连接变弱,这可能是汉语阅读障碍的另一个神经标志;然而从左半球背侧额下回到顶下小叶之间的连接却显著增强,可能表明汉语阅读障碍儿童的语言网络和默认模式网络之间的分离程度较弱。

总之,前人研究结果发现,汉语阅读障碍儿童不仅在视觉语音加工任务中的脑功能存在异常,而且在听觉语音加工任务中也存在脑功能异常。相较于视觉语音加工任务,在完成听觉语音加工任务时不需要儿童认识汉字,因而听觉语音加工任务可以用于汉语阅读障碍的早期识别和筛选。此外,由于汉语阅读障碍儿童在完成语音加工任务时脑功能存在异常,导致阅读障碍儿童发展出一些代偿机制,这些代偿机制在阅读障碍儿童阅读能力的发展过程中发挥着重要作用,其中记忆、发音运动功能的代偿机制是汉语阅读障碍儿童用于弥补其自身语言加工能力不足的重要策略。深入、全面地考察汉语阅读障碍儿童的代偿机制,将有助于教育工作者选择更适合阅读障碍儿童、更高效的阅读教学策略。

4. 书写加工的脑功能异常

前人研究发现阅读障碍者不仅存在阅读困难问题,而且还存在一定的书写或拼写问题(Kandel et al. , 2017; Sumner, Connelly, and Barnett, 2014)。拼音文字阅读障碍的书写加工研究发现,不同拼音文字系统的阅读障碍者都表现出书写加工困难,主要体现在书写过程(如书写速度和书写停顿等)和书写质量等方面。国外研究者采用功能核磁共振技术,考察了英语阅读障碍儿童、书写障碍儿童和正常儿童在完成书写加工任务时的脑功能和脑结构连接(Richards et al. , 2015)。结果发现在字母拼写和书写任务中,阅读障碍儿童左侧颞—枕区与小脑的功能连接显著强于同年龄的正常儿童,表明英语阅读障碍儿童的书写缺陷可能与视觉语言区与运动区的连接异常相关。然而,在作文书写任务中,英语阅读障碍儿童与正常儿童在脑功能连接上不存在显著差异,但是书写障碍儿童比正常儿童有更强的脑功能连接网络,包括:左侧颞枕叶与左侧布洛卡区、左侧视觉皮层以及双侧小脑的连接;左侧楔前叶与右侧小脑的连接;左侧布洛卡区与左侧顶下小叶、左侧视觉皮层以及双侧小脑的连接。此外,通过扩散张量成像(diffusion tensor imaging, DTI)分析发现,英语阅读障碍儿童与书写障碍儿童白质结构的异常模式之间存在显著差异,表明尽管阅读障碍者与书写障碍者的书写行为表现相似,但阅读障碍者的书写缺陷仍具有特异性的神经机制。

汉字与拼音文字存在很大差异。首先,汉字由笔画构成,每个汉字的笔画数和结构都存在很大差异;其次,汉字不存在明确的"形—音"对应原则。鉴于汉字的这些特点,书写成了汉字习得的核心途径,对汉语阅读能力获得与发展至关重要(Wang et al. , 2014)。有研究者发现汉语阅读障碍者不仅存在阅读困难,而且书写或拼写困难可能比阅读困难更严重(Leong, Cheng, and Lam, 2000)。甚至在香港地区,汉语阅读障碍的筛选标准就包含书写困难(Education Department of HKSAR, 2002)。汉语阅读障碍儿童的书写困难主要表现为书写速度慢、准确性差、字号偏大、变异性更大且笔画错误多等特点,这可能是由汉语阅读障碍者的精细运动与视知觉记忆缺陷导致的(Lam et al. , 2011)。最近,研究者以中国内地(北京)汉语阅读障碍儿童为研究对象,发现汉语阅读障碍儿童汉字与符号的抄写速度显著慢于正常儿童(Meng, Wydell, and Bi, 2019)。上述研究结果表明书写加工缺陷广泛存在于汉语阅读障碍儿童,无论儿童学习的是繁体汉字还是简体汉字;而且书写加工缺陷不仅体现在语言层面的汉字抄写上,还体现在非语言层面的符号抄写上。然而,目前还没有开展汉语阅读障碍书写加工缺陷的神经机制研究。因此,这也成为未来研究者开展研究的重点,以深入了解汉语阅读障碍书写加工缺陷的神经机制,丰富与发展汉语阅读障碍理论,并为相关干预训练提供理论指导。

(二)汉语阅读障碍的脑结构异常

研究者采用基于体素的脑形态学分析方法(VBM),考察了汉语阅读障碍儿童和正常儿童脑容量的差异。结果发现汉语阅读障碍儿童右侧枕下回、左侧额下回的灰质体积显著低于正常儿童,这与前人发现汉语阅读障碍存在正字法和语音加工缺陷的研究结果一致。此外,汉语阅读障碍儿童左侧中央前回的白质体积显著偏小,进一步支持了语音加工缺陷。其中,右侧枕下回是正字法加工的重要脑区,左侧额下回和左侧中央前回主要负责语音加工(Liu et al., 2013)。上述结果与拼音文字阅读障碍的研究结果一致,即拼音文字阅读障碍儿童的右侧枕下回和左侧额下回的灰质体积显著偏小(Pernet et al., 2010)。更重要的是,上述研究还发现汉语阅读障碍儿童左侧前部颞上回的灰质体积显著小于正常儿童,然而阅读障碍组中,阅读水平越低的儿童该区域的灰质体积越大。研究者认为,汉语阅读障碍儿童表现出的"正字法—语音"加工缺陷可能与语义补偿有关,因为该区域主要负责加工语义信息(Ralph and Patterson, 2008)。汉语阅读障碍儿童的上述脑结构特点表明他们可能采用语义信息补偿其"正字法—语音"加工缺陷。最后,上述研究还发现双侧大脑腹内侧前额叶皮层(ventral medial prefrontal cortex)的灰质与该区域的白质存在显著相关,而双侧大脑腹内侧前额叶皮层一直被认为是负责记忆提取的重要区域(Buckner and Wheeler, 2001; Price, 2012),表明汉语阅读障碍儿童存在记忆提取功能的缺陷。此外,汉语阅读障碍儿童腹内侧前额叶灰质体积的减少与其右侧海马旁回灰质体积的减少也存在显著相关关系,右侧海马旁回主要负责记忆编码(Binder et al.，2009)，因此汉语阅读障碍儿童可能在记忆编码方面也存在一定缺陷。

前人采用基于体积协方差的结构网络分析方法，考察汉语阅读障碍儿童大脑的拓扑组织特征(Liu et al.，2015)。研究者以汉语阅读障碍儿童和正常儿童90个脑区灰质体积成对相关为基础构建结构网络，并比较两组儿童的差异。结果发现汉语阅读障碍儿童比正常儿童表现出更强的局域特异性和更弱的全局模式(即邻近脑区之间的连接效应更强)，远距离的连接通路以及全局式的连接效率较弱等，表明汉语阅读障碍儿童的大脑结构呈现出更局部专门化的拓扑组织。上述研究发现的汉语阅读障碍儿童的脑网络组织模式与其他发展性障碍(如ADHD和小儿癫痫等)的一致，表明上述发展性障碍儿童试图通过局域性的连接模式来补偿其远距离连接的缺陷(Liu et al.，2015)。

最近研究者选取汉语阅读障碍儿童和正常儿童各17名，采用结构磁共振成像技术，试图探讨汉语阅读障碍者的脑结构网络异常究竟是先天的发育异常还是后天发展过程中形成的(Qi et al.，2016)。在此项研究中，研究者采用结构磁共振成像数据构建了两组儿童的大脑皮层厚度和皮层表面面积网络，并比较两组儿童的差异。其中大脑皮层厚度一般被认为是后天发展的结果，而大脑皮层表面积则主要由先天因素决定。结果发现，汉语阅读障碍儿童在大脑皮层厚度和大脑皮层表面积的全局网络属性方面都表现出显著的异常，主要表现为汉语阅读障碍儿童比正常儿童有更低水平的集群特性和更长的最短路径长度，其中表面积网络中全局网络属性的异常程度较轻。此外，在节点网络属性(主要通过节点度和中介性来衡量)方面，汉语阅读障碍儿童大脑左半球的节点网络属性降低，皮层厚度网络表现更强的节点则主要分布在右半球，皮层表面积网络表现更强的节点主要分布在脑前部区域。汉语阅读障碍儿童的大脑皮层厚度和大脑皮层表面积网络的枢纽更多地分布在额叶区域，在顶叶区域分布很少，这一分布模式与正常儿童相反。最后，上述研究还考察了脑区之间连接的强度，结果发现大脑皮层表面积网络中存在四对分别分布在两个半球的脑区(均为汉语阅读重要脑区)，两组儿童在上述脑区存在显著差异，主要表现为汉语阅读障碍儿童呈现出显著的半球间正相关连接模式，而正常儿童则呈现出显著的负相关连接模式。上述结果综合反映汉语阅读障碍儿童的脑结构网络异常既存在先天因素(表现在大脑皮层表面积网络异常),也有后天发育不足(即表现在大脑皮层厚度网络异常)的原因,并且在全局属性、节点属性和网络枢纽分布中都有所体现。汉语阅读障碍儿童的脑结构网络表现出更双侧化、前侧化的连接模式。上述研究结果表明汉语阅读障碍既受先天的生物因素影响,也受后天环境因素的影响。汉语阅读障碍先天脑结构的发育特点有望作为早期诊断的风险指标,而其易受后天发育影响的结构指标有望成为后期干预的靶点。

越来越多的研究发现汉语阅读障碍存在神经解剖学缺陷。然而,汉语阅读障碍的大脑结构异常是由阅读障碍(疾病特异性效应)还是较差的阅读表现(行为驱动效应),抑或是年龄(成熟效应)的驱动引起的,目前还没有形成一致的结论。为了考察汉语阅读障碍脑结构异常背后的原因,研究者操纵了疾病因素(阅读障碍组,无障碍控制组)和成熟因素(较小年龄,较大年龄),共选出 48 名儿童为研究对象(Xia et al.,2016)。操纵疾病因素和成熟因素不仅可以直接比较汉语阅读障碍儿童和对照组儿童的年龄和阅读能力,而且还可以考察成熟因素的作用以及成熟因素与疾病因素的交互作用情况。采用基于体素的脑形态学分析(VBM)方法,上述研究发现汉语阅读障碍儿童的左侧颞顶皮层、额中回和枕上回的灰质体积显著少于正常儿童,且汉语阅读障碍儿童双侧顶枕区域的白质体积也显著偏少。结果表明排除成熟因素后,与听觉(语音)加工相关的脑区——双侧颞皮层(Chang et al.,2010)以及与注意力相关的区域——左额中回、左枕上回和双侧顶枕区域(Vogel et al.,2012),上述脑区的异常可能是汉语阅读障碍神经结构的标志。最后,上述研究还发现成熟因素与疾病因素存在交互作用的区域为左腹侧颞枕叶皮层、左背侧岛盖部和胼胝体膝部,这些阅读障碍结构发展异常区域的发育情况会随着年龄的增长而有所变化(Xia et al.,2016),且上述这些区域与阅读流畅性加工有关(Shaywitz et al.,2002)。以上结果均支持阅读障碍儿童的神经结构有着相对异常的发育轨迹(Clark et al.,2014)。

脑结构扫描不需要被试完成相关认知任务,操作更加简单,研究结果也具有更高的稳定性和异质性,因此在阅读障碍的早期诊断中,脑结构扫描具有很大的优势。然而,上述研究结果也提示研究者,并不是所有的脑结构指标都可以用于阅读障碍的早期诊断,而是优先选择与年龄无关的脑结构指标,特别是在基于脑结构发育特点对儿童阅读发展情况进行早期评估时,更应选择与年龄无关的脑结构指标。最后,需要注意的是上述研究发现的脑结构异常都是一些微观的结构异常,而非大脑实质性的损伤,因此家长和教育工作者应该正确地看待上述研究结果,不应产生儿童存在智力落后或脑子愚笨的刻板印象。

总之,无论是汉语阅读障碍者还是拼音文字阅读障碍者,其神经机制均明显不同于正常读者。然而,汉语阅读障碍者的神经机制与拼音文字阅读障碍者也存在一定差异,例如,汉语阅读障碍者的语音加工缺陷主要表现在与正字字形到音节语音通达有关的左侧额中回的功能和结构异常,拼音文字阅读障碍者则表现为左侧额下回的功能和结构异常(赵婧、张逸玮、毕鸿燕,2015)。此外,汉语阅读障碍者字形整体视觉加工表现出双侧颞枕区的激活模式异常(Cao et al.,2017),而拼音文字阅读障碍者的视觉字形解码则表现出左侧化的缺陷(Paulesu et al.,2001),这种差异可能是由两种文字的独特特征导致的。

参考文献

［1］白丽茹. 阅读障碍的"成分模型"检测及亚类型鉴定原理和应用［J］.中国特殊教育,2008,（9）:44-51.

［2］白丽茹,王丽娣. 语音意识——儿童早期阅读发展的关键因素［J］.山东外语教学,2007,（2）:11-14.

［3］白学军,马杰,李馨,等. 发展性阅读障碍儿童的新词习得及其改善［J］. 心理学报,2019,51(4):471-483.

［4］白学军,孟红霞,王敬欣,田静,臧传丽,闫国利. 阅读障碍儿童与其年龄和能力匹配儿童阅读空格文本的注视位置效应［J］. 心理学报,2011,43(8):851-862.

［5］曹漱芹,韦小满. 3 年级汉语阅读障碍儿童的诊断及其特征分析——"听力理解—阅读理解差异诊断模式"初探［J］. 中国特殊教育,2005,（4）:71-76.

［6］常云. 语素意识对留学生汉语阅读的作用研究［J］. 内蒙古师范大学学报(教育科学版),2011,（7）:109—111.

［7］陈泊蓉,2011. 小学中高年级儿童汉语语素意识的发展特点及其与阅读理解的关系［D］. 西安:陕西师范大学.

［8］陈洪波,王大斌,杨志伟. 汉语阅读障碍儿童认知能力与脑影像学变化的关系［J］. 中国临床康复,2004,8(27):5750-5752.

[9] 程灶火,龚耀先. 学习障碍儿童记忆的比较研究Ⅰ:学习障碍儿童的短时记忆和工作记忆[J]. 中国临床心理学,1998,6(3):129-135.

[10] 丁玎,刘翔平,李烈,赵辉,姚敬薇,田彤. 阅读障碍儿童识字特点研究[J]. 心理发展与教育,2002,(2):64-67.

[11] 董琼,李虹,伍新春,潘敬儿,张玉平,阮氏芳. 汉语发展性阅读障碍儿童的阅读相关认知技能缺陷[J]. 中国临床心理学,2012,20(6):798-801.

[12] 董琼,李虹,伍新春,饶夏微,朱瑾. 语素意识对学前儿童言语技能发展的预测作用:追踪研究的证据[J]. 心理发展与教育,2013,(2):147-151.

[13] 董琼,李虹,伍新春,饶夏微,朱瑾. 语素意识、语音意识和快速命名在学前儿童言语能力发展中的预测作用:来自追踪研究的证据[J]. 心理与行为研究,2014,12(2):207-211.

[14] 范国新. 汉语发展性阅读障碍小学生语素意识特点研究[D]. 沈阳:辽宁师范大学,2010.

[15] 范晓玲,王珺,周路平,卢谢峰. 基于规则空间模型的3—4年级阅读障碍儿童语素意识的认知诊断[J]. 教育测量与评价,2017,(5):12-16.

[16] 范真知,方方,陈娟. 视觉拥挤效应的神经机制[J]. 中国科学:生命科学,2014,44(5):450-462.

[17] 冯小霞,李乐,丁国盛. 发展性阅读障碍的脑区连接异常[J]. 心理科学进展,2016,24(12):1864-1872.

[18] 冯至纯. 现代汉语[M]. 重庆:西南师范大学出版社,2001.

[19] 龚少英,刘华山. 中学生阅读理解元认知的发展研究[J]. 心理科学,2003,26(6):1129,1141.

[20] 郭志英. 汉语发展性阅读障碍儿童视觉拥挤效应的研究[D]. 天津:天津师范大学,2016.

［21］郭志英,谭珂,宋星,彭国慧,白学军.视觉复杂性和字间距调节汉语发展性阅读障碍儿童的视觉拥挤效应:来自眼动的证据[J].心理与行为研究,2018,16(5):603-611.

［22］韩娟,买和甫来提.坎吉.维-汉双语阅读障碍儿童继时性和同时性加工特征[J].中国临床心理学,2012,20(5):627-930.

［23］郝美玲,张伟.语素意识在留学生汉字学习中的作用[J].汉语学习,2006,(1):60-65.

［24］何胜昔,尹文刚,杨志伟.发展性阅读障碍儿童听觉功能的事件相关电位研究[J].中国行为医学科学,2006,15(2):117-118,181.

［25］黄晨,赵婧.发展性阅读障碍的视觉空间注意加工能力[J].心理科学进展,2018,26(1):72-80.

［26］黄旭,吴汉荣,静进,王梦龙,陈一鸣.汉语阅读障碍儿童在本顿视觉保持测验中的反应特征[J].中国组织工程研究与临床康复,2007,11(9):1667-1670.

［27］姜涛,彭聃龄.汉语儿童的语音意识特点及阅读能力高低读者的差异[J].心理学报,1999,31(1):60-68.

［28］蒋春蓉.汉语阅读障碍儿童的言语工作记忆与视空间工作记忆的功能特点[D].西安:陕西师范大学,2014.

［29］静进,郭靖,王梦龙,陈学彬,李志辉.学习障碍儿童的本顿视觉保持实验研究[J].中国心理卫生杂志,1998,12(2):83-85.

［30］柯华藏,李俊仁.国小低年级学生语音觉识能力与认字能力的发展:一个纵贯的研究[J].国立中正大学报,1996,1:49-66.

［31］李虹,董琼,朱瑾,刘俊娉,伍新春.语素意识在学前儿童言语技能发展中的作用[J].心理科学,2009,(6):1291-1294.

［32］李虹,彭虹,舒华.汉语儿童正字法意识的萌芽与发展[J].心理发

展与教育,2006,22(1):35-38.

[33] 李虹,饶夏溦,董琼,朱瑾,伍新春. 语音意识、语素意识和快速命名在儿童言语发展中的作用[J]. 心理发展与教育,2011,(2):158-163.

[34] 李虹,舒华. 阅读障碍儿童的语言特异性认知缺陷[J]. 心理科学,2009A,32(2):301-303.

[35] 李虹,舒华. 学前和小学低段不同识字量儿童的认知能力比较[J]. 心理发展与教育,2009B,(3):1-8.

[36] 李红辉,陈晨,林墨菊,全琰,乔桂香,肖莉娜. 阅读训练对汉语阅读障碍儿童事件相关电位的影响[J]. 中国儿童保健杂志,2011,19(12):1136-1138.

[37] 李娟,傅小兰,林仲贤. 学龄儿童汉语正字法意识发展的研究[J]. 心理学报,2000,32(2):121-126.

[38] 李清,王晓辰. 语音加工抑或是正字法加工缺陷?——汉语阅读障碍的认知特点与缺陷[J]. 心理研究,2015,8(2):32-39.

[39] 李秀红等. 汉语阅读障碍儿童图画知觉过程的眼动实验研究[J]. 中国心理卫生杂志,2007,21(1):6-9.

[40] 李秀红,静进,杨德胜,王庆雄. 影响汉语阅读障碍儿童文章阅读眼动特征的认知因素[J],中国心理卫生杂志,2011,25(5):350-355.

[41] 李秀红,静进,邹小兵,黄旭,王庆雄,陈学彬. 汉语阅读障碍儿童的视空间即时加工能力研究[J]. 中国学校卫生,2008,29(6):488-489.

[42] 梁菲菲,马杰,李馨等. 发展性阅读障碍儿童阅读中的眼跳定位缺陷:基于新词学习的实验证据[J]. 心理学报,2019,51(7):805-815.

[43] 林敏,刘翔平,张婧乔,康雪. 读写困难与听写困难儿童的言语和视知觉认知缺陷[J]. 中国心理卫生,2009,23(1):40-43.

［44］林欧,王正科,孟祥芝. 汉语发展性阅读障碍儿童的视知觉学习［J］. 心理学报, 2013, 45(7):762-772.

［45］刘文理,刘翔平,张婧乔. 汉语发展性阅读障碍亚类型的初步探讨［J］. 心理学报,2006, 38(5):681-693.

［46］刘翔平. 从差异取向的评估到认知—干预取向的评估——学习障碍评估模式的新趋势［J］. 中国特殊教育,2003, 41(5):69-74.

［47］刘翔平,杜文仲,王滨,吴思为. 汉语发展性阅读障碍儿童视觉短时记忆特点研究［J］. 中国特殊教育, 2005, 12:48-55.

［48］刘翔平,李红文,杜雯,李梅. 阅读困难儿童的字形结构理解能力研究［J］. 中国特殊教育,2004A, (3):75-78.

［49］刘翔平,刘希庆,徐先金. 阅读障碍儿童视觉记忆研究［J］. 中国临床心理学, 2004B, 12(3):246-249.

［50］刘议泽,钟姝,余雪,刘翔平. 汉语阅读障碍儿童的听觉注意转换延迟缺损［J］. 中国临床心理学, 2014, 22(5):778-781, 811.

［51］卢珊,吴汉荣. 汉语发展性阅读障碍儿童图形和汉字的视觉加工特点［J］. 中国心理卫生杂志,2009, 23(3):213-216.

［52］栾辉,舒华,黎程正家,林薇. 汉语发展性深层阅读障碍的个案研究［J］. 心理学报,2002, 34(4):338-343.

［53］罗艳琳,陈昭然,彭聃龄. 阅读障碍的大细胞系统缺陷理论之争［J］. 心理科学进展,2008, 16(3):497-503.

［54］骆艳,王晶,吴汉荣,张妤. 汉语发展性阅读障碍小学生言语工作记忆功能状况［J］. 中国学校卫生, 2012, 33(5):513-514.

［55］马志强. 试谈汉字与拼音文字的本质区别［J］. 河南财经学院学报,1985, (4):89-92.

[56] 孟红霞,白学军,谭珂,等. 间距和语义对阅读障碍儿童拥挤效应的影响[J]. 心理与行为研究, 2020, 18(4):510-516.

[57] 孟祥芝. 汉语发展形阅读障碍儿童的汉字表征与加工[D]. 北京:北京师范大学,2000.

[58] 孟祥芝,刘红云,周晓林,孟庆茂. 中文读写能力及其相关因素的结构模型[J]. 心理发展与教育,2003, 19(1):37-43.

[59] 孟祥芝,沙淑颖,周晓林. 语音意识、快速命名与中文阅读[J]. 心理科学,2004, 27(6):1326-1329.

[60] 孟祥芝,舒华,周晓林,罗晓辉. 不同阅读水平儿童的汉字字形输出与再认[J]. 心理学报,2000, 32(2):133-138.

[61] 孟祥芝,周晓林. 发展性阅读障碍的生理基础[J]. 心理科学进展,2002, 10(1):7-14.

[62] 孟祥芝,周晓林,吴佳音. 发展性协调障碍与书写困难个案研究[J]. 心理学报, 2003, 35(5):604-609.

[63] 孟祥芝,周晓林,曾飚,孔瑞芬,庄捷. 动态视觉加工与儿童汉字阅读[J]. 心理学报, 2002A, 34(1):16-22.

[64] 孟祥芝,周晓林,曾飚,赛晓光. 发展性阅读障碍与知觉加工[J]. 心理学报, 2002B, 34(4):437-442.

[65] 孟泽龙,张逸玮,毕鸿燕. 发展性阅读障碍亚类型研究进展[J]. 心理发展与教育,2017, 33(1):113-121.

[66] 钱怡,赵婧,毕鸿燕. 汉语学龄前儿童正字法意识的发展[J]. 心理学报,2013, 45(1):60-69

[67] 舒华,毕雪梅,武宁宁. 声旁部分信息在儿童学习和记忆汉字中的作用[J]. 心理学报,2003, 35(1):9-16.

［68］舒华,孟祥芝. 汉语儿童阅读困难初探——来自阅读困难儿童的统计数据［J］. 语言文字应用,2000，（3）:63-69.

［69］宋星. 字号和字间距对发展性阅读障碍儿童句子阅读的影响［D］. 天津师范大学. 2016

［70］苏萌萌,张玉平,史冰洁,舒华. 发展性阅读障碍的遗传关联分析［J］. 心理科学进展,2012，20(8):1259-1267.

［71］隋雪,姜娜,钱丽,. 汉语发展性阅读障碍儿童词汇阅读的眼动研究［J］. 中国特殊教育，2010，（3）:63-67.

［72］隋雪,刘雯,翁旭初. 汉语发展性阅读障碍儿童语素分辨及运用能力［J］. 辽宁师范大学学报(社会科学版),2012，35(1):54-59.

［73］谭军伟,乔丽萍,杜明洋,何玲,王世同. 阅读障碍儿童双眼视功能的临床研究［J］. 中国实用眼科杂志，2017，35(3):281-284.

［74］唐浩,隋雪. 韵脚意识的事件相关电位研究［J］. 辽宁师范大学学报(社会科学版),2007，30(2):56-60.

［75］王斌,刘翔平,刘希庆,林敏. 阅读障碍儿童视觉长时记忆特点研究［J］. 中国特殊教育,2006，（3）:69-73.

［76］王翠艳. 国外基于视觉拥挤效应的发展性阅读障碍干预研究及启示［J］. 中国特殊教育,2014，21(10):51-54.

［77］王敬欣,贾丽萍,何立媛,李永鑫. 汉语发展性阅读障碍儿童内外源线索条件下的眼跳［J］. 中国特殊教育，2013，（7）:49-53.

［78］王敬欣,杨洪艳,田静. 发展性阅读障碍儿童语篇阅读中的笔画数效应［J］. 中国特殊教育，2010，（5）:36-40.

［79］王娟,张积家,凌宇,郁安然. 汉语儿童正字法意识的发展研究［J］. 大理大学学报,2017，（3）:82-89.

[80] 王沐石,刘涵隆,赵婧. 汉语发展性阅读障碍儿童的元语言意识[J]. 中国心理卫生杂志,2019, 33(5):372-374.

[81] 王晓辰,李其维,李清. 小学汉语阅读障碍儿童的PASS认知加工特点[J]. 心理发展与教育, 2011, (6):569-576.

[82] 王晓辰,李清,邓赐平. 汉语阅读障碍的语音加工及正字法加工缺陷的实验研究[J]. 心理科学,2014, 37(4):803-808.

[83] 王孝玲,陶保平. 小学生识字量测试题库及评价量表[M]. 上海:上海教育出版社,1996.

[84] 王艳碧. 不同类型汉语阅读障碍儿童的认知特点研究[D]. 重庆:西南大学,2008.

[85] 王志超,等. 儿童发展性阅读障碍的全基因组关联研究[J]. 卫生研究,2015, 44(5):767-770,779.

[86] 吴汉荣,宋然然,姚彬. 儿童汉语阅读障碍量表的初步编制[J]. 中国学校卫生,2006, 27(3):189-190.

[87] 吴汉荣,姚彬. 汉语阅读障碍儿童视觉编码和词语成分加工机制的功能性近红外光学成像研究[J]. 中国学校卫生, 2004, 25(1):4-7.

[88] 吴汉荣,姚彬,余毅震. FNIRI技术对汉语阅读障碍儿童工作记忆的研究[J]. 生物医学工程与临床, 2004, 8(4):192-195.

[89] 吴思娜,舒华,刘艳茹. 语素意识在儿童汉语阅读中的作用[J]. 心理与行为研究,2005, 3(1):35-38.

[90] 吴永刚,苏见知,何建军,杨志伟,刘国锋. 儿童汉语阅读障碍的脑血流与阅读技能研究[J]. 中华核医学杂志, 2002, 22(1):13-15.

[91] 肖茜,张逸玮,赵婧,毕鸿燕. 汉语发展性阅读障碍儿童的视觉快速加工能力[J]. 中国心理卫生杂志,2014, 28(9):679-684.

［92］熊建萍. 汉语发展性阅读障碍儿童的眼动研究［D］. 天津师范大学,2014.

［93］熊建萍,闫国利. 汉语发展性阅读障碍儿童的主要亚类型分析［J］. 心理与行为研究,2014, 12(4):496-500.

［94］徐芬,董奇,杨洁,王卫星. 小学儿童汉语语音意识的发展［J］. 心理科学,2004, 27(1):18-20.

［95］许曦明,杨成虎. 语音学与音系学导论［M］. 上海:上海交通大学出版社,2011.

［96］薛锦,陆建平,杨剑锋,舒华. 规则性、语音意识、语义对汉语阅读障碍者阅读的影响［J］. 中国特殊教育,2008, (11):44-49.

［97］薛锦,舒华. 快速命名对汉语阅读的选择性预测作用［J］. 心理发展与教育,2008, 24(2):97-101.

［98］薛琦,宋然然. 汉语阅读障碍的遗传学研究进展［J］. 中国学校卫生,2019, 40(8):1273-1276.

［99］闫国利,熊建萍,白学军. 小学五年级学生汉语阅读知觉广度的眼动研究［J］. 心理发展与教育,2008, 24(1):72 – 77.

［100］闫嵘,俞国良. 阅读困难儿童认知灵活性发展特点研究［J］. 中国临床心理学, 2006, 14(1):33-35.

［101］闫嵘,俞国良,张磊. 双语儿童语音意识与词汇认读关系的研究［J］.心理科学,2005, 28(2):304-307.

［102］姚斌,吴汉荣. 汉语阅读障碍儿童智力水平及其结构病例对照研究［J］. 疾病控制, 2003, 7(6):487-490.

［103］余雪,刘翔平,王硕,刘议泽. 汉语阅读障碍儿童语素意识缺损实质［J］. 心理与行为研究,2015, 13(4):506-510.

[104] 喻红梅,魏华忠. 小学五年级阅读困难学生自然阅读中信息加工特点[J]. 心理科学,2003, 26(3):558-559.

[105] 张婵,盖笑松. 汉语阅读障碍儿童的阅读流畅性研究[J]. 心理与行为研究,2013, 11(3):340-345.

[106] 张红坡,邓铸,陈庆荣. 阅读障碍者的视空间能力:补偿还是缺陷?[J]. 中国特殊教育, 2012, (1):52-57.

[107] 张清芳,杨玉芳. 汉语单音节词汇产生中音韵编码的单元[J]. 心理科学,2005, 28(2):374-378.

[108] 张庆翔,王怡晴. 汉语语音意识研究回顾及展望[J]. 现代语文(语言研究),2014, (9):4-7.

[109] 张树东,张文秀. 汉语发展性阅读障碍儿童的语素意识研究述评[J]. 中国特殊教育,2018, (2):33-37.

[110] 张微,刘翔平,宋红艳. "热"执行对注意缺陷多动障碍和阅读障碍儿童言语工作记忆的影响[J]. 心理学报,2010, 42(3):415-422.

[111] 张向葵,孙天威,缴润凯. 阅读障碍学生创造力特征的研究[J]. 心理发展与教育, 2004, (2):1-6.

[112] 张妍,刘爱书,张修竹,王凤华. 汉语发展性阅读障碍儿童的语言加工技能研究[J]. 中国特殊教育,2011, (12):68-72.

[113] 赵婧,毕鸿燕,杨炀. 汉语发展性阅读障碍额头的快速命名与正字法加工技能[J]. 中国心理卫生杂志,2012, 26(1):36-40.

[114] 周兢,刘宝根. 汉语儿童从图像到文字的早期阅读与读写发展过程:来自早期阅读眼动及相关研究的初步证据[J]. 中国特殊教育,2010, (12):64-71.

[115] 周路平,李海燕. 发展性阅读障碍儿童汉字识别的早期加工:一项ERP研究[J]. 心理科学, 2011, 34(1):108-111.

［116］周晓林,孟祥芝. 中文发展性阅读障碍研究［J］. 应用心理学,2001，7(1):25-30.

［117］周晓林,孟祥芝,陈宜张. 发展性阅读障碍的脑功能成像研究［J］.中国神经科学杂志, 2002，18(2):568-572.

［118］周有光. 世界文字发展史［M］. 上海:上海教育出版社,1997.

［119］Altarelli I et al. Planum temporale asymmetry in developmental dyslexia: Revisiting an old question［J］. *Human Brain Mapping*, 2014, 35 (12): 5717-5735.

［120］Anderson R C,Li W,Ku Y-M,Shu H,Wu N. Use of partial information in learning to read Chinese characters［J］. *Journal of Educational Psychology*, 2003, 95(1):52-57.

［121］Andrews W et al. *ROBO*1 regulates the development of major axon tracts and interneuron migration in the forebrain［J］. *Development*, 2006, 133 (11):2243-2252.

［122］Anthoni H et al. A locus on 2p12 containing the co-regulated MRPL19 and C2ORF3 genes is associated to dyslexia［J］. *Human Molecular Genetics*, 2007,16(6):667-677.

［123］Asbjornsen A E,Bryden M P. Auditory attentional shifts in reading-disabled students: quantification of attentional effectiveness by the attentional shift index［J］. *Neuropsychologia*, 1998,36(2):143-148.

［124］Backes W et al. A typical brain activation of reading processes in children with developmental dyslexia［J］. *Journal of Child Neurology*,2002,17(12):867-871.

［125］Baddeley A D. Working memory: looking BACK AND LOOKING FORWARD［J］. *NATURE REVIEWS NEUROSCIENCE*, 2003,4(10):829-839.

［126］Badian N A. Phonological and orthographic processing：Their roles in reading prediction［J］. *Annals of Dyslexia*,2001,51：179–202.

［127］Baillieux H et al. Developmental dyslexia and widespread activation across the cerebellar hemispheres［J］. *Brain and Language*,2009,108（2）：122–132.

［128］Behrmann M,Shomstein S S,Black S E,Barton J J. The eye movements of pure alexic patients during reading and nonreading tasks［J］. *Neuropsychologia*, 2001,39（9）:983–1002.

［129］Béland R,Mimounia Z. Deep dyslexia in the two languages of an Arabic/French bilingual patient. *Cognition*,2001,82（2）:77–126.

［130］Bellocchi S,Massendarib D,Grainger J,Ducrot S. Effects of inter–character spacing on saccade programming in beginning readers and dyslexics［J］. *Child Neuropsychology*,2018,25（4）:1–23.

［131］Benasich A A,Tallal P. Infant discrimination of rapid auditory cues predicts later language impairment［J］. *Behavioral Brain Research*,2002,136（1）：31–49.

［132］Benfatto M N,Seimyr G Ö,Ygge J,Pansell T,Rydberg A,Jacobson C. Screening for dyslexia using eye tracking during reading［J］. *Plos One*,2016,11（12）:e0165508.

［133］Bernard J B,Chung S T. The dependence of crowding on flanker complexity and target–flanker similarity［J］. *Journal of Vision*,2011,11（8）:74–76.

［134］Bi T,Cai P,Zhou T,Fang F. The effect of crowding on orientation–selective adaptation in human early visual cortex［J］. *Journal of Vision*,2009,9（11）:13.

［135］Bi Y,Han Z,Weekes B,Shu H. The interaction between semantic and the nonsemantic systems in reading：Evidence from Chinese［J］. *Neuropsychologia*, 2007, 45(12):2660-2673.

［136］Binder J R, Desai R H, Graves W W, Conant L L. Where is the semantic system? A critical review and meta-analysis of 120 functional neuroimaging studies［J］. *Cerebral Cortex*, 2009, 19(12):2767-2796.

［137］Biscaldi M, Fischer B, Hartnegg K. Voluntary saccade control in dyslexics［J］. *Perception*, 2000, 29:509-521.

［138］Bishop D V M, Mcarthur M. Immature cortical responses to auditory stimuli in specific language impairment：evidence from ERPs to rapid tone sequences［J］. *Developmental Science*, 2004, 7(4):11-18.

［139］Blau V et al. Deviant processing of letters and speech sounds as proximate cause of reading failure：A functional magnetic resonance imaging study of dyslexic children［J］. *Brain*, 2010, 133:868-879.

［140］Blomert L. The neural signature of orthographic-phonological binding in successful and failing reading development［J］. *NeuroImage*, 2011, 57(3):695-703.

［141］Blomert L, Mitterer H. The fragile nature of the speech-perception deficit in dyslexia：natural vs. synthetic speech［J］. *Brain and Language*, 2004, 89(1):21-26.

［142］Boada R, Pennington B F. Deficient implicit phonological representations in children with dyslexia［J］. *Journal of Experimental Child Psychology*, 2006, 95(3):153-193.

［143］Bonfiglio L et al. Defective chromatic and achromatic visual pathways in developmental dyslexia：cues for an integrated intervention programme［J］. *Restorative Neurology and Neuroscience*, 2017, 35(1):11-24.

[144] Bonifacci P, Snowling M J. Speed of processing and reading disability: A cross-linguistic investigation of dyslexia and borderline intellectual functioning[J]. *Cognition*, 2008, 107(3):999-1017.

[145] Bosse M L, Tainturier M J, Valdois S. Developmental dyslexia: The visual attention span deficit hypothesis[J]. *Cognition*, 2007, 104(2):198-230.

[146] Bouma H. Interaction effects in parafoveal letter recognition[J]. *Nature*, 1970, 226(5241):177-178.

[147] Brannan J R, Solan H A, Ficarra A P, Ong E. Effect of luminance on visual evoked potential amplitudes in normal and disabled readers[J]. *Optometry and Vision Science*, 1998, 75 (4):279-283.

[148] Brezniz Z, Meyler A. Speed of lower-level auditory and visual processing as a basic factor in dyslexia: electrophysiological evidence[J]. *Brain and Language*, 2003, 85(2):166-184.

[149] Brizzolara D, Gasperini F, Pfanner L, Cristofani P, Casalini C, Chilosi A M. Long-term reading and spelling outcome in Italian adolescents with a history of specific language impairment[J]. *Cortex*, 2011, 47(8):955-973.

[150] Buckner R L, Wheeler M E. The cognitive neuroscience of remembering [J]. *Nature Reviews Neuroscience*, 2001, 2(9):624.

[151] Cai Q, Brysbaert M. SUBTLEX-CH: Chinese word and character frequencies based on film subtitles[J]. *Plos One*, 2010, 5(6):e10729.

[152] Callaway E M. Structure and function of parallel pathways in the primate early visual system[J]. *Journal of Physiology*, 2005, 566 (1):13-19.

[153] Callens M, Wkitney C, Tops W, Brysbaert M. No deficiency in left-to-right processing of words in dyslexia but evidence for enhanced visual crowding [J]. *The Quarterly Journal of Experimental Psychology*, 2013, 66 (9):

1803–1817.

[154] Cao F. Brain MRI data in Chinese dyslexic children performing an auditory rhyming judgment task[J]. *Data in Brief*, 2017, 11(C): 473–478.

[155] Cao F et al. Writing affects the brain network of reading in Chinese: A functional magnetic resonance imaging study[J]. *Human Brain Mapping*, 2013, 34(7): 1670–1684.

[156] Cao F et al. Neural signatures of phonological deficits in Chinese developmental dyslexia[J]. *NeuroImage*, 2016, 146: 301.

[157] Carreiras M et al. An anatomical signature for literacy[J]. *Nature*, 2009, 461(7266): 983–986.

[158] Carrion-Castillo A, Franke B, Fisher S E. Molecular genetics of dyslexia: an overview[J]. *Dyslexia*, 2013, 19(4): 214–240.

[159] Carroll J M, Snowling M J. Language and phonological skills in children at high risk of reading difficulties[J]. *Journal of Child Psychology and Psychiatry*, 2004, 3: 631–640.

[160] Carter J C et al. A dual DTI approach to analyzing white matter in children with dyslexia[J]. *Psychiatry Research*, 2009, 172(3): 215–219.

[161] Cassim R, Talcott J B, Moores E. Adults with dyslexia demonstrate large effects of crowding and detrimental effects of distractors in a visual tilt discrimination task[J]. *PLoS One*, 2014, 9(9): e106191.

[162] Castle A, Coltheart M. Is there a causal link from phonological awareness to success in learning to read? [J]. *Cognition*, 2004, 91: 71–111.

[163] Centanni T M et al. Knockdown of dyslexia-gene DCDC2 interferes with speech sound discrimination in continuous streams[J]. *The Journal of Neuroscience*, 2016, 36(17): 4895–4906.

[164] Chang E F,Rieger J W,Johnson K,Berger M S,Barbaro N M,Knight R T. Categorical speech representation in human superior temporal gyrus[J]. *Nature Neuroscience*,2020,67(6):19-20.

[165] Chen J et al. Attention-dependent early cortical suppression contributes to crowding[J]. *The Journal of Neuroscience:The Official Journal of The Society for Neuroscience*,2014,34(32):10465-10474.

[166] Chen J,Yu Q,He Y,Fang F. An early cortical suppression might contribute to crowding[J]. *Journal of Vision*,2012,12(9):328.

[167] Chen J Y,Lin W C,Ferand L. Masked priming of the sylable in Mandarin Chinese speech production[J]. *Chinese Journal of Psychology*,2003,45:107-120.

[168] Chen X,Hao M,Geva E,Zhu J,Shu H. The role of compound awareness in Chinese children's vocabulary acquisition and character reading[J]. *Reading and Writing*,2009,22(5):615-631.

[169] Chicherov V,Plomp G,Herzog M H. Neural correlates of visual crowding[J]. *NeuroImage*,2014,93:23-31.

[170] Chung K K,Ho C S,Chan D W. Cognitive profiles of Chinese adolescents with dyslexia[J]. *Dyslexia*,2010,16:2-23.

[171] Chung K K,Tong X,Mcbridechang C. Evidence for a deficit in orthographic structure processing in Chinese developmental dyslexia:An event-related potential study [J]. *Brain Research*,2012,1472(13):20-31.

[172] Cicchini G M,Marino C,Mascheretti S,Perani D,Morrone M C. Strong motion deficits in dyslexia associated with DCDC2 gene alteration[J]. *The Journal of Neuroscience*,2015,35(21):8059-8064.

[173] Clark K A et al. Neuroanatomical precursors of dyslexia identified

from pre-reading through to age 11[J]. *Brain A Journal of Neurology*, 2014, 137
(12):3136-3141

[174] Clarke P, Hulme C, Snowling M J. Individual differences in RAN and
reading: a response timing analysis[J]. *Journal of Research in Reading*, 2005, 28:
73-86.

[175] Clem Von Hohenberg et al. CNTNAP2 polymorphisms and structural
brain connectivity: a diffusion-tensor imaging study[J]. *Journal of Psychiatric
Research*, 2013, 47(10):1349-1356.

[176] Cohen-Mimran R, Sapir S. Deficits in working memory in young a-
dults with reading disabilities[J]. *Journal of Communication Disorders*, 2007, 40
(2):168-183.

[177] Coltheart M. Dual route and connectionist models of reading: an over-
view[J]. *London Review of Education*, 2006, 4(1):5-17.

[178] Cope N et al. Strong evidence that KIAA0319 on chromosome 6p is a
susceptibility gene for developmental dyslexia[J]. *The American Journal of Human
Genetics*, 2005, 76(4):581-591.

[179] Cope N et al. Variants in the DYX2 locus are associated with altered
brain activation in readingrelated brain regions in subjects with reading disability
[J]. *NeuroImage*, 2012, 63(1):148-156.

[180] Corbetta M, Shulman G L. Spatial neglect and attention networks[J].
Annual Review Neuroscience, 2011, 34:569-599.

[181] Cornoldi C, Colpo G. Prove oggettive MT di lettura[M]. *Firenze: Or-
ganizzazioni Speciali*, 2001.

[182] Crawford T J, Higham S. Dyslexia and the centre-of-gravity effect
[J]. *Experimental Brain Research*, 2001, 137(1):122-126.

［183］Crisp J,Ralph M A L. Unlocking the nature of the phonological-deep dyslexia continuum：The keys to reading aloud are in phonology and semantics ［J］. *Journal of Cognitive Neuroscience*,2006,18(3)：348-362.

［184］Darki F,Peyrard-Janvid M,Matsson H,Kere J,Klingberg T. DCDC2 polymorphism is associated with left temporoparietal gray and white matter structures during development［J］. *Journal of Neuroscience*,2014,34(43)：14455-14462.

［185］De Luca M,Borrelli M,JudicA A,Spinelli D,Zoccolotti P. Reading words and pseudowords：an eye movements study of developmental dyslexia［J］. *Brain and Language*,2002,80(3)：617-626.

［186］De Luca M,Di Pace E,Judica A,Spinell D,Zoccolotti P. Eye movement patterns in linguistic and non-linguistic tasks in developmental surface dyslexia［J］. *Neuropsychologia*, 1999,37(12)：1407-1420.

［187］Dehaene S. Reading in the brain：The new science of how we read ［J］. *International Journal of Applied Linguistics*,2009,24(1)：128-130.

［188］Dehaene S et al. How learning to read changes the cortical networks for vision and language［J］. *Science*,2010,330：1359-1364.

［189］Dennis M Y et al. A common variant associated with dyslexia reduces expression of the KIAA0319 gene［J］. *PLoS Genetics*,2009,5(3)：e1000436.

［190］Desroches A S,Joanisse M F,Robertson E K. Specific phonological impairments in dyslexia revealed by eyetracking［J］. *Cognition*,2006,100(3)：B32-B42.

［191］Dole M,Meunier F,Hoen M. Functional correlates of the speech-in-noise perception impairment in dyslexia：an MRI study［J］. *Neuropsychologia*,2014,60(1)：103-114.

［192］Eden G F et al. Abnormal processing of visual motion in dyslexia revealed by functional brain imaging[J]. *Nature*,1996,382（6586）:66-69.

[193] Eicher J D et al. Dyslexia and language impairment associated genetic markers influence cortical thickness and white matter in typically developing children[J]. *Brain Imaging and Behavior*,2016,10(1):272-282.

[194] Facoetti A,Lorusso M L,Paganoni P,Umiltà C,Mascetti G G. The role of visuospatial attention in developmental dyslexia: Evidence from a rehabilitation study[J]. *Brain Research*, *Cognitive Brain Research*,2003,15(2):154-164.

[195] Facoetti A,Paganoni P,Turatto M,Marzola V. Visual-spatial attention in developmental dyslexia[J]. *Cortex*,2000,36(1):109-123.

[196] Facoetti A,Turatto M. Asymmetrical visual   elds distribution of attention in dyslexic children: a neuropsychological study[J]. *Neuroscience Letters*, 2000,290(3):216-218.

[197] Faivre N,Berthet V,Kouider S. Nonconscious influences from emotional faces: a comparison of visual crowding, masking, and continuous flash suppression[J]. *Frontiers in Psychology*,2012,3:129.

[198] Fan Z,Fang F. Learning to discriminate crowded orientations[J]. *Journal of Vision*,2013,13(9):565.

[199] Fawcett A J,Nicolson R I. Performance of dyslexic children on cerebellar and cognitive tests[J]. *Journal of Motor Behavior*,1999,31(1):68-78.

[200] Fawcett A J,Nicolson R I,Dean P. Impaired performance of children with dyslexia on a range of cerebellar tasks[J]. *Annals of Dyslexia*,1996,46:259-283.

[201] Finn E S et al. Disruption of functional networks in dyslexia: A whole-brain, data driven analysis of connectivity[J]. *Biological Psychiatry*,2014, 76(5):397-404.

［202］Fischer B,Hartnegg K. Stability of gaze control in dyslexia［J］. *Stra-bismus*,2000,8（2）:119−122.

［203］Fischer J,Spotswood N,Whitney D. The emergence of perceived posi-tion in the visual system［J］. *Journal of Cognitive Neuroscience*,2011,23（1）:119−136.

［204］Fitzpatrick D. Seeing beyond the receptive field in primary visual cor-tex［J］. *Current Opinion in Neurobiology*,2000,10:438−443.

［205］Franceschini S,Gori S,Ruffino M,Pedrolli K,Facoetti A. A causal link between visual spatial attention and reading acquisition［J］. *Current Biology*,2012,22（9）:814−819.

［206］Franceschini S,Gori S,Ruffino M,Viola S,Molteni M,Facoetti A. Ac-tion video games make dyslexic children read better［J］. *Current Biology*,2013,23（6）:462−466.

［207］Francks C et al. A 77−kilobase region of chromosome 6p22. 2 is asso-ciated with dyslexia in families from the United Kingdom and from the United States［J］. *American Journal of Human Genetics*,2004,75:1046−1058.

［208］Friedman R B. Recovery from deep alexia to phonological alexia:Points on a continuum［J］. *Brain And Language*,1996,52:114−128.

［209］Furnes B,Samuelsson S. Phonological awareness and rapid automa-tized naming predicting early development in reading and spelling:Results from a cross−linguistic longitudinal study［J］. *Learning And Individual Differences*,2011,21:85−95.

［210］Gabrieli J D E. Dyslexia:a new synergy between education and cog-nitive neuroscience［J］. *Science*,2009,325（5938）:280−283.

［211］Gabrieli J D E,Norton E S. Reading abilities:importance of visual−

spatial attention[J]. *Current Biology*, 2012, 22 (9):R298-R299.

[212] Galaburda A M, Sherman G F, Rosen G D, Aboitiz F, Geschwind N. Developmental dyslexia: Four consecutive patients with cortical anomalies[J]. *Annals of Neurology*, 1985, 18(2):222-233.

[213] Gallagher A, Frigh U, Snowling M J. Precursors of literacy delay among children at genetic risk of dyslexia[J]. *Journal of Child Psychology And Psychiatry*, 2000, 41(2):203-213.

[214] Gathercole S E, Alloway T P, Willis C, Adams A M. Working memory in children with reading disabilities[J]. *Journal of Experimental Child Psychology*, 2006, 93(3):265-281.

[215] Gayan J, Olson R K. Genetic and environmental influences on orthographic and phonological skills in children with reading disabilities[J]. *Developmental Neuropsychology*, 2001, 20(2):483-507.

[216] Geiger G et al. Wide and diffuse perceptual modes characterize dyslexics in vision and audition[J]. *Perception*, 2008, 37(11):1745-1764.

[217] Ghassemi E, Kapoula Z. Is poor coordination of saccades in dyslexics a consequence of reading difficulties? A study case[J]. *Journal of Eye Movement Research*, 2013, 6(1):1-11.

[218] Ghitza O, Greenberg S. On the possible role of brain rhythms in speech perception: Intelligibility of time-compressed speech with periodic and aperiodic insertions of silence[J]. *Phonetica*, 2009, 66(1-2):113-126.

[219] Gialluisi A et al. Genome-wide screening for DNA variants associated with reading and language traits[J]. *Genes, Brain and Behavior*, 2014, 13(7):686-701.

[220] Giraldo-Chica M, Hegarty J P, Schneider K A. Morphological differ-

ences in the lateral geniculate nucleus associated with dyslexia[J]. *NeuroImage: Clinical*, 2015, 7: 830-836.

[221] Gori S et al. The DCDC2 intron 2 deletion impairs illusory motion perception unveiling the selective role of magnocellular – dorsal stream in reading (dis)ability[J]. *Cerebral Cortex*, 2015, 25(6): 1685-1695.

[222] Gori S, Cecchini P, Bigoni A, Molteni M, Facoetti A. Magnocellular – dorsal pathway and sub-lexical route in developmental dyslexia[J]. *Frontiers in Human Neuroscience*, 2014, 8: 460.

[223] Gori S, Facoetti A. Perceptual learning as a possible new approach for remediation and prevention of developmental dyslexia[J]. *Vision Research*, 2014, 99: 78-87.

[224] Gori S, Facoetti A. How the visual aspects can be crucial in reading acquisition: The intriguing case of crowding and developmental dyslexia[J]. *Journal of Vision*, 2015, 15(1): 8, 1-20.

[225] Gori S, Molteni M, Facoetti A. Visual illusions: an interesting tool to investigate developmental dyslexia and autism spectrum disorder[J]. *Frontiers in Human Neuroscience*, 2016, 10: 175

[226] Gori S, Seitz A, Ronconi L, Franceschini S, Facoetti A. The causal link between magnocellular-dorsal pathway functioning and dyslexia[J]. *Journal of Vision*, 2015, 15 (12): 195.

[227] Goswami U. A temporal sampling framework for developmental dyslexia[J]. *Trends in Cognitive Science*, 2011, 15(1): 3-10.

[228] Goswami U. Sensory theories of developmental dyslexia: three challenges for research[J]. *Nature Review Neuroscience*, 2015, 16 (1): 43-54.

[229] Goswami U et al. Perception of filtered speech by children with devel-

opmental dyslexia and children with specific language impairments[J]. *Frontiers in Psychology*,2016,7:791.

[230] Goswami U. A neural oscillations perspective on phonological development and phonological processing in developmental dyslexia[J]. *Language and Linguistics Compass*,2019,13(5):e12328.

[231] Goswami U,Bryant P. Phonological skills and learning to read[M]. *Hillsdale, NJ:Erlbaum*,1990.

[232] Goswami U,Gerson D,Astruc L. Amplitude envelope perception, phonology and prosodic sensitivity in children with developmental dyslexia[J]. *Reading and Writing*,2010,23(8):995-1019.

[233] Goswami U,Mead N,Fosker T,Huss M,Barnes L,Leong V. Impaired perception of syllable stress in children with dyslexia:A longitudinal study[J]. *Journal of Memory and Language*,2013,69(1):1-17.

[234] Graham S A,Fisher S E. Decoding the genetics of speech and language[J]. *Current Opinion Neurobiology*,2013,23(1):43-51.

[235] Grahama N L,Patterson K,Hodges J R. The impact of semantic memory impairment on spelling:evidence from semantic dementia[J]. *Neuropsychologia*,2000,38(2):143-163.

[236] Grant A C,Zangaladze A,Thiagarajah M C,Sathian K. Tactile perception in developmental dyslexia:A psychophysical study using gratings[J]. *Neuropsychologia*,1999,37(10):1201-1211.

[237] Green C S,Bavelier D. Action-video-game experience alters the spatial resolution of vision[J]. *Psychological Science*,2007,18(1):88-94.

[238] Griffiths Y M,Snowling M J. Predictors of exception word and nonword reading in dyslexic children:the severity hypothesis[J]. *Journal of Educa-*

tional Psychology,2002,94(1):34-39.

[239] Hahn N,Foxe J J,Molholm S. Impairments of multisensory integration and cross-sensory learning as pathways to dyslexia[J]. *Neuroscience and Biobehavioral Reviews*,2014,47:384-392.

[240] Hakvoort B,Van Den Boer M,Leenaars T,Bos P,Tijms J. Improvements in reading accuracy as a result of increased interletter spacing are not specific to children with dyslexia[J]. *Journal of Experimental Child Psychology*,2017,164:101-116.

[241] Hanley J R. A longitudinal study of phonological awareness, visual skills, and Chinese reading acquisition among First-graders in Taiwan[J]. *International Journal of Behavioral Development*,1997,20(2):249-268.

[242] Hannula-Jouppi K,et al. The axon guidance receptor gene ROBO1 is a candidate gene for developmental dyslexia[J]. *PLoS Genetics*,2005,1(4):e50.

[243] Harm M W,Seidenberg M S. Computing the meanings of words in reading:Cooperative division of labor between visual and phonological processes [J]. *Psychological Review*,2004,111(3):662-720.

[244] He S,Cavanagh P,Iitriligator J. Attentional resolution[J]. *Trends in Cognitive Science*,1997,1(3):115-121.

[245] Heath S M,Hogben J H,Clark C D. Auditory temporal processing in disabled readers with and without oral language delay[J]. *Journal of Child Psychology and Psychiatry and Allied Disciplines*,1999,40(4):637-647.

[246] Helenius P,Salmelin R,Richardson U,Leinonen S,Lyytinen H. Abnormal auditory cortical activation in dyslexia 100msec after speech onset[J]. *Journal of Cognitive Neuroscience*,2002,14(4):603-617.

[247] Hilosi A M et al. Reading and spelling disabilities in children with

and without a history of early language delay: A neuropsychological and linguistic study[J]. *Child Neuropsychol*,2011,15(6):582-604.

[248] Hiramoto K,Negishi M,Katoh H. DOCK4 is regulated by rhog and promotes racdependent cell migration[J]. *Experimental Cell Research*,2006,312 (20):4205-4216.

[249] Ho C S-H,Chan D W-O,Chung K K-H,Lee S-H,Tsang S-M. In search of subtypes of Chinese developmental dyslexia[J]. *Journal of Experimental Child Psychology*,2007,97(1):61-83.

[250] Ho C S-H,Chan D W-O,Lee S-H,Tsang S-M,Luan V H. Cognitive profiling and preliminary subtyping in Chinese developmental dyslexia[J]. *Cognition*,2004,91(1):43-75.

[251] Ho C S-H,Chan D W-O,Tsang S-M,Lee S-H. The cognitive profile and multiple-deficit hypothesis in Chinese developmental dyslexia[J]. *Developmental Psychology*,2002,38(4):543-553.

[252] Ho C,Cheung S H. Crowding by invisible flankers[J]. *PLoS One*, 2011,6:e28814.

[253] Hoeft F et al. Functional and morphometric brain dissociation between dyslexia and reading ability[J]. *Proceedings of The National Academy of Sciences*, 2007,104(10):4234-4239.

[254] Holopainen I,Korpilahti P,Lang H. What information does mismatch negativity registering give us about developmental speech and language disorders [J]. *Duodeci; Laaketieteellinen Aikakauskirja*,1997,113(19):1865-1871.

[255] Hoogman M,Guadalupe T,Zwiers M P,Klarenbeek P,Francks C, Fisher S E. Assessing the effects of common variation in the FOXP2 gene on human brain structure[J]. *Frontiers in Human Neuroscience*,2014,8:473.

[256] Hoskyn M,Swanson H L. Cognitive processing of low achievers and children with reading disabilities: a selective meta-analytic review of the published literature[J]. *School Psychology Review*,2000,29(1):102-119.

[257] Huettig F,Lachmann T,Reis A,Petersson K M. Distinguishing cause from effect-many deficits associated with developmental dyslexia may be a consequence of reduced and suboptimal reading experience[J]. *Language Cognition And Neuroscience*,2017,1-18.

[258] Hultquist A M. Orthographic processing abilities of adolescents with dyslexia[J]. *Annals of Dyslexia*,1997,47:89-114.

[259] Hutzler F,Wimmer H. Eye movements of dyslexic children when reading in a regular orthography[J]. *Brain And Language*,2004,89(1):235-242.

[260] Jackman C,Horn N D,Molleston J P,Sokol D K. Gene associated with seizures, autism, and hepatomegaly in an Amish girl[J]. *Pediatric Neurology*,2009,40(4):310-313.

[261] Jamadar S et al. Genetic influences of resting state fMRI activity in language-related brain regions in healthy controls and schizophrenia patients: a pilot study[J]. *Brain Imaging And Behavior*,2013,7:15-27.

[262] Jamadar S,Powers N R,Meda S A,Gelernter J,Gruen J R,Pearlson G D. Genetic influences of cortical gray matter in language-related regions in healthy controls and schizophrenia [J]. *Schizophrenia Research*, 2011, 129 (2-3): 141-148.

[263] Jefferies E,Ralph M A L,Jones R,Bateman D,Patterson K. Surface dyslexia in semantic dementia: A comparison of the influence of consistency and regularity[J]. *Neurocace*,2004,10(4):290-299.

[264] Joanisse M F,Manis F R,Keating P,Seidenberg M S. Language deficits in dyslexic children: Speech perception, phonology, and morphology[J].

Journal of Experimental Child Psychology, 2000, 77(1):30−60.

[265] Joo S J, White A L, Strodtman D J, Yeatman J D. Optimizing text for an individual's visual system: The contribution of visual crowding to reading diffi-culties[J]. *Cortex*, 2018, 103:291−301.

[266] Kast M, Bezzola L, J   ncke L, Meyer M. Multi− and unisensory de-coding of words and nonwords result in differential brain responses in dyslexic and nondyslexic adults[J]. *Brain And Language*, 2011, 119(3):136−148.

[267] Katzir T, Kim Y−S, Wolf M, Morris R, Lovett M W. The varieties of pathways to dysfluent reading: Comparing subtypes of children with dyslexia at let-ter, word and connected text levels of reading[J]. *Journal of Learning Disabili-ties*, 2008, 41(1):47−66.

[268] Kim M J, Dunah A W, Wang Y T, Sheng M. Differential roles of NR2A− and NR2Bcontaining NMDA receptors in Ras−ERK signaling and AMPA receptor trafficking[J]. *Neuron*, 2005, 46(5):745−760.

[269] Kirkby J A, Blythe H, Drieghe D, Liversedge S P. Reading text increa-ses binocular disparity in dyslexic children[J]. *Plos One*, 2011, 6(11):1−7.

[270] Kirkby J A, Webster L A D, Blythe H I, Liversedge S P. Binocular co-ordination during reading and non − reading tasks[J]. *Psychological Bulletin*, 2008, 134(5):742−763

[271] Knecht S et al. Handedness and hemispheric language dominance in healthy humans[J]. *Brain: A Journal of Neurology*, 2000, 123:2512−2518.

[272] Kong R et al. Genetic variant in DIP2A gene is associated with devel-opmental dyslexia in Chinese population[J]. *American Journal of Medical Genetics Part B Neuropsychiatric Genetics*, 2016, 171(2):203−208.

[273] Kronbichler M et al. Developmental dyslexia: gray matter abnormali-

ties in the occipitotemporal cortex[J]. *Human Brain Mapping*,2008,29(5):613−625.

[274] Kronschnabel J,Brem S,Maurer U,Brandeis D. The level of audiovisual printspeech integration deficits in dyslexia[J]. *Neuropsychologia*,2014,62(1):245−261.

[275] Kronbichler M,Hutzler F,Wimmer H. Dyslexia:verbal impairments in the absence of magnocellular impairments[J]. *Neuroreport*,2002,13(5):617−620.

[276] Krug A et al. The effect of the COMT val158 met polymorphism on neural correlates of semantic verbal fluency[J]. *European Archives of Psychiatry and Clinical Neuroscience*,2009,259(8):459−465.

[277] Kurt S,Fisher S E,Ehret G. FOXP2 mutations impair auditory−motor association earning[J]. *Plos One*,2012,7(3):e33130.

[278] Lai C S,Fisher S E,Hurst J A,Vargha−Khadem F,Monaco A P. A forkhead−domain gene is mutated in a severe speech and language disorder[J]. *Nature*,2001,413(6855):519−523.

[279] Lallier M,DONNADIEU S,VALDOIS S. Visual attentional blink in dyslexic children:Parameterizing the deficit[J]. *Vision Research*,2010,50:1855−1861

[280] Lam S S,Au R K,Leung H W,Li−Tsang C W. Chinese handwriting performance of primary school children with dyslexia[J]. *Research in Developmental Disabilities*,2011,32(5):1745−1756.

[281] Lambon Ralph M A,Patterson K. Generalization and differentiation in semantic memory[J]. *Annals of The New York Academy Sciences*,2008,1124(1):61−76

[282] Landerl K, Wimmer H. Development of word reading fluency and spelling in a consistent orthography: an 8-year followup[J]. *Journal of Educational Psychology*, 2008, 100: 150-161.

[283] Lawton T. Improving magnocellular function in the dorsal stream remediates reading deficits[J]. *Optometry And Vision Development*, 2011, 42(3): 142-154.

[284] Lei L et al. Developmental trajectories of reading development and impairment from ages 3 to 8 years in Chinese children[J]. *Journal of Child Psychology And Psychiatry*, 2011, 52(2): 212-220.

[285] Leonard C M et al. Anatomical risk factors for phonological dyslexia [J]. *Cerebral Cortex*, 2001, 11(2): 148-157.

[286] Leong C K, Cheng P-W, Lam C C. Exploring reading-spelling connection as locus of dyslexia in Chinese[J]. *Annals of Dyslexia*, 2000, 50(1): 239-259.

[287] Leong V, Goswami U. Difficulties in auditory organization as a cause of reading backwardness? An auditory neuroscience perspective[J]. *Developmental Science*, 2017, 20(6): e12457.

[288] Lervag A, Hulme C. Rapid automatized naming (RAN) taps a mechanism that places constraints on the development of early reading fluency[J]. *Psychological Science*, 2009, 20(8): 1040-1048.

[289] Levi D M, Carney T. Crowding in peripheral vision: why bigger is better[J]. *Current Biology*, 2009, 19(23): 1988-1993.

[290] Li H, Shu H, McBride-Chang C, Liu H Y, Xue J. Paired associate learning in Chinese children with dyslexia[J]. *Journal of Experimental Child Psychology*, 2009, 103(2): 135-151.

[291] Li L P,Wu X C. Effects of metalinguistic awareness on reading comprehension and the mediator role of reading fluency from grades 2 to 4[J]. *PLoS One*,2015,10(3):e0114417.

[292] Liao C H,Deng C,Hamilton J,Lee C S-C,Wei W,Georgiou G K. The role of rapid naming in reading development and dyslexia in Chinese[J]. *Journal of Experimental Child Psychology*,2015,130(1):106-122.

[293] Liao C H,Georgiou G K,Parrila R. Rapid naming speed and Chinese character recognition[J]. *Reading And Writing*,2008,21(3):231-253.

[294] Liddle E B,Jackson G M,Rorden C,Jeakson S R. Lateralized temporal order judgement in dyslexia[J]. *Neuropsychologia*,2009,47(14):3244-3254.

[295] Liégeois F,Baldeweg T,Connelly A,Gadian D G,Mishkin M,Vargha-Khadem F. Language fMRI abnormalities associated with FOXP2 gene mutation [J]. *Nature Neuroscience*,2003,6(11):1230-1237.

[296] Lim C K,Ho C S,Chou C H,Waye M. Association of the rs3743205 variant of DYX1C1 with dyslexia in Chinese children[J]. *Behavioral And Brain Functions*,2011,7(1):16.

[297] Lim C K,Wong A M,Ho C S,Waye M. A common haplotype of KIAA0319 contributes to the phonological awareness skill in Chinese children[J]. *Behavioral And Brain Functions*,2014,10(1):23.

[298] Lind P A et al. Dyslexia and DCDC2:Normal variation in reading and spelling is associated with DCDC2 polymorphisms in an Australian population sample[J]. *European Journal of Human Genetics*,2010,18(6):668-673.

[299] Liu K et al. Altered topological organization of brain structural network in Chinese children with developmental dyslexia [J]. *Neuroscience Letters*, 2015,589:169.

［300］Liu L,Tao R,Wang W,You W,Peng D L, Booth J. Chinese dyslexics show neural differences in morphological processing［J］. *Developmental Cognitive Neuroscience*,2013,6(4):40-50.

［301］Liu L et al. Similar alterations in brain function for phonological and semantic processing to visual characters in Chinese dyslexia ［J］. *Neuropsychologia*,2012,50(9):2224-2232.

［302］Liu L et al. Altered brain structure in Chinese dyslexic children［J］. *Neuropsychologia*,2013,51(7):1169-1176.

［303］Liu L, You W, Wang W, Guo X, Peng D, Booth J. Altered brain structure in Chinese dyslexic children ［J］. *Neuropsychologia*, 2013, 51 (7): 1169-1176.

［304］Liu P D,McBride-Chang C. What is morphological awareness? Tapping lexical compounding awareness in Chinese third graders［J］. *Journal of Educational Psychology*,2010,102(1):62-73.

［305］Liu W L,Yue G A. Perception of stop onset spectra in Chinese children with phonological dyslexia［J］. *Dyslexia*,2012,18(4):216-225.

［306］Lobier M A,Peyrin C,Pichat C,Le Bas J-F,Valdois S. Visual processing of multiple elements in the dyslexic brain: evidence for a superior parietal dysfunction［J］. *Frontiers in Human Neuroscience*,2014,8:479.

［307］Loh K Y, Ki W W, Tse S K, Leong C K. Enhancing orthographic knowledge helps spelling production in eight-year-old Chinese children at risk for dyslexia［J］. *Annals of Dyslexia*,2011,61(1):136-160.

［308］Lonigan C J,Burgess S R,Anthony J L,Barker T A. Development of phonological sensitivity in 2-to 5-year-old children［J］. *Journal of Educational Psychology*,1998,90:294-311.

[309] Luo H, Poeppel D. Phase patterns of neuronal responses reliably discriminate speech in human auditory cortex[J]. *Neuron*, 2007, 54:1001−1010.

[310] Lyon G R, Shaywitz S E, Shaywitz B A. A definition of dyslexia[J]. *Annals of Dyslexia*, 2003, 53(1):1−14.

[311] Manis F R et al. Development of dyslexia subgroups: A one−year follow up[J]. *Annals of Dyslexia*, 1999, 49(1):105−134.

[312] Manis F R, Seidenberg M S, Doi L M, McBride−Chang C. On the bases of two subtypes of development dyslexia[J]. *Cognition*, 1996, 58(2): 157−195.

[313] Marino C et al. DCDC2 genetic variants and susceptibility to developmental dyslexia[J]. *Psychiatric Genetics*, 2012, 22(1):25−30.

[314] Marino C et al. The DCDC2/intron 2 deletion and white matter disorganization: focus on developmental dyslexia[J]. *Cortex*, 2014, 57:227−243.

[315] Marshall C M, Snowling M J, Bailey P J. Rapid auditory processing and phonological ability in normal readers and readers with dyslexia[J]. *Journal of Speech*, *Language And Hearing Research*, 2001, 44(4):925−940.

[316] Martelli M, Di Filippo G, Spinelli D, Zoccolotti P. Crowding, reading, and developmental dyslexia[J]. *Journal of Vision*, 2009, 9(4):14, 1−18.

[317] Martynova O, Kirjavainen J, Cheour M. Mismatch negativity and late discriminative negativity in sleeping human newborns[J]. *Neuroscience Letters*, 2003, 340(2):75−78.

[318] Mascheretti S et al. GRIN2B mediates susceptibility to intelligence quotient and cognitive impairments in developmental dyslexia[J]. *Psychiatric Genetics*, 2015, 25(1):9−20.

[319] Massinen S et al. Genomic sequencing of a dyslexia susceptibility hap-

lotype encompassing ROBO1[J]. *Journal of Neurodevelopmental Disorder*,2016,8 (1):4.

[320] Matsson H et al. Polymorphisms in DCDC2 and S100B associate with developmental dyslexia[J]. *Journal of Human Genetics*,2015,60:399-401.

[321] Mcarthur G et al. Phonics training for English-speaking poor readers [J]. *Cochrane Database of Systematic Reviews*,2012,12:CD009115.

[322] McBride-Chang C,Shu H,Zhou A B. Morphological awareness u-niquely predicts young children's Chinese character recognition[J]. *Journal of Educational Psychology*,2003,95:743-751.

[323] Mclean G M T, Stuart G W, Coltheart V, Castles A. Visual temporal processing in dyslexia and the magnocellular deficit theory: The need for speed? [J]. *Journal of Experimental Psychology Human Perception And Performan*,2013, 37(6):1957-1975.

[324] Mcpherson W B,Ackerman P T. A study of reading disability using e-vent-related brain potentials elicited during auditory alliteration judgments[J]. *Developmental Neuropsychology*,1999,15(3):359-378.

[325] Meda S A et al. Polymorphism of DCDC2 reveals differences in corti-cal morphology of healthy individuals-a preliminary voxel based morphometry stud-y[J]. *Brain Imaging And Behavior*,2008,2:21-26.

[326] Meng H et al. A dyslexiaassociated variant in DCDC2 changes gene expression[J]. *Behavior Genetics*,2011,41(1):58-66.

[327] Meng X,Cheng-Lai A,Zeng B,Stein J F,Zhou X. Dynamic visual perception and reading development in Chinese school children[J]. *Annals of Dys-lexia*,2011,61(2):161-176.

[328] Meng X Z,Lin O,Wang F,Jiang Y Z,Song Y. Reading performance is

enhanced by visual texture discriminatin training in Chinese – speaking children with developmental dyslexia[J]. *Plos One*, 2014, 9(9): e108274.

[329] Meng X, Tian X, Jian J, Zhou X L. Orthographic and phonological processing in Chinese dyslexic children: An ERP study on sentence reading[J]. *Brain Research*, 2007, 1179(3): 119-130.

[330] Meng Z L, Wydell T N, Bi H Y. Visual-motor integration and reading Chinese in children with/without dyslexia[J]. *Reading And Writing*, 2019, 32 (2): 493-510.

[331] Menghini D et al. Different underlying neurocognitive deficits in developmental dyslexia: A comparative study[J]. *Neuropsychologia*, 2010, 48(4): 863-872.

[332] Meyer M S, Wood F B, Hart L A, Felton R H. Selective predictive value of rapid automatized naming in poor readers[J]. *Journal of Learning Disabilities*, 1998, 31(2): 106-127.

[333] Moll K, Jones M. Naming fluency in dyslexic and non-dyslexic readers: Differential effects of visual crowding in foveal, parafoveal and peripheral vision[J]. *The Quarterly Journal of Experimental Psychology*, 2013, 66 (11): 2085-2091.

[334] Montani V, Facoetti A, Zorzi M. Spatial attention in written world perception[J]. *Frontiers in Human Neuroscience*, 2014, 8: 42.

[335] Montani V, Facoetti A, Zorzi M. The effect of decreased interletter spacing on orthographic processing[J]. *Psychonomic Bulletin And Review*, 2015, 22 (3): 824-832.

[336] Morris R D et al. Subtypes of reading disability: Variability around a phonological core[J]. *Journal of Educational Psychology*, 1998, 90(3): 347-373.

［337］ Näätänen R,Paavilainen P,Rinne T,Alho K. The mis-match negativi-ty in basic research of central auditory processing：a review［J］. *Clinical Neuro-physiology*,2007,118(12):2544-2590.

［338］ Nagarajan S,Mahncke H,Salz T,Tallal P,Roberts T,Merzenich M M. Cortical auditory signal processing in poor readers［J］. *Proceedings of the National Academy of Sciences*,1999,96(11):6483-6488.

［339］ Nandy A S,Tjan B S. Saccade-confounded image statistics explain visual crowding［J］. *Nature Neuroscience*,2012,15:463-469.

［340］ Nergard-Nilssen T,Hulme C. Developmental dyslexia in adults：Be-havioural manifestations and cognitive correlates［J］. *Dyslexia*,2014,20(3):191-207.

［341］ Neuhaus G,Swank P. Understanding the relations between RAN letter subtest components and word reading in first-grade students［J］. *Journal of Learn-ing Disabilities*,2002,35(2):158-174.

［342］ Nicolson R I,Fawcett A J. Developmental dyslexia：The role of the cerebellum［J］. *Dyslexia*,1999,5(3):155-177.

［343］ Nicolson R I,Fawcett A J,Berry E L,Jenkins I H,Dean P,Brooks D J. Motor learning difficulties and abnormal cerebellar activation in dyslexic adults ［J］. *The Lancet*,1999,353(9165):1662-1667.

［344］ Nicolson R I,Fawcett A J,Dean P. Dyslexia,development and the cerebellum［J］. *Trends in Neuroscience*,2001,24:515-516.

［345］ Norton E,Wolf M. Rapid automatized naming(RAN) and reading flu-ency：Implications for understanding and treatment of reading disabilities［J］. *An-nual Review of Psychology*,2012,63(1):427-452.

［346］ O'Brien B A,Mansfield J S,Legge G E. The effect of print size on reading speed in dyslexia[J]. *Journal of Research in Reading*,2005,28(3):332–349. PH

[347] Olulade O A,Flowers D L,Napoliello E M,Eden G F. Developmental differences for word processing in the ventral stream[J]. *Brain And Language*,2013,125(2):134–145.

[348] Olulade O A,Flowers D L,Napoliello E M,Eden G F. Dyslexic children lack word selectivity gradients in occipito–temporal and inferior frontal cortex [J]. *Neuroimage*:*Clinical*,2015,7:742–754.

[349] Olulade O A,Napoliello E M,Eden G F. Abnormal visual motion processing is not a cause of dyslexia[J]. *Neuron*,2013,79(1):180–190.

[350] Ozernov–Palchik O et al. Longitudinal stability of pre–reading skill profiles of kindergarten children:Implications for early screening and theories of reading[J]. *Developmental Science*,2017,20:e12471.

[351] Pagnamenta A T et al. Characterization of a family with rare deletions in CNTNAP5 and DOCK4 suggests novel risk loci for autism and dyslexia[J]. *Biology Psychiatry*,2010,68(4):320–328.

[352] Pammer K,Hansen P,Holliday I,Cornelissen P. Attentional shifting and the role of the dorsal pathway in visual word recognition[J]. *Neuropsychologia*,2006,44 (14):2926–2936.

[353] Pammer K,Lavis R,Hansen P,Cornelissen P L. Symbol–string sensitivity and children's reading[J]. *Brain And Language*,2004,89(3):601–610.

[354] Pammer K,Wheatley C. Isolating the M(y)–cell response in dyslexia using the spatial frequency doubling illusion[J]. *Vision Research*,2001,41:2139–2148.

[355] Pan J,McBride–Chang C,Shu H,Liu H,Zhang Y,Li H. What's in

the naming? A 5-year longitudinal study of early rapid naming and phonological sensibility in relation to subsequent reading skills in both native Chinese and English as a second language[J]. *Journal of Educational Psychology*, 2011, 103:897-908.

[356] Pan J, Yan M, Laubrock J, Shu H, Kliegl R. Eye - voice span during rapid automatized naming of digits and dice in Chinese normal and dyslexic children[J]. *Developmental Science*, 2013, 16(6):967-979.

[357] Paracchini S et al. Association of the KIAA0319 dyslexia susceptibility gene with reading skills in the general population[J]. *American Journal of Psychiatry*, 2008, 165(12):1576-1584.

[358] Patel S, Azzam P. Characterization of N200 and P300: Selected studies of the event-related potentials[J]. *International Journal of Medical Sciences*, 2005, 2(4):147-154.

[359] Paulesu E, Danelli L, Berlingeri M. Reading the dyslexic brain: multiple dysfunctional routes revealed by a new meta-analysis of PET and fMRI activation studies[J]. *Frontiers in Human Neuroscience*, 2014, 8:830.

[360] Pel J J M, Boer A C, Van Der Steen J. Processing speed in perceptual visual crowding[J]. *Journal of Vision*, 2019, 19(3):9.

[361] Pelli D G. Crowding: A cortical constraint on object recognition[J]. *Current Opinion in Neurobiology*, 2008, 18(4):445-451.

[362] Pelli D G, Tillman K A, Freeman J, Su M, Berger T D, Majaj N J. Crowding and eccentricity determine reading rate[J]. *Journal of Vision*, 2007, 7(2):20.

[363] Pennington B F. Individual prediction of dyslexia by single versus multiple deficit models[J]. *Journal of Abnormal Psychology*, 2012, 121(1):212-224.

［364］Pennington B F,Bishop D V M. Relations among speech, language, and reading disorders[J]. *Annual Review of Psychology*,2009,60(1):283-306.

［365］Perea M,Panadero V,Moret-Tatay C,Gómez P. The effects of inter-letter spacing in visual-word recognition:Evidence with young normal readers and developmental dyslexics[J]. *Learning And Instruction*,2012,22(6):420-430.

［366］Perfetti C A,Liu Y,Tan L H. The lexical constituency model:Some implications of research on Chinese for general theories of reading[J]. *Psychological Review*,2005,112(1):43-59.

［367］Perfetti C A,Tan L H,Siok W T. Brain behavior relations in reading and dyslexia:Implications of Chinese results[J]. *Brain And Language*,2006,98:344-346.

［368］Pergola G et al. Combined effect of genetic variants in the GluN2B coding gene (GRIN2B) on prefrontal function during working memory performance[J]. *Psychological Medicine*,2016,46(6):1135-1150.

［369］Pernet C,Andersson J,Paulesu E,Demonet J F. When all hypotheses are right:A multifocal account of dyslexia[J]. *Human Brain Mapping*,2009,30(7):2278-2292.

［370］Peyrin C et al. Neural dissociation of phonological and visual attention span disorders in developmental dyslexia:FMRI evidence from two case reports[J]. *Brain And Language*,2012,120(3):381-394.

［371］Phinney E,Pennington B F,Olson R,Filley C M,Filipek P A. Brain structure correlates of component reading processes:implications for reading disability[J]. *Cortex*,2007,43(6):777-791.

［372］Platt M P et al. Embryonic disruption of the candidate dyslexia susceptibility gene homolog KIAA0319-like results in neuronal migration disorders[J]. *Neuroscience*,2013,248:585-593.

［373］Plaza M，Cohen H. The contribution of phonological awareness and visual attention in early reading and spelling［J］. *Dyslexia*，2007，13：67-76.

［374］Plomin R，Kovas Y. Generalist genes and learning disabilities［J］. *Psychological Bulletin*，2005，131（4）：592-617.

［375］Poelmans G，Buitelaar J，Pauls D L，Franke B. A theoretical molecular network for dyslexia：Integrating available genetic findings［J］. *Molecular Psychiatry*，2011，16（4）：365-382.

［376］Poeppel D，Idsardi W J，Van Wassenhove V. Speech perception at the interface of neurobilolgy and linguistics［J］. *Philosophical Transactions of The Royal Society of London*，2008，363（1493）：1071-1086.

［377］Polich J. Updating P300：An integrative theory of P3a and P3b［J］. *Clinical Neurophysiology*，2007，118（10）：2128-2148.

［378］Powers N R et al. Alleles of a polymorphic ETV6 binding site in DCDC2 confer risk of reading and language impairment［J］. *American Journal of Human Genetics*，2013，93（1）：19-28.

［379］Price C J. A review and synthesis of the first 20 years of PET and fMRI studies of heard speech，spoken language and reading［J］. *NeuroImage*，2012，62（2）：816.

［380］Qi T et al. More bilateral，more anterior：Alterations of brain organization in the large-scale structural network in Chinese dyslexia［J］. *NeuroImage*，2016，124（Pt A）：63-74.

［381］Qian Y，Bi H Y. The visual magnocellular deficit in Chinese-speaking children with developmental dyslexia［J］. *Frontiers in Psychology*，2014，5：692.

［382］Qian Y，Bi H Y. The effect of magnocellular-based visual-motor intervention on Chinese children with developmental dyslexia［J］. *Frontiers in Psy-*

chology,2015,6:1529.

[383] Rae C et al. Metabolic abnormalities in developmental dyslexia detected by H−1 magnetic resonance spectroscopy[J]. *The Lancet*,1998,351(9119): 1849−1852.

[384] Ramus F. Developmental dyslexia: specific phonological deficit or general sensorimotor dysfunction? [J] *Current Opinion Neurobiology*,2003,13: 212−218.

[385] Raschle N M,Chang M,Gaab N. Structural brain alterations associated with dyslexia predate reading onset[J]. *NeuroImage*,2011,57(3):742−749.

[386] Raschle N M,Stering P L,Meissner S N,Gaab N. Altered neuronal response during rapid auditory processing and its relation to phonological processing in prereading children at familial risk for dyslexia[J]. *Cerebral Cortex*,2014, 24(9):2489−2501.

[387] Rayner K. Eye movements in reading and information processing: 20 years of research[J]. *Psychological Bulletin*,1998,124:372−422.

[388] Rayner K. Eye movements and attention in reading, scene perception, and visual search[J]. *Quarterly Journal of Experimental Psychology*,2009, 62:1457−1506.

[389] Rayner K,Liversedge S P,White S J,Vergilino−Perez. Reading disappearing text: Cognitive control of eye movements[J]. *Psychological Science*,2003, 14(4):385−388.

[390] Rayner K,Pollatsek A,Ashby J,Clifton C. Psychology of reading [M]. *London and New York: Psychology Press*,2013.

[391] Reilhac C,Peyrin C,Démonet J F,Valdois S. Role of the superior parietal lobules in letter − identity processing within strings: FMRI evidence from

skilled and dyslexic readers[J]. *Neuropsychologia*, 2013, 51(4):601–612.

[392] Rendall A R, Truong D T, Fitch R H. Learning delays in a mouse model of autism pectrum disorder[J]. *Behavioural Brain Research*, 2016, 303: 201–207.

[393] Roach N V, Hogben J H. Impaired filtering of behaviourally irrelevant visual information in dyslexia[J]. *Brain*, 2007, 130(3):771–785.

[394] Roach N W, Hogben J H. Spatial cueing deficits in dyslexia reflect generalized difficulties with attentional selection[J]. *Vision Research*, 2008, 48 (2):193–207.

[395] Robertson E K, Joanisse M F, Desroches A S, Ng S. Categorical speech perception deficits distinguish language and reading impairments in children [J]. *Developmental Science*, 2009, 12(5):753–767.

[396] Robichon F, Habib M. Abnormal callosal morphology in male adult dyslexics: relationships to handedness and phonological abilities[J]. *Brain And Language*, 1998, 62(1):127–146.

[397] Rodenas–Cuadrado P, Ho J, Vernes S C. Shining a light on CNT-NAP2: complex functions to complex disorders[J]. *European Journal of Human Genetics*, 2014, 22(2):171–178.

[398] Rollins N K et al. Simple developmental dyslexia in children: alterations in diffusion–tensor metrics of white matter tracts at 3 T[J]. *Radiology*, 2009, 251(3):882–891.

[399] Rosen G D et al. Disruption of neuronal migration by RNAi of DYX1C1 results in neocortical and hippocampal malformations[J]. *Cerebral Cortex*, 2007, 17(11):2562–2572.

[400] Rosen S, Chakravarthi R, Pelli D G. The Bouma law of crowding, re-

vised: Critical spacing is equal across parts, not objects[J]. *Journal of Vision*, 2014,14(6):10.

[401] Rosli Y, Bedford S M, Maddess T. Low−spatial−frequency channels and the spatial frequency−doubling illusion[J]. *Investigative Ophthalmology And Visual Science*, 2009, 50:1956−1963.

[402] Ruffino M, Gori S, Boccardi D, Molteni M, Facoetti A. Spatial and temporal attention are both sluggish in poor phonological decoders with developmental dyslexia[J]. *Frontiers in Human Neurosciences*, 2014, 8:331.

[403] Samar V J, Parasnis I. Cortical locus of coherent motion de   cits in deaf poor readers[J]. *Brain Cognition*, 2007, 63 (3):226−239.

[404] Sawatari A, Callaway E M. Convergence of magno− and parvocellular pathways in layer 4B of macaque primary visual cortex[J]. *Nature*, 1996, 380 (6573):442−446.

[405] Scerri T S et al. DCDC2, kIAA0319 and CMIP are associated with reading−related traits[J]. *Biological Psychiatry*, 2011, 70(3):237−245.

[406] Scerri T S et al. The dyslexia candidate locus on 2p12 is associated with general cognitive ability and white matter structure[J]. *PLoS One*, 2012, 7 (11):e50321.

[407] Scerri T S et al. The DCDC2 deletion is not a risk factor for dyslexia [J]. *Transl Psychiatry*, 2017, 7(7):e1182.

[408] Schlaggar B L, Mccandliss B D. Development of neural systems for reading[J]. *Annual Review of Neuroscience*, 2007, 30:475−503.

[409] Schneps M H, Thomson J M, Chen C, Sonnert G, Pomplun M. E−readers are more effective than paper for some with dyslexia[J]. *PLoS One*, 2013A, 8 (9):e75634.

［410］Schneps M H,Thomson J M,Sonnert G,Pomplun M,Chen C,Heffner-Wong A. Shorter lines facilitate reading in those who struggle［J］. *PLoS One*, 2013B,8(8):e71161.

［411］Shao S et al. The roles of genes in the neuronal migration and neurite outgrowth network in developmental dyslexia:single-and multiple-risk genetic variants［J］. *Molecular Neurobiology*,2015,53(6):3967-3975.

［412］Shaywitz S E,Shaywitz B A. Reading disability and the brain［J］. *Educational Leadership*,2004,61(6):6-11.

［413］Shin K,Tjan B S. Crowding with invisible flankers—a reexamination ［J］. *Journal of Vision*,2013,11(11):1158-1158.

［414］Shu H,Anderson R C. Role of radical awareness in the character and word acquisition of Chinese children［J］. *Reading Research Quarterly*,1997,32 (1):78-89.

［415］Shu H,McBride-Chang C,Wu S N,Liu H. Understanding Chinese developmental dyslexia:morphological awareness as a core cognitive construct［J］. *Journal of Educational Psychology*,2006,98:122-133.

［416］Shu H,Meng X Z,Chen X,Luan H,Cao F. The subtypes of developmental dyslexia in Chinese:Evidence from three cases［J］. *Dyslexia*,2005,11 (4):311-329.

［417］Siok W T,Perfetti C A,Jin Z,Tan L H. Biological abnormality of impaired reading is constrained by culture［J］. *Nature*,2004,431(7004):71-76.

［418］Siok W T,Spinks J A,Jin Z,Tan L H. Developmental dyslexia is characterized by the co-existence of visuospatial and phonological disorders in Chinese children［J］. *Current Biology*,2009,19:890-892.

［419］Slaghuis W L,Ryan J F. Directional motion contrast sensitivity in developmental dyslexia[J]. *Vision Research*, 2006, 46(20): 3291-3303.

[420] Slattery T J, Yates M, Angele B. Interword and interletter spacing effects during reading revisited: Interactions with word and font characteristics[J]. *Journal of Experimental Psychology*, 2016, 22(4): 406-422.

[421] Song S, Zhang Y P, Shu H, Su M M, McBride C. Universal and specific predictors of Chinese children with dyslexia—Exploring the cognitive deficits and subtypes[J]. *Frontiers in Psychology*, 2020, 10: 2904.

[422] Sperling A J, Lu Z L, Manis F R, Seidenberg M S. Motion-perception deficits and reading impairment: It's the noise, not the motion[J]. *Psychological Science*, 2006, 17(12): 1047-1053.

[423] Spinelli D, De Luca M, Judica A, Zoccolotti P. Crowding effects on word identification in developmental dyslexia[J]. *Cortex*, 2002, 38(2): 179-200.

[424] Stanovich K E, Siegel L S, Gottardo A. Converging evidence for phonological and surface subtypes of reading disability[J]. *Journal of Educational Psychology*, 1997, 89(1): 114-127.

[425] Stein J F. The magnocellular theory of developmental dyslexia[J]. *Dyslexia*, 2001, 7(1): 12-36.

[426] Stein J F. Does dyslexia exist? [J]. *Language Cognition And Neuroscience*, 2017, 1-8.

[427] Stein J F. The current status of the magnocellular theory of developmental dyslexia[J]. *Neuropsychologia*, 2019, 130: 66-77.

[428] Steinbrink C et al. The contribution of white and gray matter differences to developmental dyslexia: insights from DTI and VBM at 3.0 T[J]. *Neuropsychologia*, 2008, 46(13): 3170-3178.

[429] Stevens C, Fanning J, Coch D, Sanders L, Neville H. Neural mecha-

nisms of selective auditory attention are enhanced by computerized training：Electrophysiological evidence from language-impaired and typically developing children[J]．*Brain Research*，2008，1205：55-69．

［430］Strasburger H．Unfocused spatial attention underlies the crowding effect in indirect form vision[J]．*Journal of Vision*，2005，5(11)：1024-1037．

［431］Stringer R，Stanovich K E．The connection between reaction time and variation in reading ability：Unraveling covariance[J]．*Scientific Studies of Reading*，2000，4(1)：41-52．

［432］Strong G K，Torgerson C J，Torgerson D，Hulme C．A systematic meta-analytic review of evidence for the effectiveness of the "Fast For Word" language intervention program[J]．*Journal of Child Psychology And Psychiatry*，2011，52(3)：224-235．

［433］Suárez-Coalla P，Ramos S，Varez-Caizo M，Cuetos F．Orthographic learning in dyslexic Spanish children[J]．*Annuals of Dyslexia*，2014，64(2)：166-181．

［434］Summer E，Connelly V，Barnett A L．The influence of spelling ability on handwriting production：Children with and without dyslexia[J]．*Journal of Experimental Psychology Learning Memory And Cognition*，2014，40(5)：1441-1447．

［435］Sun X et a!．ROBO1 polymorphisms，callosal connectivity，and reading skills[J]．*Human Brain Mapping*，2017，38 (5)：2616-2626．

［436］Sun Y et al．Association study of developmental dyslexia candidate genes DCDC2 and KIAA0319 in Chinese population[J]．*American Journal of Medical Genetics Part B Neuropsychiatric Genetics*，2014，165(8) ：627-634．

［437］Swan D，Goswami U．Picture naming deficits in developmental dyslexia：The phonological representation hypothesis[J]．*Brain And Language*，1997，56：334-353．

[438] Swanson H L, Jerman O. The influence of working memory on reading growth in subgroups of children with reading disabilities[J]. *Journal of Experimental Child Psychology*, 2007, 96(4): 249–283.

[439] Szalkowski C E, Fiondella C F, Truong D T, Rosen G D, Loturco J J, Fitch R H. The effects of KIAA0319 knockdown on cortical and subcortical anatomy in male rats[J]. *International Journal of Developmental Neuroscience*, 2013, 31 (2): 116–122.

[440] Tallal P. The science of literacy: From the laboratory to the classroom [J]. *Proceedings of the National Academy of Sciences*, *USA*, 2000, 97 (6): 2402–2404.

[441] Tallal P. Improving language and literacy is a matter of time[J]. *Nature Reviews Neuroscience*, 2004, 5(9): 721–728.

[442] Tarkar A et al. DYX1C1 is required for axonemal dynein assembly and ciliary motility[J]. *Nature Genetics*, 2013, 45(9): 995–1003.

[443] Thomas M, Karmiloff-Smith A. Are developmental disorders like cases of adult brain damage? Implications from connectionist modelling[J]. *Behavioral And Brain Sciences*, 2002, 25(6): 727–750.

[444] Thomson J, Richardson U, Goswami U. Phonological similarity neighbourhoods and children's short - term memory: Typical development and dyslexia [J]. *Memory And Cognition*, 2005, 33(7): 1210–1219.

[445] Tran C et al. A family-based association analysis and meta-analysis of the reading disabilities candidate gene DYX1C1[J]. *American Journal of Medical Genetics Part B Neuropsychiatric Genetics*, 2013, 162(2): 146–156.

[446] Tran C et al. Association of the ROBO1 gene with reading disabilities in a family - based analysis [J]. *Genes*, *Brain And Behavior*, 2014, 13 (4): 430–438.

［447］Trauzettel-Klosinski S，Mackeben M，Reinhard J，Feucht A，Drrw chter U，Klosinski G. Pictogran naming in dyslexic and normal children assessed by SLO［J］. *Vision Research*，2002，42（6）：789-799.

［448］Trehub S E，Henderson J L. Temporal resolution in infancy and subsequent language development［J］. *Journal of Speech And Hearing Research*，1996，39（6）：1315-1320 .

［449］Tripathy S P，Cavanagh P. The extent of crowding in peripheral vision does not scale with target size［J］. *Vision Research*，2002，42（20）：2357-2369.

［450］Tseng P，Cameron I G M，Pari G，Reynolds J N，Munoz D P，Itti L. High-throughput classification of clinical populations from natural viewing eye movements［J］. *Journal of Neurology*，2013，260：275-284.

［451］Uwer R，Albrecht R，Von Suchodoletz W. Automatic processing of tones and speech stimuli in children with specific language impairment［J］. *Developmental Medicine And Child Neurology*，2002，44（8）：527-532.

［452］Vandermosten M et al. A DTI tractography study in pre-readers at risk for dyslexia［J］. *Developmental Cognitive Neuroscience*，2015，14：8-15.

［453］Vecera S P，Rizzo M. What are you looking at? Impaired social attention following frontal-lobe damage［J］. *Neuropsychologia*，2004，42：1657-1665.

［454］Vellutino F，Fletcher J，Snowling M，Scanlon D M. Specific Reading Disability（Dyslexia）：What Have We Learned in the Past Four Decades? ［J］. *Journal of Child Psychology And Psychiatry And Allied Disciplines*，2004，45（1）：2-40.

［455］Vidyasagar T R. Reading into neuronal oscillations in the visual system：implications for developmental dyslexia［J］. *Frontiers in Human Neuroscience*，2013，7：811.

［456］Vidyasagar T R,Pammer K. Dyslexia：A deficit in visuo-spatial attention, not in phonological processing［J］. *Trends in Cognitive Sciences*,2010,14：57-63.

［457］Visser T A W,Boden C,Giaschi D E. Children with dyslexia：evidence for visual attention deficits in perception of rapid sequences of objects［J］. *Vision Research*,2004,44(21):2521-2535.

［458］Vogel A C,Miezin F M,Petersen S E,Schlaggar B L. The putative visual word form area is functionally connected to the dorsal attention network［J］. *Cerebral Cortex*,2012,22(3):537.

［459］Wang B et al. Genetic polymorphism of nonsyndromic cleft lip with or without cleft palate is associated with developmental dyslexia in Chinese school-aged populations［J］. *Journal of Human Genetics*,2017,62(2):265-268.

［460］Wang J J,Bi H Y,Gao L Q,Wydell T N. The visual magnocellular deficit in Chinese-speaking children with developmental dyslexia［J］. *Neuropsychologia*,2010,48(12):3627

［461］Wang S. Atypical visual saliency in autism spectrum disorder quantified through model-based eye tracking［J］. *Neuron*,2015,88(3):604-616.

［462］Wang Y et al. DCDC2 knockout mice display exacerbated developmental disruptions following knockdown of doublecortin［J］. *Neuroscience*,2011,190:398-408.

［463］Wang Y,McBride-Chang C,Chan S F. Correlates of Chinese kindergarteners' word reading and writing：The unique role of copying skills? ［J］. *Reading And Writing*,2014,27(7):1281-1302.

［464］Wang L C,Yang H M. The comparison of the visuospatial abilities of dyslexic and normal students in Taiwan and Hong Kong［J］. *Research in Developmental Disabilities*,2011,32:1052-1057.

［465］Wang L C,Yang H M. Classifying Chinese children with dyslexia by dual-route and triangle models of Chinese reading［J］. *Research in Developmental Disabilities*,2014,35(11):2702-2713.

［466］Wang L C,Yang H M. Temporal processing development in Chinese primary school-aged children with dyslexia［J］. *Journal of Learning Disabilities*, 2016,51(3):302-312.

［467］White S et al. The role of sensorimotor impairments in dyslexia:A multiple case study of dyslexia children［J］. *Developmental Science*,2006,9(3): 237-255.

［468］Whitney D,Levi D M. Visual crowding:A fundamental limit on conscious perception and object recognition［J］. *Trends in Cognitive science*,2011,15 (4):160-168.

［469］Wigg K G et al. Support for EKN1 as the susceptibility locus for dyslexia on 15q21［J］. *Molecular Psychiatry*,2004,9(12):1111-1121.

［470］Witton C et al. Sensitivity to dynamic auditory and visual stimuli predicts nonword reading ability in both dyslexic and normal readers［J］. *Current Biology*,1998,8 (14):791-797.

［471］Wolf M,Bowers P G. The double-deficit hypothesis for the developmental dyslexias［J］. *Journal of Educational Psychology*,1999,91(3):415-438.

［472］Wolf M,Bowers P G,Biddle K. Naming-speed processes, timing, and reading:A conceptual review［J］. *Journal of Learning Disabilities*,2000,33 (4):387-407.

［473］Wolf M,Denckla M B. RAN/RAS:Rapid automatized naming and rapid alternating stimulus tests. Austin,TX:Pro-Ed,2005.

［474］Wolf R C,Sambataro F,Lohr C,Steinbrink C,Martin C,Vasic N.

Functional brain network abnormalities during verbal working memory performance in adolescents and young adults with dyslexia[J]. *Neuropsychologia*, 2010, 48 (1):309−318.

[475] Wright C M, Conlon E G, Dyck M. Visual search deficits are independent of magnocellular deficits in dyslexia[J]. *Annual Dyslexia*, 2012, 62(1): 53−69.

[476] Xia Z, Hoeft F, Zhang L, Shu H. Neuroanatomical anomalies of dyslexia: disambiguating the effects of disorder, performance, and maturation [J]. *Neuropsychologia*, 2016, 81:68−78.

[477] Yang Y, Bi H Y, Long Z Y, Tao S. Evidence for cerebellar dysfunction in Chinese children with developmental dyslexia: an fMRI study[J]. *International Journal of Neuroscience*, 2013, 123(5):300−310.

[478] Yang X J, Meng X Z. Dissociation between exact and approximate addition in developmental dyslexia[J]. *Research in Developmental Disabilities*, 2016, 56:139−152.

[479] Yang Y H, Yang Y, Chen B G, Zhang Y W, Bi H Y. Anomalous cerebellar anatomy in Chinese children with dyslexia[J]. *Frontiers in Psychology*, 2016, 7(7):324−333.

[480] Yeh S L, He S, Cavanagh P. Semantic priming from crowded words [J]. *Psychological Science*, 2012, 23(6):608−616.

[481] Yin W, Weekes B. Dyslexia in Chinese: Clues from cognitive neuropsychology[J]. *Annuals of Dyslexia*, 2003, 53(1):255−279.

[482] Zhang J, McBride-Chang C, Wong A M Y, Tardif T, Shu H, Zhang Y. Longitudinal correlates of reading comprehension difficulties in Chinese children [J]. *Reading And Writing*, 2014, 27 (3):481−501.

[483] Zhang J,Zhang T,Xue F,Liu L,Yu C. Legibility of Chinese characters in peripheral vision and the top-down influences on crowding[J]. *Vision Research*,2009,49(1):44-53.

[484] Zhang Y et al. Association of the dyx1c1 dyslexia susceptibility gene with orthography in the Chinese population[J]. *PLoS One*,2012,7(9):e42969.

[485] Zhang Y et al. Association of DCDC2 polymorphisms with normal variations in reading abilities in a Chinese population [J]. *PLoS One*, 2016, 11 (4):e0153603.

[486] Zhao H,Chen Y,Zhang B P,Zuo P X. KIAA0319 gene polymorphisms are associated with developmental dyslexia in Chinese Uyghur children[J]. *Journal of Human Genetics*,2016,61(8):745-752.

[487] Zhou J,Lee C L,Li K A,Tien Y H,Yeh S L. Does temporal integration occur for unrecognizable words in visual crowding? [J]. *Plos One*,2016,11 (2):1-15.

[488] Zhou W,Xia Z C,Bi Y C,Shu H. Altered connectivity of the dorsal and ventral visual regions in dyslexic children:a resting-state fMRI study[J]. *Frontiers in Human Neuroscience*,2015,9:495.

[489] Zhu Z,Fan Z,Fang F. Two-stage perceptual learning to break visual crowding[J]. *Journal of Vision*,2016,16(6):16.

[490] Zhu Z,He D,Fang F. Crowding suppresses cortical responses to the target in human early visual cortex[J]. *Journal of Vision*,2015,15(12):101.

[491] Ziegler J C et al. Orthographic depth and its impact on universal predictors of reading:A cross - language investigation[J]. *Psychological Science*, 2010,21:551-559.

[492] Ziegler J C,Goswami U. Reading acquisition, developmental dyslexi-

a，and skilled reading across languages：A psycholinguistic grain size theory［J］. *Psychological Bulletin*，2005，131：3-29.

［493］Zorzi M et al. Extra large letter spacing improves reading in dyslexia ［J］. *Proceedings of The National Academy of Sciences*，2012，109（28）：11455-11459.

［494］Zuo P X et al. Association of polymorphisms in the DCDC2 gene with developmental dyslexia in the Han Chinese［J］. *Chinese Medical Journal*，2012，125（4）：622-625.